T0146753

REALIEN ZUR LITERATUR
ABT. D:
LITERATURGESCHICHTE

VOLKMAR HANSEN

Thomas Mann

MCMLXXXIV

J. B. METZLERSCHE VERLAGSBUCHHANDLUNG

STUTTGART

CIP-Kurztitelaufnahme der Deutschen Bibliothek

Hansen, Volkmar:
Thomas Mann / Volkmar Hansen. –
Stuttgart : Metzler, 1984.
  (Sammlung Metzler ; M 211 : Abt. D, Literaturgeschichte)
  ISBN 978-3-476-10211-9

NE: GT

ISBN 978-3-476-10211-9
ISBN 978-3-476-03915-6 (eBook)
DOI 10.1007/978-3-476-03915-6

M 211

© 1984 Springer-Verlag GmbH Deutschland
Ursprünglich erschienen bei J. B. Metzlersche Verlagsbuchhandlung
und Carl Ernst Poeschel Verlag GmbH in Stuttgart 1984

INHALT

VORWORT VI

ABKÜRZUNGEN VIII

PHASEN DER AUSEINANDERSETZUNG 1

AUSGABEN 16

SAMMLUNGEN UND HILFSMITTEL 35

GESAMTDARSTELLUNGEN 41

WERKPHASEN 50

    Künstler und Bürger (1893–1914) 58
    Krise und Neuansatz (1914–1925) 68
    Idee der Menschheit (1926–1942) 80
    Faustus-Zeit (1943–1950) 95
    Erotik und soziale Verpflichtung der Kunst
    (1951–1955) 106

ASPEKTE 111
    Ästhetik, Poetik, Sprache 111
    Politik und Gesellschaft 116
    Traditionshorizont und Orientierungsmodelle . 118
    Thematologie 125

ZEITGENOSSEN 128

FILM UND VERFILMUNG 136

AUFNAHME UND WIRKUNG 140

REGISTER 153

Konzise und übersichtliche Orientierung ist das Ziel der
»Sammlung Metzler«, wobei sich für einen Bestandsaufnahme
des Gesicherten und Offenen im Verständnis Thomas Manns
besondere Probleme stellen: Massenwirkung, Komplexität und
Klischeebildung.

Weltweite Wirkung – diese so leicht überstrapazierte Formel
läßt sich bei Thomas Mann nicht nur an den Verkaufsziffern seiner Bücher ablesen. Dieses Werk fordert jährlich allein zu 15
Monographien heraus, die in 30 Ländern und noch mehr Sprachen erscheinen und quantitativ damit sogar nur 5% der Titel
der produktiven Auseinandersetzung umfassen. Zusammenfassende Studien treten in dieser Darstellung dadurch stärker in
den Vordergrund und Bezüge zu anderen Forschungsberei-
chen, z. B. zu beiläufigen Analysen in Expressionismus-Arbei-
ten, müssen vernachlässigt werden.

Kein Simplex, ein Ironiker hat 1930 »das Bedeutende« durch
»das Beziehungsreiche« definiert, und diese Komplexität ruft in
Teilbereichen stark divergierende Deutungen hervor. Das
Spannungsfeld dieser Kontroversen durch eine Darstellung
alternativer Positionen offenzuhalten, ist daher eine wichtige
Aufgabe des Überblicks.

Das Bild Thomas Manns wird nicht nur von den wissenschaftlichen Bemühungen bestimmt, sondern eine breite literarische Öffentlichkeit beteiligt sich an diesem Meinungsbil-
dungsprozeß. Insofern sich ungeprüfte Klischees im öffentlichen Urteil etablieren konnten, gilt der Korrektur besondere
Aufmerksamkeit.

Wer die Literatur der ersten Hälfte unseres Jahrhunderts mu-
stert, wird nicht umhin können, von einer neuen Phase deutscher Klassik zu sprechen, um der Fülle außerordentlicher Be-
gabungen und Werke gerecht zu werden. So problematisch dieser Begriff geworden ist, so sind die kritischen Ansatzpunkte
doch auszuräumen. Die sozialgeschichtliche Perspektive läßt
sich bei dem weltliterarischen »Wellenkamm« Brecht, Mann,
Kafka schon allein durch die Exilzeit zweier von ihnen nicht
ausklammern, und die Befürchtung, das Danach trete nur noch
als Epigonalität in Erscheinung, wird durch die Literatur unserer Gegenwart selbst widerlegt.

Verständigung strebt dieser Band an, Verständigung in einem
Sinn, wie ihn Thomas Mann in »Herr und Hund« entwickelt:

»Der häßliche und für Bauschans Begriffsvermögen so unsinnige Zwischenfall«, daß sich der Herr nicht als Jäger bewährt hatte, »sank hinab in die Vergangenheit, unerlöst eigentlich, unaufgehoben durch klärende Verständigung, welche unmöglich gewesen wäre, aber die Zeit deckte ihn zu, wie es ja auch zwischen Menschen zuweilen geschehen muß, und über ihm lebten wir fort, während das Unausgesprochene tiefer und tiefer ins Vergessen zurücktrat«.

Düsseldorf, im März 1984   Volkmar Hansen

ABKÜRZUNGEN

Archiv	Archiv für das Studium der neueren Sprachen und Literaturen
BTMG	Blätter der Thomas-Mann-Gesellschaft Zürich
CL	Comparative Literature
Euph.	Euphorion
GLL	German Life & Letters
GRM	Germanisch-Romanische Monatsschrift
GW	Gesammelte Werke in dreizehn Bänden, 1974 (L 2)
L	Nummer im Literaturverzeichnis (nach jedem Abschnitt)
MLN	Modern Language Notes
MLR	Modern Language Review
WW	Wirkendes Wort
WZ Jena	Wissenschaftliche Zeitschrift der Friedrich-Schiller-Universität Jena, Gesellschafts- und Sprachwissenschaftliche Reihe
ZfdPh	Zeitschrift für deutsche Philologie

Mit einem Schlag, mit dem Erscheinen der einbändigen Ausgabe der »Buddenbrooks« zum Jahresende 1902, wird Thomas Mann berühmt. Er, der so beredt den Weg Fontanes als Schattenweg kennzeichnet, der erst in den letzten Jahren ins Licht des vollen Kunstkönnens trete, ist geradezu der Typus des früh Vollendeten. Mit 27 ist er ein literarischer Begriff. Rilke schreibt in einer weitblickenden Rezension: »Man wird sich diesen Namen notieren müssen«, und der sozialgeschichtlich orientierte Literaturhistoriker und -kritiker Samuel Lublinski prophezeit dem Roman: »Er wird wachsen mit der Zeit und noch von vielen Generationen gelesen werden: eines jener Kunstwerke, die wirklich über den Tag und das Zeitalter erhaben sind, die nicht im Sturm mit sich fortreißen, aber mit sanfter Überredung allmählig und unwiderstehlich überwältigen«. Bis 1911 sind von den »Buddenbrooks« 60 000 Exemplare gedruckt, und die großen Leihbibliotheken, seien sie von der öffentlichen Hand, den Konfessionen oder der Arbeiterbewegung getragen, müssen ihn sich in mehreren Exemplaren anschaffen, um dem Leserbedarf zu genügen. Als Konfirmationsgeschenk löst die Familiensaga Gustav Freytags »königlichen Kaufmann« in »Soll und Haben« ab. Der stoffliche Reiz sorgt im Ostseeraum schnell für Übersetzungen ins Dänische und Schwedische. 1908 stellt Maurice Muret den Roman im Rahmen einer Übersicht über die deutsche Gegenwartsliteratur zum erstenmal der französischen Öffentlichkeit vor. Doch der Roman wird Th. Mann nicht zur drückenden Verpflichtung. Er überlebt seinen frühen Ruhm, und die »Buddenbrooks« werden zum Ausgangspunkt für Prosawerke, die trotz des Exils stets neue Erfahrungen in sich aufnehmen und stets erneuert Aufsehen erregen. So drängt sich nicht nur den Zeitgenossen der Eindruck eines heroischen, sich steigernden Lebens auf, ein Eindruck, den die Publikation der Tagebücher sowohl relativiert wie verstärkt.

Die frühe Wirkung bis zum Ersten Weltkrieg nimmt sich wie die Märchen von den Prinzen aus, die zunächst für ungeschickte Tölpel gehalten werden, ehe sie sich als die rechten Söhne erweisen. Der Senatorensohn, der das Gymnasium wegen schlechter Schulleistungen verlassen muß und, nach einem gescheiterten Versuch als Versicherungsangestellter, sich auf das Risiko des freien Schriftstellers einläßt, entpuppt sich in wenigen Jahren als bedeutender, weithin geachteter Sprachkünstler. 1894 wird als erste Erzählung »Gefallen« gedruckt, und sie findet den ermunternden Beifall von Richard Dehmel. Seine beiden Novellenbände »Der kleine Herr Friedemann« (1898) und »Tristan« (1903) werden unter den Schriftstellerkollegen zum Schibboleth des Insiders, wobei die Verehrung von »Tonio Kröger« beinahe schon Kultcharakter annimmt. Hesse beschreibt den ›Tristan‹-Band als »ausschließlich für literarische Leser, für Kenner« bestimmt und nimmt damit schon die Zielgruppenorientiertheit wahr. Doch auch für ihn ist der selbstverständliche Bezugspunkt der Roman: »In den ›Buddenbrooks‹ war er der Athlet, der kaltblütig und sicher mit der Zentnerlast eines Riesenstoffes ›arbeitete‹, im ›Tristan‹ zeigt er sich nun als zierlicher Jongleur, als Meister der Bagatelle«. Diesem Ruhm konnten auch einige epigonale Lyrikveröffentlichungen und das Renaissance-Drama »Fiorenza« (1907) nichts anhaben, dem Th. Mann als mißratenem Kind zeitlebens eine außerordentliche Fürsorge zuwenden wird. Nichts ist bezeichnender für diese Jahre, als daß Vergleiche zwischen Thomas und Heinrich Mann an der Tagesordnung sind. Erste essayistische Versuche, literaturhistorischer oder -theoretischer Art, erweitern schon das Spektrum der Prosaformen. Der Polemiker Th. Mann tritt gelegentlich in Erscheinung. Als Artisten, als Intellektuellen beschreibt man ihn – und hat keineswegs Lob damit im Sinn. Lesungen und Vorträge ergänzen das Bild. Zu einer gespaltenen Wirkung kommt es beim Erscheinen der »Königlichen Hoheit«: während die Kritik den zweiten Roman an den »Buddenbrooks« mißt und Enttäuschung zeigt, wird der Roman ein Publikumserfolg. Georg Lukács, der sich in einer Rezension zum erstenmal ausführlich zu seiner literarischen Lebensbeziehung äußert, gibt hier den bestenfalls ambivalenten Tenor wieder: die »Monumentalität Manns« gründe sich auf der »Großartigkeit seines Schauens«, nicht auf seinen Konzeptionen und bleibe mit dem zweiten Roman »die tiefste Typik, die sich über alles Zeitliche erhebende Allgemeinheit« schuldig. 1912 wird »Der Tod in Venedig« als eine Art Erneuerung des »Buddenbrook«-Autors gefeiert, steht aber wegen der homoerotischen Thematik zugleich im Kreuzfeuer. Das erste selbständige Büchlein über Th. Mann erscheint im Zusammenhang mit der Erzählung. Ansätze zu einer Wirkung in den an Deutschland angrenzendden Ländern zeigen sich in Übersetzungen; neben die nordischen Sprachen treten jetzt das Polnische, Niederländische, Tschechische, Ungarische und Russische.

Politische Parteinahme im Sinn eines deutschen Konservativen rückt in den folgenden Jahren ins Zentrum der Auseinandersetzung und verschafft Th. Mann, vor allem nach der Veröffentlichung der »Betrachtungen eines Unpolitischen«, außerordentliche Sympathien. Der brillante Essay »Friedrich und die große Koalition« hatte schon 1915 im Titel angedeutet, wohin das »groß« wohl wandern werde. Die Verleihung der ersten Ehrendoktorwürde durch die Universität Bonn (1919) steht in diesem nationalen Kontext. Begriffe aus diesen Jahren wie »Zivilisationsliterat« und »Rhetorbourgeois« verselbständigen sich und werden zu Kampfbegriffen der politischen Rechten auch nach dem Positionswechsel des Erfinders. In der Zeit nach der deutschen Niederlage verschärft sich Th. Manns Verteidigung »deutscher Humanität« in einigen Artikeln (und erst recht in den Tagebüchern) zu einem weit engeren Nationalismus. Selbst in dieser Phase der Dominanz des Politischen deutet sich in den Idyllen eine Revision an.

Denkwürdig bleibt daher die Rede »Von deutscher Republik« im Oktober 1922, deren Legitimation der Weimarer Republik aus einer deutschen Tradition als Signal gedacht war und ebenso verstanden wurde. Mit derselben Jahresangabe erscheint »Rede und Antwort«, der erste Essayband, der die ›Gesammelten Werke in Einzelausgaben‹ eröffnet und Vorkriegs-, Kriegs- und Nachkriegsschriften vereinigt. Literarisches steht neben Politischem, Autobiographisches neben Alltagsanforderungen wie Gratulationen und Rezensionen. Zunächst weiterhin konservativ, wird er zur Repräsentationsfigur der Republik, und seine Auslandsreisen zu PEN-Veranstaltungen haben den Charakter des Brückenschlagens, u. a. in London (1923), Paris (1926) und Warschau (1927). Mit dem »Zauberberg« (1924) ist Th. Mann endgültig eine Gestalt des öffentlichen Lebens, lebt in seinem Bewußtsein die Doppelheit des großen Schriftstellers und des demokratischen Repräsentanten. Der fünfzigste Geburtstag wird Anlaß für außerordentliche Ehrungen. Die Gesamtausgabe wird mit einem Porträt von Liebermann versehen und geschlossen abgegeben. Ein weiterer Essayband, »Bemühungen«, sammelt Texte der Jahre 1921–24. Eine erste Werkbibliographie erscheint. Für den S. Fischer-Verlag veröffentlicht Arthur Eloesser eine Lebensbeschreibung, die sich auf persönliche Gespräche mit Mann stützen kann und für die Jugendgeschichte über Quellenmaterial verfügt, das noch heute nicht wieder vollständig zur Verfügung steht. Monographien erscheinen, wobei die Sonderbeziehungen zu Süddeutschland, Österreich und der Schweiz sich bemerkbar machen. In der Verleihung des Professorentitels durch die Heimatstadt Lübeck, in der Vergabe des Nobelpreises (1929), der in zahlreiche Länder ausstrahlt, manifestiert sich die weite Anerkennung, die er findet. Mit »Forderung des Tages« (1930) hat Th. Mann seinen letzten Essayband aus diesen Jahren überschrieben, und ein gewandeltes Verständnis von der Aufgabe des Schriftstellers kommt trotz der politischen Eingrenzung darin zum Tragen. Seinen Aufrufen zu einem Bündnis zwischen Bürgertum und Sozialdemokratie stehen die Neufassung des Mythosbegriffs in den Vorausveröffentlichungen des »Joseph« und die rationalen Goethe-Deutungen zur Seite. Mit Lavinia Mazzucchetti, der Übersetzerin ins Italienische, den Schweizern Max Rychner und Robert Faesi, den Germanisten Walter A. Berendsohn, Herman J. Weigand, Käte Hamburger und Louis Leibrich treten Kritiker auf den Plan, die mit Th. Manns Werk vielfach verbunden sind.

Die Wirkung während der Jahre des Exils seit 1933 ist im nationalsozialistischen Deutschland durch die Zäsur der Ausbürgerung im Dezember 1936 bestimmt. Bis 1936 vermied es Th. Mann, direkte Angriffe gegen das NS-Regime zu richten und sich öffentlich mit den Aktionen der Exilierten zu solidarisieren. Trotz des Angriffs auf seine Wagner-Rede im Frühjahr 1933 und der Beschlagnahme seines Eigentums konnten immerhin noch die ersten drei Bände des »Joseph« und der Essayband »Adel des Geistes« gekauft, gelesen und in einigen konfessionellen und überregionalen Blättern sogar besprochen werden. Sein offener Solidaritätsbrief mit den Exilierten vom 3. Februar 1936 an den Feuilletonchef der ›Neuen Zürcher Zeitung‹ (Eduard Korrodi, der 1913 schon den »Tod in Venedig« rezensiert hatte) mußte die Ausbürgerung provozieren, doch sie wurde auf Anordnung Hitlers erst nach der Olympiade vollzogen. Nach 1937 hörte jede öffentliche Diskussion seines Werks auf. Wurde er damit für die meisten Deutschen, erst recht die junge Generation, zur Unperson, so gibt es doch genügend Zeugnisse für das Kursieren von eingeschmuggelten Buchexemplaren oder Abschriften seiner Manifeste. Während des Kriegs wurden seine Radioreden in der BBC (»Deutsche Hörer«), die 1940 einsetzten, für manchen Schwarzhörer zur befreienden Gegensicht zur staatlichen Propaganda. In Deutschland ins Marginale abgedrängt, entwickelte sich Th. Mann in den Augen der Welt zum Repräsentanten des anderen, guten Deutschland. Zu den Glücksumständen seines Exils zählte die frühe Stabilisierung seiner Lebensverhältnisse. Nach einigen Monaten an der südfranzösischen Küste konnte er sich zunächst in der Schweiz niederlassen. Unter den Reisen, die er von hier aus unternahm, ist der Besuch in den USA im Sommer 1934 von besonderer Bedeutung, weil er den Grundstock für die rechtzeitige Übersiedlung 1938 legte.

Die Ehrungen häuften sich auch weiterhin: 1935 erhielt Th. Mann die Ehrendoktorwürde der Harvard-University und hatte Gelegenheit mit dem amerikanischen Präsidenten Roosevelt zusammenzutreffen. In Zürich wurde ihm im selben Jahr ein würdiger Rahmen für seine Geburtstagsfeier geschaffen. 1936 bewahrte ihn die Einbürgerung durch die Tschechoslowakei vorm Schicksal des »Staatenlosen«. 1938 konnte er bei einer weiteren USA-Reise in der Yale-University das erste institutionalisierte Thomas-Mann-Archiv aus der Taufe heben. Während der Zeit der Zurückhaltung gegenüber dem NS-Regime, was bei seinen Vortragsreisen in Europa meist zu einer schwierigen Gratwanderung wurde, stand das literarische Werk im Vordergrund, wobei allein schon die stoffliche Basis der »Gotteserfindung« im »Joseph«, die hebräische Bibel (das Alte Testament), genügend Distanz zur in Deutschland herrschenden Ideologie markierte. Mit dem entscheidenden Manifest »Ein Briefwechsel« zur Jahreswende 1936/37, mit dem er auf den Entzug der Ehrendoktorwürde durch die Bonner Universität reagierte, eröffnete er die Jahre, die er rückschauend später gern mit der umfunktionierten Formel »meine Kampfzeit« bezeichnete. Die von ihm herausgegebene Exilzeitschrift ›Maß und Wert‹ erreichte nicht nur ein Exiliertenpublikum: maßvoll in den Jahrgangsvorworten und im Titel, trugen die Vorabdrucke aus »Lotte in Weimar« zu einem auch künstlerischen Profil der Zeitschrift bei. 1939 konnte Bermann-Fischer nach manchen internen Auseinandersetzungen seine Verlegertätigkeit für Th. Mann mit dem ersten Band der Stockholmer Gesamtausgabe, dem in Antiqua und nicht in Fraktur gesetzten Goethe-Roman, fortsetzen. Weniger die Besetzung Österreichs als die Preisgabe der Tschechoslowakei im Münchner Abkommen vom September 1938 sorgten für eine weitere Wende in seiner politischen Rollenauffassung. Er interpretierte die Appeasement-Politik als Übergang der bürgerlichen Elite Englands zum Faschismus und wurde in den kommenden Jahren zum leidenschaftlichen Mahner in zahlreichen Massenkundgebungen in Nordamerika. Die Gelegenheit, in Princeton über deutsche Literatur zu lehren, die Übersetzung zahlreicher früherer Essays und Erzählungen, die

Übersetzung der Neuerscheinungen mit dem abgeschlossenen »Joseph« an der Spitze machten auch die Amerikaner mit seiner literarischen Leistung bekannt. Als zusätzliche Ebene konnten die deutschen Exilierten seine persönliche Hilfe in vielen Formen wahrnehmen (Visa, Unterstützung der damals renommierten School for Social Research, Hilfsfondausstattung, Dinner, Empfehlungen von Büchern und Personen). Ein Blick in den New Yorker ›Aufbau‹ (die Wochenzeitung der jüdischen, aber auch der deutschen Emigration) spiegelt seine überragende Rolle als »Kaiser der Emigration« oder als vorgesehener Präsident in einem Nachkriegsdeutschland. Auszeichnungen wie ein zweites Gespräch mit Franklin D. Roosevelt begleiteten ihn weiterhin. Mit den Vorträgen an der Library of Congress wurde eine elegante Art gefunden, ihn selbst zu unterstützen. 1944, nachdem er schon lange seinen Wohnsitz von Princeton an die Westküste verlegt hatte, erhielt er die amerikanische Staatsbürgerschaft.

Die deutsche Kapitulation ist vollzogen, der Sieg über Japan in Aussicht, als der 70. Geburtstag Manns in New York mit außerordentlicher öffentlicher Beteiligung gefeiert wird. Eine Nummer der ›Neuen Rundschau‹, die damit wieder ihr regelmäßiges Erscheinen aufnimmt, eröffnet das Jahrzehnt der ehrenden Sammelnummern. Zwei Jahre später gibt Charles Neider ein umfangreiches Buch, »The stature of Thomas Mann«, heraus, an dem Schriftsteller, Kritiker, Wissenschaftler aus vieler Herren Länder mitarbeiten. Unter der Vielzahl der Würdigungen wird man die Doppelnummer der ›Hamburger Akademischen Rundschau‹ (Mai/Juni 1948), die Novembernummer 1948 der Zeitschrift ›Shicho‹ (Tokyo), das Dezemberheft 1950 der ›Germanic Review‹ hervorheben müssen. Im Januar/Februar 1954 folgt die erste europäische Mann-Ausstellung in Basel. Die Nennung der Verleihung der Ehrendoktorwürde in Oxford und Cambridge, des französischen Kreuzes der Ehrenlegion, des Feltrinelli-Preises der Accademia dei Lincei und einer Privataudienz bei Pius XII. mögen etwas von der Faszination veranschaulichen, die von seiner Lebensleistung ausging. Der 80. Geburtstag löste Aktivitäten rund um den Erdball aus, doch muß man den Sammelband »Hommage de la France à Thomas Mann«, herausgegeben von dem Pariser (emigrierten) Buchhändler Martin Flinker, besonders hervorheben, weil sich das Modell einer deutsch-französischen Verständigung darin manifestiert. Eine success-story also? Das festliche Bild täuscht. Die Atompilze über Hiroshima und Nagasaki, das machtpolitische

Auseinanderdriften der angelsächsischen und sowjetischen Verbündeten, die russische Hegemonialpolitik in Europa, die hexenjagdähnliche Kommunistenfurcht in den USA ließen schnell ein politisches Klima entstehen, in dem eine wirkliche Friedensordnung für Europa nicht entwickelt werden konnte. Die Rückkehr zum kollektiven Sicherheitssystem des 19. Jahrhunderts, wie es zuletzt in dem Berliner Kongreß von 1878 sichtbar geworden war, scheiterte, und die Enttäuschung über den verfehlten Frieden prägt Th. Manns politische Stellungnahmen in diesem Jahrzehnt: im Hinblick auf die Atomwaffen betont er den Zwang zum Frieden, verteidigt die Minimalforderung einer Koexistenz, entwickelt seine Version der Überwindung des Gegensatzes durch eine gemeinsame Annäherung an eine soziale Demokratie, will den Antikommunismus kassiert sehen, verstärkt demonstrativ das Bewußtsein einer gemeinsamen deutschen Kultur- und Sprachtradition. Ein solches Programm mußte im geteilten Europa unterschiedlich wirken. Th. Manns Forderung nach sozialer Demokratie als gesellschaftlicher Konvergenzform, die er schon in der Kriegszeit entwickelt hatte, stieß in den sozialistischen Ländern auf großes Interesse, und als »kritischer Realist« konnte er dem »Erbe« zugeordnet werden. Seine Besuche in Weimar (1949/1955) wie seine Kritik deutscher Ideologie bahnten seinen Werken dort den Weg zu einer breiten Rezeption. Im Westen Deutschlands konnten sich nationale Vorbehalte, die besonders aus dem Kriegerlebnis kamen, stärker halten und mit einer Kritik an seiner diffizilen Annäherungstheorie verbinden, einer Kritik, die sich aus der vorherrschenden Totalitarismuskonzeption ableitete. So wurden alle Huldigungen, die ihm widerfuhren, von dunklen Schatten begleitet; er zog daraus die Konsequenz und zog sich in die neutrale Schweiz als letzten Wohnsitz zurück.

Die Wiederbegegnung der Deutschen mit seinen Schriften mußte nach dem Krieg die vordringlichste Aufgabe eines Schriftstellers sein. Welches Informationsgefälle in diesen Jahren noch weiterlebte, hat der Lyriker Kurt Klinger einmal festgehalten: »Etwas früher, in einer Sendung der BBC für Schwarzhörer in Österreich hörte ich zum erstenmal die Stimme Thomas Manns. Die Ankündigung des Sprechers, der größte deutsche Dichter der Gegenwart werde zur Lage Stellung nehmen, erschien mir mit 15 als Propagandalüge, denn wer konnte dieser völlig unbekannte Herr Thomas Mann schon sein«. In den englischen und amerikanischen Kriegsgefangenenlagern fand häufig der erste Lesekontakt statt, und nach der Kapitulation war »Lotte in Weimar« das erste seiner Bücher, das man in Deutschland wieder erwerben konnte. Sind in der Nachkriegszeit die Auflagenhöhen seiner Bücher nur ein relativer Gradmesser für die Erregung, die von ihm ausging, so um so mehr die Kulturzeitschriften, die damals ihre Blütezeit erlebten. Mit Mühe wird man eine Nummer finden, in der sein Name nicht erwähnt ist – der Regelfall ist eine intensive Auseinandersetzung. In der Situation des zerbombten Deutschland, in der das Hörensagen oft die Lesemöglichkeit übertraf, fand die jüngere Generation häufig durch den Rückgriff auf ältere Ausgaben den ersten Zugang. Trotz vieler Widerstände – man denke an die Diskussion um die ›Innere Emigration‹, die Manns Weigerung auslöste, nach Deutschland zurückzukehren – setzte sich die Exilliteratur nicht nur in ihrem Repräsentanten langsam durch; der Erfolg von Zuckmayers »Des Teufels General« ist dafür ein wichtiger Indikator. Die Leidenschaftlichkeit, mit der Literatur damals vom Leser aufgenommen und diskutiert wurde, kam dem »Doktor Faustus« (1947) zugute, auch wenn in den westlichen Besatzungszonen das Mißverständnis der Kollektivschuldthese ablehnende Besprechungen hervorrief. Als regulierender, normalisierender Faktor wirkte die Schweiz schon 1945, durch die Veröffentlichung des um die Mythologie kreisenden Briefwechsels zwischen Thomas Mann und Karl Kerényi, aber erst recht durch die abwägende Haltung gegenüber Manns Faust-Version. Grundlegende Arbeiten der Sekundärliteratur erscheinen, auch wenn die Baedecker-Themen wie Ironie, Musik noch im Vordergrund stehen. Genannt seien wenigstens die Autoren K. Hamburger, Jean Fougère, Lukács (1948/49), Blume, Hans Mayer, Hatfield, Lesser, Thieberger, Eichner, Sagave. Die Tageskritik verlor dadurch an Einfluß, und so führte zwar »Der Erwählte« zu Reflexionen über nachlassende Schaffenskraft, doch konnte sich das Buch – vor allem dank der amerikanischen Leser – durchsetzen. Auf beinahe einhellige Ablehnung stieß die letzte Erzählung »Die Betrogene« (1953), doch im nächsten Jahr sind die Filmversion der »Königlichen Hoheit« und die »Bekenntnisse des Hochstaplers Felix Krull« wieder außerordentliche Erfolge. Die Ergriffenheit, die Th. Manns Reden auslösten, ist von vielen Seiten bezeugt. Eine Stimme wenigstens, die des späteren österreichischen Bundeskanzlers Kreisky sei zitiert; Kreisky schildert den Eindruck der Rede »Goethe und die Demokratie«, 1949 wenige Tage nach Klaus Manns Selbstmord in Stockholm gehalten: »dieses unbewegliche Antlitz, dennoch von unsagbarer Trauer geprägt,

bleibt für ein Leben lang in Erinnerung«. Wohl nur das Porträt-
foto von Yousuf Kash aus dem Jahr 1946 vermittelt etwas von
dieser Wirkung. »Das letzte Jahr« hat Erika Mann 1956 den Bericht über ihren Vater überschrieben, ein aus der Intimität ge-
schöpftes Wissen, das vor den Tagebuchpublikationen die le-
bendigste Schilderung von der Vielfalt dieses Lebens gab: die
Korrekturfahnen des »Krull« treffen ein, der »Versuch über
Tschechow« wird geschrieben, die Arbeit an einem Drama
»Luthers Hochzeit« aufgenommen, die Schiller-Rede vorbereitet, geschrieben, gekürzt; die Stuttgarter Schillerfeiern bringen
Zusammentreffen mit dem deutschen Bundespräsidenten
Heuss, die Schillerfeiern in Weimar mit Johannes R. Becher,
Bloch, Lukács; Ehrendoktor in Jena, Ehrenbürger von Lübeck;
die Geburtstagsfeiern in der Schweiz, in Kilchberg mit dem
schweizerischen Bundespräsidenten Petitpierre, das Ehrendok-
torat der ETH Zürich und die Feier im Zürcher Schauspielhaus;
das Ehrenkreuz des Ordens Oranje-Nassau in Amsterdam
durch den holländischen Außenminister, ein Treffen mit der
holländischen Königin, eine Sitzung für eine Porträtskizze von
Paul Citroen. Schon aus dem Zürcher Kantonsspital dann die
letzte Tagebucheintragung vom 29. Juli 1955: »Das Wetter kühl
u. regnerisch. – Füttern der Spatzen. – Las Shaws ›Heiraten‹ zu
Ende. Lese Einsteins ›Mozart‹. – Lasse mir's im Unklaren, wie
lange dies Dasein währen wird. Langsam wird es sich lichten.
Soll heute etwas im Stuhl sitzen. – Verdauungssorgen und Pla-
gen«. Die mit dem Bleistift betriebene Lektüre von Alfred Einsteins »Mozart«-Buch ist ein Hinweis auf das wahrscheinlich
letzte Arbeitsvorhaben Manns, eine Festrede zur bevorstehen-
den Feier von Mozarts 200. Geburtstag. Eine »Gelegenheits-
schrift« – und doch wieder ein Projekt mit langen Wurzeln,
denn schon im Sommer 1915 hatte er eine Novelle zu Mozarts
Tod und der Entstehungsgeschichte des »Requiem« ernsthaft
erwogen. Als Spiegelung in einem Künstler der Leichtigkeit,
der Tradition, des Fatalitätsbewußtseins, des Todeswissens
eben kein schlechter Abschied. Er ließ sich die Lesebrille geben,
ehe er am 12. August entschlief: »und noch desselben Tages
empfing eine respektvoll erschütterte Welt die Nachricht von
seinem Tode«. Beigesetzt ist er in Kilchberg. Unter den Nach-
rufen sind die von Albrecht Goes, Hesse, Szondi, Arnold
Zweig besonders zu erwähnen. Carl Zuckmayer: »Ein Leben
hat sich erfüllt, das nur einem einzigen Inhalt gewidmet war:
dem Werk deutscher Sprache, dem Fortbestand europäischen
Geistes«.

Das, was man mit den Jahren 1955 bis 1968 als die Gründerphase der Mann-Forschung bezeichnen kann, setzte schon zu Lebzeiten des Schriftstellers ein: »Vielleicht hätte ich wirklich einem Getreuen das Geschäft überlassen sollen, denn ich sehe wohl, daß der Sammlung etwas Postumes anhaftet«, – so schreibt Mann in dem Vorwort zu dem letzten Essayband, den er noch selbst herausgegeben hat und der in kennzeichnendem Formalismus den Titel »Altes und Neues« trägt. Zu diesen »Getreuen« zählt Klaus W. Jonas, der 1955 die erste breit dokumentierte Bibliographie der Sekundärliteratur vorlegte, dazu zählte auch Erich Neumann, der sich schon an der Textrevision durch Fehlersuche beteiligte. 1955 konnte der Aufbau-Verlag in Ostberlin die erste Gesamtausgabe vorlegen. Hans Mayer hat sie betreut, und so wird man, neben seiner Autobiographie, mit besonderem Interesse auf die Edition seines heute noch unzugänglichen Briefwechsel mit dem Autor warten müssen. Am 26. Oktober 1954 wurde schon ein Thomas-Mann-Kreis im Deutschen Kulturbund beim Kultusministerium der DDR begründet, dessen Ehrenvorsitzender Arnold Zweig wurde. Die an Wissenschaftlichkeit orientierten Kriterien der Mitgliederauswahl sorgten für einen engen Kreis, der vor allem in Potsdam beheimatet, aber durch korrespondierende Mitglieder auch international verankert war. Georg Wenzel, der als Anreger, Vorsitzender und Vortragender das Profil der Gesellschaft bis zu ihrem Ende etwa 1968/69 prägte, konnte drei Publikationen vorlegen. Den Prozeß der langsamen Lösung aus dem Schatten einer übermächtigen Gestalt spiegeln die Titel dieser Sammelbände: »Thomas Mann zum Gedenken« (1956), »Vollendung und Größe Thomas Manns« (1962), und »Betrachtungen und Überblicke – Zum Werk Thomas Manns« (1966). Es erstaunt wohl jetzt nicht mehr, daß das erste Mann-Archiv mit selbständiger wissenschaftlicher Zielsetzung am 6. Juni 1955 von der Deutschen Akademie der Wissenschaften in Ostberlin gegründet wurde. Schon im Oktober 1955 trat ein Kuratorium von zehn, später sechsundzwanzig Wissenschaftlern aus beiden deutschen Staaten zusammen (Fritz Martini ist vor allem von westdeutscher Seite zu nennen), um eine historisch-kritische Ausgabe in Angriff zu nehmen. Im September 1958 kam es zwischen dem S. Fischer Verlag und dem Kuratorium zu einem Vertrag über das Projekt, Reihenherausgeber wurden bestellt und im März 1960 traf man sich zu einer Arbeitstagung. Paul Scherrer, der damalige Leiter des Zürcher Thomas-Mann-Archivs, brachte die Pläne 1960/61 zum Einsturz. Von weniger

Gewicht ist dabei seine Befürchtung, Mann, der »im Grunde seines Herzens« unpolitisch sei, werde politisiert; um so schwerer wiegt aber sein Hinweis auf die unzulängliche Forschungssituation als Grundlage für den anspruchvollsten Editionstypus. Wird man zwar bedauern, daß ein weiteres Projekt mit gesamtdeutscher Federführung auf absehbare Zeit gescheitert ist, so hat die weitere Wissenschaftsentwicklung Scherrer voll bestätigt. Das Archiv stellte Ende der sechziger Jahre seine Arbeit ein, die Materialien werden seitdem von der Deutschen Akademie der Künste der DDR aufbewahrt.

Von größter Bedeutung war 1956 die Übergabe des Nachlasses an die Eidgenössische Technische Hochschule Zürich. Wohl weder eine Plazierung in den USA noch gar eine Zerstreuung hätte eine ähnlich anregende Wirkung auf die Beschäftigung mit Manns Werk auslösen können. Im Februar 1961 richtete sich das Thomas-Mann-Archiv Zürich im zweiten Stock des Bodmer-Hauses über der Zürcher Altstadt eine Arbeits- und Gedenkstätte ein, die seit 1962 von Hans Wysling geleitet wird. Eckard Heftrich ironisierte schon 1975 die Funktion des Archivs als Besuchszwang, als »Entrebillet für die Mann-Forschung«. Die erste Arbeit, die auf der erweiterten Grundlage entstand, ist die »Doktor-Faustus«-Arbeit von Gunilla Bergsten (1963). 1956 gründet sich die Thomas-Mann-Gesellschaft, Zürich, wobei im Gründungskomitee neben Hesse weitere Weggefährten Manns beteiligt sind. 1958 konnte das erste Heft der Blätter der Gesellschaft (BTMG) erscheinen; in unregelmäßiger Folge herauskommend, steht die Veröffentlichung von Archivmaterial, vor allem von Briefwechseln, im Vordergrund. Schwerer als der Sterbeort Zürich hat sich die Geburtsstadt Lübeck mit dem »Buddenbrook«-Autor getan. Aus privatem Besitz heraus ist ab 1955 in der Stadtbibliothek Lübeck eine Mann-Sammlung aufgebaut worden, und von 1963–1975 richtete die Kaufmannschaft der Stadt ein historisches Zimmer im Schabbel-Haus in der Mengstraße ein. Seit 1981 ist im Museum Drägerhaus eine Erinnerungsstätte für Heinrich und Thomas Mann eingerichtet. Die Hansestadt Lübeck verleiht zudem den renommierten Mann-Preis. Erst 1965 entstand die dortige Mann-Gesellschaft, die seit einigen Jahren den Namen ›Deutsche Thomas-Mann-Gesellschaft, Sitz Lübeck‹ führt. Eine rege Vortragstätigkeit, die Beteiligung an den Zentenarfeiern 1975 und die bisher einmalige Verleihung eines Förderpreises (an Uwe Wolff) bestimmen das Bild der Gesellschaft. Sie gibt seit 1981 Mann-Hefte heraus; die bisherige Erscheinungsfolge –

1983 liegt das dritte Heft vor – läßt auf die Fortführung als jährliches Publikationsorgan hoffen.

Neben der Institutionalisierung sind wesentliche Editionen, grundlegende Einzelleistungen und die Bereitstellung wichtiger Hilfsmittel das Kennzeichen dieser Jahre. Schon 1959 lag die vorbildliche Werkbibliographie von Hans Bürgin vor, und 1960 ließ er die zwölfbändigen »Gesammelten Werke« folgen. Erika Mann öffnete mit der Publikation von drei Briefbänden den Zugang zu zahlreichen unzugänglichen Texten. Hans-Otto Mayer und Bürgin wußten 1965 einer Chronik, mittels einer akzentuierenden Zitatauswahl und einer übersichtlichen Gliederung, eine lesbare Form zu geben. Im selben Jahr erschien im Aufbau-Verlag wiederum eine zwölfbändige Werkausgabe, die zum erstenmal mit Registern ausgestattet war. Ein erheblich erweitertes Verzeichnis der Sekundärliteratur konnte Jonas 1967 vorlegen. Von Bedeutung für die Wirkungsgeschichte war die zwanzigbändige Taschenbuchausgabe 1967/68, erneut von Bürgin erarbeitet, die in einer Ära rapide anwachsender Studentenzahlen Manns Werke preiswert zugänglich machte; Titelauflagen dieser Ausgabe erscheinen noch heute. Auch hier fehlte ein Register zu den Essays nicht. Aus der Fülle der Sekundärliteratur wird man Erich Hellers »Der ironische Deutsche«, Hatfields Sammelband (1964), Helmut Koopmanns Studie zum intellektualen Roman, Sandbergs Untersuchung der Schiller-Beziehung, den ersten Band der Thomas-Mann-Studien von Scherrer und Wysling (1967), Scharfschwerdts Einordnung des »Zauberberg« in den Traditionsstrang des Bildungsromans, Klaus Hermsdorfs »Thomas Manns Schelme«, und die Darstellung der Beziehungen zu Italien durch Ilsedore B. Jonas als Repräsentanten der Grundlinien der Forschung nennen müssen. An den Schluß dieser Jahre gehört Herbert Lehnerts grundlegender Forschungsbericht (1967/68; Buchform 1969), der mit seiner umfassenden Thematik eine Zersplitterung des Forschungsgesprächs verhinderte.

In dem Prozeß der steten Erweiterung des Spektrums der Mann-Forschung fallen die Jahre 1968–1975 durch ihr hohes Maß an interpretatorischen Neuansätzen auf. Bezogen auf das politisch aufgewühlte Klima und die starke Theoriebezogenheit jener Jahre der Ablösung des werkimmanenten Interpretationsparadigmas entwickelte sich ein doppeltes Phänomen: während das Leserinteresse an Mann insgesamt leicht zurückging (nicht bloß relativ), wurde auf der etwas schmaleren Grundlage eine kontroverse Diskussion geführt, die in der politischen Standortbestimmung Manns jetzt – ganz im Gegensatz zu den fünfziger Jahren – das Bild des Konservativen durchsetzte. Im Zentenarjahr 1975 kam es daher, vor allem in der Bundesrepublik Deutschland, zu zahlreichen Äußerungen, die es auf seine Demontage als »bürgerliche Kultfigur« abgesehen hatten; schlimmstes, für die Tendenz aber charakteristisches Beispiel, ist Hanjo Kestings Artikel »Thomas Mann oder der Selbsterwählte« (›Der Spiegel‹, 26. 6. 1975). Von solchen Verzerrungen hat man sich in der außerdeutschen Germanistik, die mit herausragenden Arbeiten am »Geistergespräch« beteiligt war, freihalten können.

Mit zwei Arbeiten, die den neuen Polarisierungscharakter deutlich machen, setzt diese Phase ein: einer Studie von André Banuls zur repräsentativen Gegensätzlichkeit von Thomas und Heinrich Mann und Klaus Schröters Sammelband wichtiger, häufig kontroverser Beurteilungen durch die Zeitgenossen. Auf dem weiten Feld der Mann-Arbeiten waren Lehnerts Aufsatz-Sammlung (1969) und André von Gronickas Gesamtdarstellung (1970) unübersehbar. Besonders dem Frühwerk galten jetzt einsichtsvolle Studien. Ein spektakulärer Erfolg war Viscontis Verfilmung des »Tod in Venedig« (1970) beschieden, in deren Sog sowohl Brittens Oper (1973) wie die Fülle der Verfilmungspläne für andere Werke entstanden sind. Herausragend in der Wirkung war die Fragment gebliebene Biographie von Mendelssohn (1974), deren erzählerischer Duktus auf einen großen Leserkreis abzielte und ihn auch erreichte. Bibliographische Schwerpunkte lagen auf dem Briefwerk (Georg Wenzel, 1969) und der Sekundärliteratur. Während Jonas in einer annalistischen Form seine endgültige Lösung fand (1972/1977), hat Harry Matter eine ebenso vorbildliche, nach Sachgesichtspunkten gegliederte Übersicht vorgelegt, die stärker die osteuropäische Forschung einbeziehen konnte. Mit dem neunten Notizbuch konnte Wysling 1973 einen neuen Texttyp edieren. Eine wichtige Darstellung aus dem Familienkreis, Katia Manns »Ungeschriebene Memoiren«, verbreitete als Fernsehinterview, in Buchform, als Übersetzung eine biographische Innensicht. Schon 1974 häuften sich gewichtige Publikationen: die »Gesammelten Werke« aus dem Jahr 1960 wurden um einen dreizehnten Band vermehrt, und als Supplementband erschien ein Verzeichnis der Bild- und Tonaufnahmen von Ernst Loewy, dem Exilforscher. Paul Egon Hübinger erschloß mit einer Darstellung der Beziehungen Manns zur Universität Bonn zugleich den hochschulpolitischen Aspekt der nationalsozialistischen

Machtergreifung. Wysling konnte erneut Einzelbeiträge zu einem Buch zusammenführen. Umfassende Mann-Deutungen sind sowohl von T. J. Reed in englischer wie von Louis Leibrich in französischer Sprache vorgelegt worden. 1975, im Jahr der Ehrungen rund um den Erdball, erwiesen sich Kongresse als produktive Form der Wissenschaftskommunikation. Der Aufbau-Verlag legte für das Erzählwerk eine ansatzweise kommentierte Edition vor, und Heftrichs »Zauberberg«-Monographie machte den »Alexandrinismus« zum Schlagwort. Insgesamt: will man wissen, was literarischer Weltruhm ist – hier hat man einen Maßstab.

Nach dieser Medien- und Publikationsflut wäre eine Abwendung der Öffentlichkeit in den Folgejahren nicht überraschend gewesen, doch das Gegenteil trat ein. Dies ist wesentlich ein Verdienst der Tagebücher Thomas Manns und ihres Herausgebers Mendelssohn. Das versiegelte Paket, in dem sie aufbewahrt waren, konnte zwanzig Jahre nach Manns Tod geöffnet werden, und die Notizen erregten – nach Ankündigungen und knappen Beschreibungen in den folgenden Monaten – mit der Publikation der ersten Bände ab 1977 außerordentliches Aufsehen. Neben dem bedeutenden Quellenwert für die Exilliteraturforschung und die Geschichtsschreibung überhaupt, wirkte ihre Veröffentlichung der Gefahr der Einschüchterung, der Petrifizierung durch Klassizität entgegen, lenkte den Blick auf eine problematische Persönlichkeit, öffnete die Augen für die Spannungen des »melancholischen Glückskinds«. Eine Welle neuer Verfilmungen, die 1979 mit den »Buddenbrooks« einsetzte und mit dem »Krull«, dem »Zauberberg« und dem »Doktor Faustus« neben dem Fernseh- auch das Kinopublikum erreicht hat, mobilisierte zugleich neue Leser. Die wissenschaftliche Beschäftigung war, nach der Bilanzierung des Jubiläumjahrs und einer ersten kommentierten Ausgabe einer Essayauswahl, durch langfristig in Angriff genommene Bemühungen bestimmt. 1976 begann die vollständige Publikation der Briefe Manns in Regestform, deren dritter Band bis jetzt vorliegt, und die zügig zu Ende gebracht werden wird. 1977 konnten Ántal Madl und Judit Györi eine umfassende Länderstudie, die Dokumentation der Beziehungen zu Ungarn, veröffentlichen und 1980 folgte James White mit der Veröffentlichung der aus dem »Zauberberg« ausgeschiedenen Manuskriptpartien. 1983 ergänzte eine Interviewsammlung das traditionelle Textverständnis, und im Aufbau-Verlag erweiterte Matter mit den ersten Bänden einer streng chronologisch geordneten Essayausgabe die Erzählwerkausgabe von 1975. Aus der geringeren Zahl an monographischen Arbeiten sind Siefkens Berücksichtigung des frühen Verhältnisses zu Goethe, Heftrichs Betonung des autobiographischen Elements im »Doktor Faustus« und Wyslings Herausarbeitung der doppelten »Krull«-Perspektive hervorzuheben.

Als führende Werkausgabe haben sich seit zwanzig Jahren die »Gesammelten Werke« etabliert, die von Hans Bürgin herausgegeben wurden. Sie existieren in zwei Versionen, der älteren zwölfbändigen von 1960, die 1974 um einen weiteren Band ergänzt wurde (L 1), und in einer dreizehnbändigen Ausgabe aus demselben Jahr (L 2). Bei der seitengleichen, auf photomechanischem Nachdruck beruhenden Neuauflage der »Gesammelten Werke in dreizehn Bänden«, sind in den ersten zwölf Bänden minimale Textkorrekturen vorgenommen worden, während der letzte Band identisch ist. Beide Ausgaben werden als einheitliche Zitiergrundlage behandelt und meist mit der Sigle GW abgekürzt. Diese Leseausgabe, nach Gattungen und Rubriken gegliedert, die sich an Manns eigene Einteilung von Sammelbänden anlehnen, ist textlich zuverlässig und durch knappe Drucknachweise und die chronologische Innengliederung besonders übersichtlich geraten. Die ersten sieben Bände enthalten in der Reihenfolge der Veröffentlichung die Romane, wobei aus technischen Gründen der zweite Band »Lotte in Weimar« neben »Königliche Hoheit« steht. Der achte Band vereinigt sämtliche Erzählungen, das aus dem »Joseph« abgesplitterte Paralipomenon »Der Knabe Henoch«, das Drama »Fiorenza«, die Versidylle »Gesang vom Kindchen« und einige Jugendgedichte. Die vier Bände »Reden und Aufsätze« werden zunächst mit den bedeutenden Kunstessays eröffnet, ehe die Breite in einer Auswahl präsentiert wird. Ein Band Autobiographisches und ein weiterer mit politischen Schriften beschließen eine Ausgabe, die anregend auf die wissenschaftliche Auseinandersetzung gewirkt und die »Stockholmer Ausgabe« abgelöst hat. Eine wesentliche Erweiterung stellt der dreizehnte Band dar, zu dem Mendelssohn als Mitherausgeber hinzugekommen ist, und der neben verstreut publizierten Beiträgen auch zahlreiche bis dahin unveröffentlichte Texte (gelegentlich die deutsche Manuskriptfassung) aufnimmt. Nur in Fremdsprachen überlieferten Texten ist eine Übersetzung beigegeben. Sogar Texte, die nur auf Tonträgern überliefert sind, konnten herangezogen werden. Die Herausgeber waren sich bewußt, auch jetzt nur eine Auswahl zu liefern und manches »Neben- und Beiwerk« beiseitegelassen zu haben. Vor den Kriegsvorträgen »The War and the Future« und »How to win the Peace« kapitulierten sie und verzichteten auf eine Aufnahme. Leider ist das überdifferenzierte Register durch

Unübersichtlichkeit schwer benutzbar, und die Drucknachweise zwingen durch kleine Unsicherheiten zur Gegenkontrolle. Drei Texte sind in der Ausgabe sogar doppelt vorhanden (XIII, 76 f./ XI, 785 ff.; XIII, 316 f. ist ein Auszug aus der Lessing-Rede IX, 243 f.; XIII, 631 ff. ist bis auf den Anfangssatz identisch mit X, 917 f.). Mehrere Briefe sind schon in der Briefausgabe Erika Manns abgedruckt.

In zwei Richtungen geht der Versuch, diese Edition abzulösen oder zu ergänzen: durch Vervollständigung der Texte und durch den Übergang zu einer anspruchsvolleren Editionsform. Diese doppelte Zielsetzung steckt sich der Aufbau-Verlag 1974/ 75 mit einer zehnbändigen Ausgabe der »Romane und Erzählungen«, die durch Nachworte zur Entstehungsgeschichte, zur Quellenkritik zur Aufnahme durch die publizistische Kritik erläutert sind (L 3). Klaus Hermsdorf, der selbst die Nachworte zu den »Joseph«-Romanen, dem »Doktor Faustus« und dem »Krull« beigesteuert hat, vereinigt diese informativen Nachworte im Folgejahr zu einem eigenen Band. Die Behandlung fallengelassener oder gescheiterter Pläne bricht zugleich das Bild des monolithischen Werkblocks weiter auf. Noch bedeutender ist die Fortsetzung dieser Ausgabe seit 1983 durch zwei der auf acht Bände geplanten Reihe des essayistisch-publizistischen Werks, betreut von Harry Matter. Auf Vollständigkeit angelegt, liegen in chronologischer Anordnung 99 Texte bis 1918 nach dem Erstdruck vor, von denen 26 zu erstenmal in einer Werkausgabe aufgenommen sind.

In den »Anmerkungen« werden neben konzisen Darstellungen des zugrundeliegenden Sachverhalts, einer Charakteristik des Publikationsumfelds und Skizzen persönlicher Beziehungen die größeren Abweichungen vom Druck letzter Hand als Variante dargeboten (»Bilse und ich«, »Versuch über das Theater«, »Der alte Fontane«, »Über die Kunst Richard Wagners«, »Bruno Frank: Requiem«, »Der Entwicklungsroman«). Einzelne Textberichtigungen werden durch vorläufig knappe Überlegungen zum Modernisierungsgrad ergänzt. Vom »Taugenichts« wird einerseits die »Widmung an Storm« als Absplitterung vorgeführt, andererseits der Entwurfscharakter gegenüber den »Betrachtungen eines Unpolitischen« betont und damit die Einschätzung als Nachdruck revidiert. Unglücklich ist der Beginn des zweiten Bands mit der *Szene von Wedekind,* die verloren vor den Schriften nach Kriegsbeginn steht. Zweifelhaft ist die Autorisation der Verlagsankündigung der »Königlichen Hoheit«, die zugleich die Frage aufwirft, ob nicht eine Reihe ähnlich gearteter Texte aufzunehmen wäre.

Im Vergleich mit dieser ostdeutschen Ausgabe wird die bei S. Fischer erscheinende Frankfurter Ausgabe, die ebenfalls auf

Vollständigkeit angelegt ist, alle Anstrengungen unternehmen müssen, um eine ebenbürtige Konzeption zu entwickeln (L 4). Bei den Nachworten zu dem vorliegenden Teil des erzählerischen Werks konnte der 1982 verstorbene Herausgeber Mendelssohn von einer Gesamtlektüre der Tagebücher und seiner ausgedehnten Quellenkenntnis profitieren. Die Ausgabe, die durch wechselnde Einzelherausgeber fortgeführt wird, steht mit den weiteren Bänden vor der Frage, ob sie sich von der Form einer entwickelten Leseausgabe entfernen soll.

Sind bei den noch von Mendelssohn herausgegebenen Bänden des erzählerischen Werks nur Einzelentscheidungen problematisch (die Deklarierung der Erzählungen nach 1918 als »späte Erzählungen«, die Aufnahme der Versidylle und des Filmskriptentwurfs »Tristan und Isolde«), so ist bei dem ersten Essayband, der in Nachfolge Manns die Erweiterung von »Leiden und Größe der Meister« zu »Adel des Geistes« mit der Aufnahme von Keller und Heine weiterführt, die Grenze zur Interpretation in bedenklicher Nähe. Informative Einordnungen führen zu den Äußerungen Manns zur deutschen Literatur von Lessing bis Hauptmann, zum Dreigestirn Schopenhauer, Wagner, Nietzsche und zu den führenden Repräsentanten anderer Literaturen, vor allem der russischen, hin. Die Bände, die seit Mendelssohns Tod erschienen sind, bewegen sich in dem abgesteckten Rahmen, gewinnen durch knappere Nachworte an Handlichkeit. Albert von Schirnding hebt den Charakter der sukzessiven Entstehung der »Joseph«-Romane (1926–36 u. 1940–43) hervor, beschreibt kurz die Arbeitsmaterialien, Bücher und Konvolute, weist auf die Zusammenführung von Joseph- und Echnaton-Ära hin, rekapituliert die Druckgeschichte, erwähnt Rezeptionsstimmen und bündelt seine Überlegungen im Begriff der »Selbstüberwindung des Mythos«. Im Essay zu den »Betrachtungen eines Unpolitischen«, der auch diffizilen Fragen wie dem Zusammenhang zwischen dem »Zivilisationsliteraten« und Settembrini nicht ausweicht, stellt Hanno Helbling Manns Bild des unpolitisch-humanitären Deutschland der Kaiserzeit vor, sucht Motive in Bewußtwerdung und Abrechnung auf, referiert Daten der Druckgeschichte. Martin Gregor-Dellin hat die nach nicht ganz durchsichtigen Prinzipien angeordneten autobiographischen Schriften mit klugen Überlegungen begleitet, die Autobiographisches auf vier Ebenen ausmachen· als integriertes Detail im Werk, als essayistische Anverwandlung an Vorbilder, als Verwendung von Selbstzitaten und als Selbstverständigung im Tagebuch.
Neben diesen Gesamtausgaben sind noch eine Reihe von Einzelausgaben zu nennen, die durch ihre spezielle Ausrichtung weiterführend sind. An erster Stelle Faksimileausgaben von Werken, weil sie nicht nur ein Einlesen in Manns Handschrift ermöglichen, sondern auch Aufschlüsse über die Niederschriftspraxis vermitteln. 1920 gab Hanns Martin Elster in leicht verkleinerter Form den »Tristan« heraus und stellte damit Manns steile Frakturschrift der Öffentlichkeit vor (L 5). Nicht ge-

rade als Ausdruck von Selbstbewußtsein wird man es deuten, wenn man die Akribie sieht, mit welcher Mann in den frühen Jahren nach Abschluß eines Manuskripts die verworfenen Formulierungen durch Übermalung tilgte. Dies wird besonders im Kontrast zu der Faksimileausgabe der »Betrogenen« von 1953 zugunsten »bedürftiger Kinder und Jugendlicher in Israel« deutlich, die völlig von dieser Manie frei ist (L 6). Zurückgekehrt zur Frakturschrift, sind jetzt auch die korrigierten Partien gut lesbar. Aus dem Deutschen Literaturarchiv in Marbach a. N. hat Bernhard Zeller die frühe Schiller-Erzählung »Schwere Stunde« in einer vorbildlichen und am leichtesten greifbaren Handschriftenwiedergabe vervielfältigt (L 7).

Konnten zahlreiche Monographien unpubliziertes Material des Zürcher Mann-Archivs benutzen, so steht bei einigen dieser Publikationen der Veröffentlichungsaspekt im Vordergrund. Im ersten Band der ›Thomas-Mann-Studien‹, die jetzt mit dem fünften Band ausgelaufen sind, stellte Scherrer Vorarbeiten zu den »Buddenbrooks« vor, teilte Wysling Dokumente zu den Arbeitsplänen »Maja«, »Ein Elender« und den Notizen zu »Geist und Kunst« mit (L 8). Im dritten Band der Studien folgte Wyslings Edition der »German Letters«, der »Kinderspiele« in der um »Bajazzo«-Teile erweiterten Fassung der dreißiger Jahre und der Doppellecture »On Myself« (L 9). Beide Bände, 1967 und 1974 erschienen, sind durch die spätere Aufnahme der Texte in die Gesammelten Werke nicht überholt, weil die präzise, vielschichtige Kommentierung unentbehrlich ist.

»Ausgeschiedene und umgearbeitete Seiten aus dem ›Zauberberg‹«, so betitelte Mann selbst 86 Manuskriptseiten, die er 1937 der Yale-University zur Verfügung stellte, und deren Typoskript aus dem Nachlaß des 1976 verstorbenen James F. White herausgegeben worden ist (L 10). Nicht nur das Quartformat des Bandes, auch der Text selbst erinnert an Arno Schmidts letzte Bücher: auf der rechten Seite stehen Schreibmaschinentypen, exakte Umsetzungen der Handschrift mitsamt Korrekturen und Ergänzungen, auch über oder unter der Grundlinie; auf der linken Seite sodann in zwei Druckkolumnen zur Kontrastierung die Endfassung des Entwurfs und der heutige ›Zauberberg‹-Text. Diese optisch gefällige Darbietungsart einer Entstehungshandschrift ist, wenn man sie mit Beißners und Sattlers Bemühungen um die Hölderlin-Ausgabe vergleicht, etwas naiv, sie überläßt dem Leser zuviel an Arbeit, indem sie bei formalen Beschreibungen stehenbleibt, wo Abfolgen zu erkennen sind. Für die heutigen Leser, die an eine normalisierte Ortographie gewöhnt sind, ist es erstaunlich, als Selbstverständlichkeit noch ›Balcon-Thür‹, ›giebt‹ oder ›Aeußerungen‹ zu lesen. Die Mehrzahl der Korrekturen indes zeigen Mann in der klassischen Rolle des Stilisten, der noch nuancenreicher, noch pointierter schreiben will. ›Aber ist's nicht schön ausgedrückt?‹ – dieses Artistencredo hatte er schon seit der Jugendzeit an Heine bewundert. Von den fünf ›Zauberberg‹-Partien, die jetzt vorliegen, umfaßt der erste den heutigen Anfang des Romans, in dem Hans Castrops hermetischer Bildungsprozeß bis zum ›Satana‹-Abschnitt geführt wird. Damit dürften wir ein Stück des Ur-›Zauberbergs‹ vor uns haben, der als humoristisches Gegenstück zur Prosa-Tragödie ›Der Tod in Venedig‹ 1913/15 konzipiert und erst von den essayistischen Rechtfertigungen deutscher Humanität abgelöst wurde. Um sich in diese Tonlage wieder einzufinden, schrieb Mann 1919 die Abschnitte ab. In den ausgeschiedenen Blättern erscheint der heutige, grandiose Beginn noch als zweites Kapitel, dessen Umstellung erst im Januar 1920 erfolgte. Den Anstoß dazu hatte der befreundete Georgianer Bertram früher gegeben, denn unter dem Datum des 3. Mai 1919 steht im Tagebuch: »Der jetzige Anfang mit ›Man kann nicht alles auf einmal sagen‹ hat Seichtigkeit und ist von Bertram schon belacht worden, weshalb es schwer ist, ihn zu opfern.« Zum Glück änderte er doch, ebenso wie er die Ankunft Castorps in Davos vom Frühjahr auf den Hochsommer verlegte, um Schnee-Erfahrungen einbringen zu können, und mit der Namensänderung »Professor Kafka« schon dem Prager Dichter huldigte. Der Viaticum-Komplex erfährt durch die Verlagerung in die Erlebnissphäre Ziemßens eine Verlebendigung; Brecht, der 1920 über eine Lesung Manns in Augsburg berichtete, dürfte schon die revidierte Fassung kennengelernt haben. Amüsant sind die Blätter mit dem französisch gefärbten Gespräch der »Walpurgisnacht«, denn Mann ließ seine unbeholfenen Wendungen durch Bruno Frank im Mai/Juni 1921 korrigieren – so präzisieren wiederum die Tagebücher.

Kern der seit langem angekündigten Publikation »Zwischen den Zeilen« von Eva Schiffer ist die Transkription von vier Manuskriptpartien: aus der ersten Arbeitsstufe des »Felix Krull« die Müller-Rosé-Episode (1911), aus dem »Joseph« die Deutung der Staatsträume des Pharao (1941), der Beginn des »Doktor Faustus« (1943) und aus der zweiten Arbeitsstufe des Schelmenromans die Audienz beim König von Portugal (1953). Die Korrekturvorgänge, mit Elementen aus Hans Zellers Zeichensystem abgespiegelt, werden in einer Art von »close reading« interpretiert und nach Änderungstypen klassifiziert. Einzig auffälliges Phänomen einer Häufigkeitsliste ist die Vielzahl attributiver Einschübe in der Frühzeit. Aufschlußreich sind einführende Beispiele aus dem »Doktor-Faustus«-Manuskript, die mit ausgeschiedenen Blättern und Überleitungen (»Bridges« im Sprachgebrauch Manns) die Detailkenntnis von Manns Arbeitsweise erweitern. Wünschte man dem Band eine Benutzung im Stilunterricht, so kann die Lektüre der beiden Audienzen, beim Pharao und beim König von Portugal, Manns These illustrieren, er habe für jedes seiner Werke eine eigene Sprache erfunden (L 11).

Für die Benutzung im schulischen oder akademischen Unterricht besonders geeignet sind eine Reihe von Einzelausgaben, die oft nur den allgemeinen Kenntnisstand referieren, gelegentlich aber deutlich darüber hinausgehen. Dies gilt besonders für T. J. Reeds »Tod in Venedig«, den er 1971 mit englischsprachigen Annotationen und 1983 in Deutsch herausgegeben hat (L 12). Die deutsche Ausgabe, noch erheblich verbessert, folgt dem Zeitschriftendruck in der »Neuen Rundschau« (1912), notiert aber Abweichungen zur Buchfassung desselben Jahres. Neben einer grundlegenden Interpretation, unter Einbeziehung von Quellen und Rezeption, hat Reed die Arbeitsnotizen zur Erzählung aus dem Zürcher Mann-Archiv ediert und noch um ein Blatt der Yale-University ergänzt. Querverweise zur Verwendung im Text und die Herkunft der Quellen machen die Erzählung zum bestedierten Werk Manns. Zu drei weiteren Erzählungen liegen Reclam-Bändchen der Reihe »Erläuterungen und Dokumente« vor (L 13). Ulrich Dittmann bezieht in die Einzelkommentare zu »Tristan« auch konnotative Sprachmerkmale mit ein, zieht literarische Vorlagen und Wagner heran und dokumentiert die Künstlerthematik. Karl Pörnbachers Interesse liegt bei »Mario und der Zauberer« in der Faschismusdokumentation, betont also Entstehungs- und Wirkungsgeschichte. Werner Bellmanns Einzelkommentierung zu »Tonio Kröger« zeichnet sich durch sprachgeschichtliche Vertiefung aus, und unter denen zusammenfassenden Partien, die auch Dokumente zur Entstehungsgeschichte und zur zeitgenössischen Kritik benutzen, setzen die Wiedergabe von Überlegungen aus den Notizbüchern Manns wie Hinweise auf die Kompositionsstruktur Akzente. Eine Kommentierung zu sämtlichen zweiunddreißig Erzählungen hat Hans Rudolf Vaget vorgelegt, die rasch und zuverlässig über den Forschungsstand informiert, obwohl die Einzelerläuterung gelegentlich etwas zu simpel gerät (L 13a). Daneben setzt der amerikanische Germanist eigene Schwerpunkte: er entwickelt eine Typologie der Erzählungen nach zwei Grundmustern, einem Typus, in dem Aufführungen den Mittelpunkt bilden, einem zweiten, der biographische Stationen zum Gegenstand hat. Im Frühwerk, das entlang der Sammelbände geordnet ist, betont er den »Simplicissimus-Faktor«, während er sich bei den späteren Erzählungen (ab »Wälsungenblut«) mit den Reaktionen der Tagespresse, mit dem Hauptgewicht auf der internationalen Rezeption, intensiv auseinandersetzt. Im Studiengebrauch hat sich eine kommentierte Essayausgabe von Michael Mann und Hermann Kurzke bewährt, die in drei Taschenbuchbänden vorliegt (L 14). Hilfreich bei thematischer Schwerpunktbildung sind ein Wagner-Bändchen von Erika Mann (L 15; etwas veraltet) und ein Goethe-Bändchen von Mendelssohn (L 16).

Zu den Schätzen in Zürich gehören die vierzehn Notizbücher in handlichem Taschenformat, die Mann in der Zeit von 1893–1937 angelegt hat. Von ihnen ist erst ein einziges, das neunte Notizbuch, veröffentlicht (L 17). Angelegt 1906, enthält es noch Notizen zum »Doktor Faustus« aus dem Jahr 1947. Sorgfältig kommentiert, zieht Wysling zudem die ungekürzte Fassung der Brentano-Lieder Leverkühns heran (S. 67 ff.). Die Notizbücher geben Aufschlüsse über die Entstehungs- und Quellengeschichte von Werken, sammeln Exzerpte, Formulierungseinfälle und Lektürepläne, halten Biographisches auf einer rudimentären Stufe (Kostenberechnungen, Adressen, Reisedaten) fest; die bislang intensivste Auswertung ist in Mendelssohns Biographie zu finden. Während Mann später Notizen zu Werken in Konvoluten zusammenfaßte, ist immerhin vom »Friedrich«-Projekt sogar ein geschlossen-thematisches Notizbuch vorhanden. Obwohl der Forschung die Notizbücher in Zürich zugänglich sind, wäre eine rasche Herausgabe, selbst ohne Einzelkommentierung, wünschenswert.

Zeit seines Lebens hat Mann Tagebuch geführt, doch zweimal hat er Partien davon verbrannt. Am 17. Februar 1896 schreibt er dem Jugendfreund Grautoff aus München: »Ich habe es dieser Tage bei mir ganz besonders warm. Ich verbrenne nämlich meine sämmtlichen Tagebücher«, und am 21. Mai 1945 steht in seinem Tagebuch in Kalifornien: »alte Tagebücher vernichtet in Ausführung eines längst gehegten Vorsatzes«. Die zweiunddreißig Tagebücher in Schulheftformat, die diesen Aktionen entgangen sind, haben nach der Eröffnung am 12. August 1975, bei der sich zu Aller Überraschung zeigte, daß noch Hefte aus den Jahren 1918–21 die kontinuierliche Folge ab 1933 ergänzten, in Michael Mann, der sie transkribierte, ihren ersten Bearbeiter gefunden. Obwohl M. Mann zu Jahresanfang 1977 ums Leben kam, konnte dennoch im Herbst des Jahres unter der Herausgeberschaft von Mendelssohn der erste Band erscheinen (L 18). Geringfügige Auslassungen im Text sind gekennzeichnet, während die ausführliche Kommentierung von Mendelssohns eigener Exilerfahrung, von seiner genauen Kenntnis von Personen und Konstellationen, profitieren kann. Kommentarlücken sind meist gekennzeichnet und dürften noch manche Detailstudien bis zur Klärung erforderlich machen. Die

Publizistik Manns, die aufgrund der Tagebuchangaben gefunden werden konnte, ist beigegeben. Die Vorbemerkungen des Herausgebers führen neben Grobskizzen des Inhalts auch Überlegungen zur Präsentationsform aus. Im Sommer 1982 lagen, als Mendelssohn starb, die Fahnen des Textteils zum sechsten Band schon vor, doch wird Inge Jens, die mit der Fortführung betraut ist, erst im Herbst 1985 diesen Band der auf acht Bände insgesamt angelegten Reihe kommentiert vorstellen können. – Liegt mit Manns Tagebüchern eine einzigartige Registrierung von Tag zu Tag vor, die meist nur bei Reisen größere Zeiträume zusammenfaßt, so bleibt die Gewichtung dieser Notizen, von denen Mann bei der Versiegelung konstatierte: »without any literary value«, das eigentliche Problem. Die Hauptgefahr sehe ich in der Auffassung, die »wahre Meinung« Manns könne man jetzt mit Händen greifen. Ein Gegenbeispiel: 1952, in der gedruckten Würdigung zu Stefan Zweigs zehntem Todestag lobt Mann: »Vielleicht ist seit den Tagen des Erasmus (über den er glänzend gearbeitet hat) kein Schriftsteller so berühmt gewesen wie Stefan Zweig« (X, 524 f.). Verfolgt man dagegen Manns Lektüre-Notizen im Sommer 1934, so drängt sich ein anderer Eindruck auf. Zunächst nennt er die Parallelisierung zwischen Luther und Hitler »unerträglich«, nennt sie sogar »Unterwerfung«. Später, auf derselben Linie, notiert er ins Tagebuch: »Der Stil ist flau und banal, und vor allem ist die Antithetik des Buches irreführend und schädlich«, und er bestätigt sich nach Abschluß der Lektüre, er habe es »des Gegenstandes wegen« ganz gelesen. Eine Einschränkung in den nächsten Tagen (»Der ›Erasmus‹ von Zweig hat mir doch manches gegeben«) bezieht sich sogar ausdrücklich auf die Parallelisierung, doch als Mann 1946 aus den Notizen 1933/34 »Leiden an Deutschland« zusammenstellte (in bislang ununtersuchten Veränderungen), wurde der kritische Eindruck als einzige Perspektive wiedergegeben. Wird man die Gültigkeit von Th. Manns späterem Lob dadurch einschränken müssen, so lassen sich wiederum auch diese Tagebuchnotizen relativieren. Mann schrieb sie aus einer Konkurrenzsituation heraus, denn seit der Mitte der zwanziger Jahre hatte er mehrfach den Plan einer Erasmus-Novelle erwogen, und durch Zweigs Buch mußte er wohl aufgegeben werden. Die Übernahme in »Leiden an Deutschland« wird man nicht ohne den Hintergrund von Zweigs Selbstmord und der Gefahr der Entmutigung weiterer Exilierter sehen dürfen, während Manns Verständnis für Zweigs »Pazifismus« nach den Jahren des Hasses gegen den Nationalsozialismus zur Zeit seines öffentlichen Lob sichtbar gewachsen war. Interpretationsbedürftig sind, das scheint mir dieses Beispiel zu belegen, daher auch Tagebuchäußerungen, keineswegs ist die öffentliche Meinungsäußerung mit der Festrednerlüge gleichzusetzen. Obwohl als »journal intime« von privatem Charakter, lassen sich auch Distanzhaltungen Manns zum Tagebuch beobachten. Die knappen Eintragungen nach den Begegnungen mit Roosevelt etwa entsprachen nicht dem Gewicht, das er ihnen selbst beimaß, manche extreme Meinungsschwankung scheint nur aufgezeichnet, um dem Schreiber selbst für eine spätere Rekonstruktion von Details und Stimmungen Konkretes an die Hand zu geben, manche zornige Unmittelbarkeit erweist sich durch ein geklärteres Urteil nach wenigen Tagen als Abreaktion. Für den Steinbruchscharakter der Tagebücher ein weiteres Beispiel. Am 29. Mai 1934 registriert das Tagebuch bei der Einfahrt in den Hafen von New York: »$^{1}/_{2}$ 6 Uhr auf und langsame Weiterfahrt. Frühstück und letzte Trinkgelder. An Deck. Einfahrt. Die Freiheitsstatue, nüchtern, und die Hochbauten als Silhouette im Nebel«. Als lebendige Deutung erscheint dieselbe Szene in dem Reisebericht »Meerfahrt mit Don Quijote«: »Wir haben gefrühstückt, die letzte Hand ans Gepäck gelegt und letzte Trinkgelder verteilt. Wir sind, zur Ankunft gerüstet, an Deck gegangen, der Einfahrt beizuwohnen. Schon hebt im Dunst der Ferne eine vertraute Figur, die Freiheitsstatue, ihren Kranz empor, eine klassizistische Erinnerung, ein naives Symbol, recht fremd geworden in unserer Gegenwart [. . .] Vorn aus dem Morgennebel lösen sich langsam die Hochbauten von Manhattan, eine phantastische Koloniallandschaft, eine getürmte Gigantenstadt«.

Eine ganze Abteilung im Essayband »Altes und Neues« hat Mann mit »Einige Briefe« überschrieben, und so war es ein legitimes Vorgehen Erika Manns, mit ihrer umfangreichen, unentbehrlichen Briefauswahl in drei Bänden die Stockholmer Ausgabe in den sechziger Jahren abzuschließen (L 19). Die Einleitungen berichten u. a. über verlorengegangene Briefe (an Katia Mann, an Bruno Frank, an Hans Reisiger) und sie schätzt die Zahl der handgeschriebenen Briefe auf etwa 20 000. Gegenüber dem Vorwurf des »Kommunisten« Mann erwähnt sie seine Ablehnung von drei kommunistisch inspirierten Preisen in den fünfziger Jahren. Die Briefe sind mit kleineren Auslassungen, in der Regel jedoch vollständig gedruckt; fremdsprachige Schreiben, deren französische Version von Katia Mann und deren englische von Erika besorgt wurden, sind nach dem deutschen Konzept gedruckt. Offene Briefe, obwohl in der Werkausgabe vorhanden, erscheinen hier ebenfalls. Die Kommentierungen vermitteln in ihrer Lebendigkeit gelegentlich noch etwas von der Schärfe der Innensicht in der Familie.

Die größte Schwäche dieser Auswahl, die im wesentlichen quellenbedingte Zufälligkeit der Auswahlkriterien, ist durch ein umfassendes Unternehmen, die Gesamtausgabe der Briefe in Regestform, beseitigt (L 20). Ausgehend von den Grundsätzen Karl-Heinz Hahns und Hans-Heinrich Reuters bei der Edition der an Goethe gerichteten Briefe haben Hans Bürgin und Hans-Otto Mayer diese neu entwickelte Editionsform auf Manns Briefe übertragen und – mit kleinen Modifikationen – eine überzeugende Darbietungsform gefunden, die im Regestkopf über die Art der Mitteilung, Format, Umfang und evtl. Drucknachweis unterrichtet. Die Inhaltszusammenfassungen vermitteln durch ausführliche Zitate auch einen Eindruck von Manns Briefstil. Register, die an das Regest anschließen, erwähnen alle Namen, Werke, Zeitungen und Zeitschriften, Orte, die im Brief, nicht notwendigerweise in der Inhaltszusammenfassung, genannt sind. Nach dem Tod der beiden Herausgeber wollen Gert Heine und Yvonne Schmidlin die beiden ausstehenden Bände zu dem letzten Lebensabschnitt und dem Gesamtregister bis 1985 abschließen.

Die ursprünglich so verdienstvolle Bibliographie des Briefwerks von Georg Wenzel wird dann überholt sein (L 21), nicht allerdings die Briefausgaben selbst. Die Regesten fassen sich dort, wo Briefe leicht zugänglich sind, in der Zusammenfassung kurz und entlasten die Bände dadurch von überflüssigen Zweitdrucken. Es ist daher weiterhin notwendig, die wichtigsten Briefausgaben selbst vorzustellen. Die ›Blätter der Thomas Mann Gesellschaft Zürich‹ leisten hierin seit 1963 wertvolle Dokumentationshilfe (L 22): Von dem Bühnenbildner Emil Preetorius, dessen verspielt-kluge Illustrationen manche Bücher Manns in der Weimarer Republik schmücken, sind einige Briefe aus der Nachkriegszeit abgedruckt. Otto Basler ergänzte 1965 die Briefe von Mann 1930–45 in »Altes und Neues« durch Briefe 1948–55. Dem kommentierten Briefwechsel mit Max Rychner (1897–1965) hat Wysling als Herausgeber eine lebendige Einleitung vorangestellt, die persönliche Berührungspunkte der Jahre 1914–1955 nennt. Unkommentiert folgten einige Briefe aus dem Austausch mit dem über Jahrzehnte befreundeten Schriftsteller Hans Reisiger, der Züge an den Rüdiger Schildknapp des »Doktor Faustus« abgeben mußte. Von einer noch tiefergehenden Freundschaft (dieses Wort gibt ja nur noch durch Zusätze seinen Gehalt preis) zeugen die Briefe, die mit dem Dirigenten Bruno Walter, dem Münchner Nachbarn und Exilsgefährten, gewechselt wurden; wechselseitige Veröffentlichungen ergänzen sinnvoll das Private. Die Psychologie des zweideutigen Deutschland, das zur eindeutigen Weltbedrohung geworden war, ist der engste Berührungspunkt in dem Briefgespräch mit dem Literaturwissenschaftler Erich von Kahler (1885–1970), das hier mit den amerikanischen Exilsjahren einsetzt; Kahlers Beziehung zu Broch spielt in diese Briefe hinein. »Aus dem Briefwechsel« steht auch über der Edition der seit 1915 zwischen Mann und dem Pfarrer Kuno Fiedler hin und her gehenden Briefe. Golo Mann hat im elften Heft mit eigenen Erinnerungen diese Briefwechsel um Persönliches ergänzt:

»Wie anno 29, auf der Terrasse des Münchner Hauses, Thomas Mann uns aus Max Rychners Essay über Hamsun vorlas, dankbar, daß hier Einer den versteckt politischen, einseitigen Hamsun-Kult der Deutschen nicht mitmachte und neben dem ›Segen der Erde‹ andere Götter wollte gelten lassen; nur ein Schweizer Kritiker, meinte Thomas Mann damals, könne es noch so sehen, die Deutschen nicht mehr. Da, im Heft des Jahres 1967, steht nun, was die Beiden sich über jenen Artikel freundlich zu sagen hatten. Noch sehe ich den Pastor Dr. Kuno Fiedler eines Sommertages im Jahre 1936 in Küsnacht am Zürichsee bei uns eintreffen: ohne Gepäck, erschöpft und erschüttert. Er war aus einem Nazi-Gefängnis in Mitteldeutschland entflohen, hatte die Reise durch das belagerte Land, die verbotene Fahrt über den Bodensee gewagt, da war er nun, Schweizer Hilfsbereitschaft gewärtig, welche, in diesem Fall, sich rettend bewährte. Bruno Walter sehe ich, während des Ersten Krieges, jugendlicher Dirigent mit dichtem Haar und Schlapphut, von einer Probe im Münchner Hoftheater zu Fuß die Maximilianstraße herunterkommend und am Max-Monument auf den überfüllten Trambahnwagen springen; guter Nachbar zuerst, Freund dann; ich höre die beiden Herren politisieren in München im Jahre 17, und musizieren und wieder politisieren in Pacific Palisades im Jahre 43. Hans Reisiger, Kumpan langer Spaziergänge und langer Abende, sportlich, unterhaltsam, im Geheimen zur Melancholie geneigt; Erich von Kahler, gemütlich zugleich und nach allerernstesten Gesprächen begierig, Kahler im gastlichen Haus der Oprechts in Zürich, in Princetons Nassaustreet ein knappes Jahrzehnt später – vertrauteste Gestalten undenkbar lang«.

Nach der Publikation einer Reihe von Briefen, die Mann in den Jahren 1933–39 erreichten, wurde 1979 mit einigen Briefen an Alma und Franz Werfel und 1981/82 mit der Edition des Briefwechsels mit Karl Löwenstein wieder die personengebundene Perspektive fortgesetzt. In dem Briefwechsel mit dem Verfassungsrechtler und Politologen Löwenstein, der die gesamte

Exilzeit umfaßt, hat sich ein Brief an den Journalisten Kurt Löwenstein vom 24. 9. 1948 eingeschlichen, dessen Adressat in den Regesten korrekt benannt ist; dort sind auch die zutreffenden Kommentarangaben zu finden (48/513).

Nach Abschluß des »Joseph« veröffentlichte der Altphilologe Karl Kerényi, der Mann mit wichtigen mythologischen Hinweisen versehen hatte, die zur Formel »Umfunktionieren des Mythos ins Humane« für die Tetralogie führte, 1945 die erste Separatpublikation eines Briefwechsels. Wie alle Publikationen in Buchform auf Vollständigkeit gerichtet, konnte Kerényi 1960 die endgültige, fortgeführte Fassung veröffentlichen (L 23). »Meinem großen Bruder, der den ›Dr. Faustus‹ schrieb« – in diese huldigende Widmung mündete das Verhältnis des älteren Bruders Heinrich zu seinem jüngeren Bruder Thomas ein, dessen engste Berührungspunkte die gemeinsamen Jugendjahre, die Zeit der Ausbildung der eigenen Kunstformen, die Zeit des Gegensatzes im Ersten Weltkrieg, die gemeinsame Repräsentanz in der Akademie der Künste, die kalifornischen Exiljahre waren. Kürzlich hat Hans Wysling anhand neuaufgefundener Briefe gezeigt, daß schon in der Frühzeit eine krisenhafte Zuspitzung der Gegensätze (1903/04) zu verzeichnen ist. In der Stadtbibliothek Wuppertal, im Teilnachlaß Ernst Bertrams, hat sich eine Ausgabe des »Untertan« (Berlin 1929) erhalten, deren Widmung »Für Tommy und Katja – H.« ein weiteres Dokument dieser Beziehung sein dürfte. Der geistige Schwerpunkt des Briefwechsels mit Paul Amann liegt auf dem Klärungsprozeß zur Zeit der »Betrachtungen eines Unpolitischen«, obwohl er noch viel später fortgesetzt worden ist; mit einem informativen Kommentar versehen, hat ihn Herbert Wegener herausgegeben (L 25). Der aus dem George-Kreis kommende Literarhistoriker Ernst Bertram führte Mann im Ersten Weltkrieg zu Stifter hin, und bis zu Beginn des Exils ist er ein wichtiger Gesprächspartner Manns. Noch 1935 entlockt ihm Bertram eine so grundsätzliche Äußerung zur Verfallsthematik:

»Der ›Joseph‹ ist kein Judenbuch, wenn es das ist, was Sie grämt, sondern ein Menschheitsbuch; für den Fall aber, daß auch das bei einem Deutschen von heute nichts verschlägt, füge ich hinzu, daß es sich wieder um eine Art von ›Buddenbrooks‹ dabei handelt, um den ›Verfall‹, den Verfeinerungsprozeß einer Familie und sogar eines Gottes, also nur eben nicht mehr auf bürgerlicher, sondern auf menschheitlicher Ebene«.

Inge Jens hat eine gute Edition dieses Briefwechsels vorgelegt (L 26). Der Teilnachlaß in Wuppertal enthält noch ein Bild

Manns mit der Widmung: »Seinem lieben Ernst Bertram mit dankbar-herzlichem Gruß – Weihnacht 1916 – Thomas Mann.« Die Sonderrolle der Schweiz bestimmt Manns freundschaftliches Verhältnis zu dem Kritiker Robert Faesi über lange Jahre hinweg (L 27). Die jahrzehntelange, oft sehr intensive Kooperation mit der Übersetzerin Lowe-Porter, von John C. Thirlwall dokumentiert (L 28), wird durch eine genauere Betrachtung der Überarbeitungsspuren Manns in den Übersetzungsmanuskripten noch aussagekräftiger werden. 1904 begegneten Hesse und Mann sich zum erstenmal, doch erst in der Weimarer Republik entwickelte sich der kameradschaftliche Ton künstlerischer Solidarität, der für die nächsten Jahrzehnte bestimmend sein sollte. Obwohl in der erweiterten Fassung vorbildlich aufgebaut und kommentiert (L 29), vermißt man eine Schilderung aus der »Nürnberger Reise«, die so charakteristisch für Hesse wie für Mann ist:

»Ich war einen Abend bei Thomas Mann, ich wollte ihm zeigen, daß meine alte Liebe zu seiner Art nicht geschwunden sei, und ich hatte auch ein wenig Lust zu sehen, wie es nun wohl mit diesem Manne stehe, der seine Arbeit so treu und gediegen leistete und dennoch die Fragwürdigkeiten und Verzweiflungen unsres Berufs so tief zu kennen scheint. Bis lange in die Nacht saß ich an seinem Tisch, und er führte die Sache schön und stilvoll durch, in guter Laune, ein wenig herzlich, ein wenig spöttisch, beschützt von seinem schönen Hause, beschützt von seiner Klugheit und guten Form. Ich bin auch für diesen Abend dankbar«.

Ein Vergleich mit dem Briefwechsel Goethe-Schiller scheint mir unangebracht, weil der Aspekt poetologischer Reflexion fehlt. Die deutschsprechende Caroline Newton begegnete dem Werk Manns zuerst 1921 in Gestalt von »Herr und Hund«, und wenige Jahre später vermittelte Jakob Wassermann ein persönliches Zusammentreffen in Berlin. Mit dem rettenden Angebot, doch in die USA zu übersiedeln, setzt 1937 ein Briefwechsel ein, in dem die 57 Briefe Manns ein Muster an Leserbezogenheit und Rezeptionssteuerung sind (L 30); sie dokumentieren zugleich seine Dankbarkeit, denn bis zum Lebensende führte er die Korrespondenz mit der Gönnerin fort, die ihm in Jamestown, Rhode Island das erste amerikanische Haus zur Verfügung gestellt hatte. Mit der Veröffentlichung des umfangreichen Briefwechsels mit dem Schwiegersohn S. Fischers, Gottfried Bermann Fischer, der gegen Ende der Weimarer Republik einsetzte, liegt ein unentbehrlich dichtes Dokument der Druckgeschichte vor (L 31); zugleich zeigten diese Briefe zum erstenmal etwas von dem »häßlichen Thomas Mann«, dessen existenzbedrohende

Kritik manche Krisensituation des Verlags weiter verschärft haben dürfte. Dieser Eindruck verstärkte sich durch die Publikation zweier Lübecker Brieffolgen, an den Jugendfreund und späteren Kunsthistoriker Otto Grautoff und an die Schriftstellerin Ida Boy-Ed (L 32). Obwohl die Arroganz, Moquerie und objektive Überlegenheit des »zärtlichen Philologen und Psychologen« Th. Mann gegenüber dem Sohn eines »fallierten und verstorbenen Buchhändlers« in den 78 Briefen aus den »gekränktesten, scheusten, einsamsten Jahren« nicht zu übersehen sind, bedurfte er des Freundes, dem gegenüber er zurücksteckte, wenn Krisen ausbrachen, dem er über entstehende, geplante, fehlgeschlagene Werke aus Italien und München berichtete (darunter »Buddenbrooks«), Hinweise auf die gespannte Seelenlage gab. Die 109 Briefe an Ida Boy-Ed spiegeln Manns behutsame Wiederannäherung an die Heimatstadt, die sich einredete, man habe ihr bös mitgespielt. Die Gegenbriefe fehlen, und so hat der Herausgeber Mendelssohn mit Kurzcharakteristiken sowie dem Abdruck der »Buddenbrook«-Rezension Grautoffs und Boy-Eds gescheiter Analyse der »Königlichen Hoheit« ein Gegengewicht geschaffen. Kontrapunktisch zu diesen Erfahrungen legte Mendelssohn den erhaltenen Teil des Briefwechsels mit Alfred Neumann vor, der in der Weimarer Republik ein Münchener Nachbar Manns wird (L 33).

Nähert sich der um zwanzig Jahre jüngere, erfolgreiche Romancier zunächst mit Büchersendungen, so kommt es seit Beginn der dreißiger Jahre zu einem freundschaftlichen Verhältnis, das sich bis zum Tod Neumanns 1952 zunehmend vertieft. Zu der wechselseitigen Anerkennung kommt auf Neumanns Seite Verehrung, die z. B. 1936, als Reaktion auf Manns offenen Brief an Korrodi, ihren Ausdruck findet: »großartigstes Selbstzeugnis des würdigsten deutschen Menschen und der Menschenwürde«. Eindringliche Lese-Erfahrungen werden über die »Josephs«-Bände, »Leiden und Größe der Meister«, die »Vertauschten Köpfe« und den »Doktor Faustus« ausgetauscht, und Manns Darstellung privater Leseabende aus den gerade entstehenden Werken im kalifornischen Exil vermittelt etwas vom Reiz dieser Abende. Die Tagespolitik spielt in den Briefen Neumanns allenfalls eine beiläufige Rolle, z. B. wenn in Italien ebenfalls die Juden verfolgt werden oder Hilfe für Flüchtlinge nötig ist. In einem umfassenderen Sinne ist Politik die Folie seines Werk-Verständnisses: »Sie [hißten] über die Piraten-Flagge unserer Zeit die Fahne der Humanität«. Mann hat in seinen 29 Briefen – 8 weitere konnten nicht abgedruckt werden – den Schriftsteller Neumann zu würdigen gewußt: »Diese gelockerte und menschlich amüsante Art, Geschichte zu schreiben, der es jedoch an Fülle und Tiefgang keineswegs gebricht« und in der »Entstehung des Doktor Faustus« in mehreren Passagen, die mitgeteilt werden (das erste Stück ist auf 1943, nicht auf 1942 zu datieren), die persönliche Seite betont. Neben den Entstehungsstadien von Manns Werken erfahren wir von den Überlegungen zu einer Reise ins Nachkriegsdeutschland und etwas über die Gruppe 47. Beinahe leverkühnisch klingt der Nachruf auf Neumann, der zeitweise Besitzer eines Hauses namens »Serena« war, wenn er den verstorbenen Freund »als eine Rechtfertigung, als einen Abglanz höherer Nachsicht im Gefühl eines guten Menschen« versteht.

Aus dem Staatsarchiv des Kantons Zürich hat Yvonne Schmidlin zur 100-Jahr-Feier des »Lesezirkels Hottingen« und seinem »Literarischen Club« die Korrespondenz mit dem langjährigen spiritus rector der Gesellschaft, Hans Bodmer, in einer hübschen Broschüre veröffentlicht, die, besonders durch die sorgfältige Kommentierung, über den Zeitraum der Lesungen in der Schweiz seit 1914 hinausgeht (L 34).

.Neben diesen traditionellen Äußerungsformen sind aber noch weitere Gruppen zu berücksichtigen, die das Intrumentarium eines modernen Schriftstellers ausmachen und durch ihren Kontroverscharakter einen didaktisch lebendigen Zugang zum Werk schaffen. Die Entdeckung so manches »statements« dürfte noch bevorstehen, und zu dieser Ausdruckswelt zählen auch die Interviews, die Mann, schon vor dem Ersten Weltkrieg einsetzend, gegeben hat. Sie liegen jetzt in einer umfangreichen Auswahl kommentiert vor, und eine vollständige Bibliographie der nachgewiesenen Titel ergänzt den von Gerd Heine und dem Verf. herausgegebenen Band (L 35).

Seit 1929 wird Manns Stimme oder Bild durch Rundfunk, Schallplatte, Tonband, Film, Fernsehen festgehalten, und – über den Wert als Hilfsmittel für Medien- und Unterrichtsdarstellungen hinaus – nicht selten sind diese modernen Konservierungsmittel die einzigen Überlieferungsträger bei einführenden Worten zu Lesungen oder für eine Rede in ihrer tatsächlich gehaltenen Form. Ernst Loewy hat ein Verzeichnis dieser Überlieferungsart erstellt und durch Textabdrucke (mit Rückübersetzungen ins Deutsche) und Inhaltsübersichten Zugang zu den Texten selbst geschaffen (L 36).

Literatur

L 1 *Thomas Mann.* Gesammelte Werke in zwölf Bänden, [hrsg. von Hans Bürgin,] Frankfurt/M. 1960; erweitert um einen dreizehnten Band »Nachträge«, Frankfurt/M. 1974 (= GW). Editionsbericht des Hrsg., Bd. XII, S. 987 ff.

L 2 *Thomas Mann.* Gesammelte Werke in dreizehn Bänden, Frankfurt/M. 1974 (= GW). Bürgins Editionsbericht für Bd. I–XII,

Bd. XIII, S. 909 ff; Bericht für den letzten Bd. von Hans Bürgin und Peter de Mendelssohn, Bd. XIII, S. 917 ff.

L 3 *Thomas Mann.* Romane und Erzählungen, [hrsg. von Klaus Hermsdorf,] Berlin u. Weimar 1974/75 (10 Bände); Aufsätze, Reden, Essays, [hrsg. von Harry Matter,] 1983 ff; Bd. I (1893–1913), Bd. II (1914–1918)

L 4 *Thomas Mann.* Gesammelte Werke in Einzelbänden, Frankfurt/M. 1980 ff. (Frankfurter Ausgabe). Hrsg. von Peter de Mendelssohn: »Doktor Faustus«, »Der Erwählte«, »Buddenbrooks«, »Frühe Erzählungen«, »Der Zauberberg«, »Späte Erzählungen«, »Lotte in Weimar«, »Leiden und Größe der Meister«; »Joseph und seine Brüder« von Adolf von Schirnding (1983); »Betrachtungen eines Unpolitischen« von Hanno Helbling (1983); »Über mich selbst« von Martin Gregor-Dellin (1983). Zur Erläuterung der Konzeption Mendelssohns Vortrag: »Die Frankfurter Ausgabe der Gesammelten Werke Thomas Manns« (Bayr. Akad. d. Künste zu München vom 10. 11. 1980), Frankfurt/M. 1981

L 5 *Thomas Mann,* »Tristan«; hrsg. von Hanns Martin Elster (Deutsche Dichterhandschriften, 1), Dresden 1920; die Manuskripte der »Buddenbrooks«, des »Tod in Venedig« und des »Zauberberg« konnte Herman Ungar auswerten und mit Beispielen vorstellen: Was die Manuskripte des Dichters verraten. Ein Blick in die Werkstatt Thomas Manns. In: Die literarische Welt 1 (1925), Nr. 4, S. 1 f.

L 6 *Thomas Mann,* »Die Betrogene. Erzählung«; hrsg. von den Freunden des Schweizer Kinderdorfs ›Kiriath Yearim‹, Lausanne 1953

L 7 *Thomas Mann,* »Schwere Stunde«; hrsg. von Bernhard Zeller (Marbacher Schriften, 9) Stuttgart 1975

L 8 *Paul Scherrer* u. *Hans Wysling,* Quellenkritische Studien zum Werk Thomas Manns (Thomas-Mann-Studien, 1), Bern u. München 1967

L 9 *Hans Wysling,* Dokumente und Untersuchungen. Beiträge zur Thomas-Mann-Forschung (Thomas-Mann-Studien, 3), Bern u. München 1974

L 10 *James F. White* (Hrsg.), The Yale »Zauberberg«-Manuscript. Rejected sheets once part of Thomas Mann's novel. With a preface by Joseph Warner Angell (Thomas-Mann-Studien, 4), Bern u. München 1980 (1 Faksimile)

L 11 *Eva Schiffer,* Zwischen den Zeilen. Manuskriptänderungen bei Thomas Mann. Transkriptionen und Deutungsversuche, Berlin 1982

L 12 *Thomas Mann,* »Der Tod in Venedig«; hrsg. von T. J. Reed (Oxford University Press), London 1971. – T. J. Reed, Thomas Mann. Der Tod in Venedig. Text, Materialien, Kommentar mit den bisher unveröffentlichten Arbeitsnotizen Thomas Manns (Hanser Literatur-Kommentare, 19), München u. Wien 1983

L 13 *Ulrich Dittmann,* Thomas Mann. Tristan, Stuttgart 1971, 2. Aufl. 1983; *Karl Pörnbacher,* Thomas Mann. Mario und der Zauberer, Stuttgart 1980; *Werner Bellmann,* Thomas Mann. Tonio Kröger, Stuttgart 1983

L 13a *Hans Rudolf Vaget,* Thomas Mann – Kommentar zu sämtlichen Erzählungen, München 1984

L 14 *Thomas Mann.* Ausgewählte Essays in drei Bänden, Frankfurt/M. 1977/78; Bd. 1 (Ausgewählte Schriften zur Literatur. Begegnungen mit Dichtern und Dichtung), in Zusammenarbeit mit H. Hannum hrsg. von Michael Mann; Bd. 2 (Politische Reden und Schriften) u. Bd. 3 (Schriften über Musik und Philosophie), hrsg. von H. Kurzke.

L 15 *Erika Mann* (Hrsg.), Thomas Mann. Wagner und seine Zeit, Frankfurt/M. 1964; als Taschenbuch, mit einem Geleitwort von Willi Schuh, Frankfurt/M. 1983

L 16 *Peter de Mendelssohn* (Hrsg.), Thomas Mann. Goethes Laufbahn als Schriftsteller. Zwölf Essays und Reden zu Goethe, Frankfurt/M. 1982

L 17 *Hans Wysling* (Hrsg.), Thomas Mann. Notizen zu »Felix Krull«, »Friedrich«, »Königliche Hoheit«, »Versuch über das Theater«, »Maja«, »Geist und Kunst«, »Ein Elender«, »Betrachtungen eines Unpolitischen«, »Doktor Faustus« und anderen Werken (Beihefte zum Euphorion, 5), Heidelberg 1973

L 18 *Peter de Mendelssohn* (Hrsg.), Thomas Mann. Tagebücher, Frankfurt/M.; 1918–1921 (1979), 1933–1934 (1977), 1935–1936 (1978), 1937–1939 (1980), 1940–1943 (1982). – Ins Englische übersetzt von Richard u. Clara Winston, Thomas Mann. Diaries 1918–1939, New York 1982 (ausgewählt von Hermann Kesten)

L 19 *Erika Mann* (Hrsg.), Thomas Mann. Briefe, Frankfurt/M.; 1889–1936 (1962), 1937–1947 (1963), 1948–1955 und Nachlese (1965). – Die entsprechenden Bände im Aufbau-Verlag, Berlin u. Weimar 1965/68. Eine Auswahlliste der deutschsprachigen Rezensionen in L 21, S. 209 ff. – Ins Französische übersetzt von Louise Servicen, Lettres de Thomas Mann, Paris 1966–1973 (4 Bde); ins Englische übersetzt von Richard u. Clara Winston, Letters of Thomas Mann 1889–1955, London 1970/New York 1971 (ausgewählt, aber auch erweitert); als Penguin Book 1975

L 20 *Hans Bürgin* u. *Hans-Otto Mayer* (Hrsg.), unter Mitarbeit von *Yvonne Schmidlin,* Die Briefe Thomas Manns. Regesten und Register, Frankfurt/M.; Bd. I: 1889–1933 (1976; eig. 1977), Bd. II: 1934–1943 (1980), Bd. III: 1944–1950 (1982). – Grundlegende Überlegungen von *Hartmut Steinecke,* Brief-Regesten. Theorie und Praxis einer neuen Editionsform. In: Zeitschrift für deutsche Philologie 101 (1982), Sonderheft ›Probleme neugermanistischer Edition‹, hrsg. von N. Oellers u. H. Steinecke, S. 199 ff.

L 21 *Georg Wenzel,* Thomas Manns Briefwerk. Bibliographie gedruckter Briefe aus den Jahren 1889–1955 (Deutsche Akademie der Wissenschaften zu Berlin, Veröffentl. d. Instituts für dt. Sprache und Literatur, 41), Berlin 1969

L 22 Blätter der Thomas Mann Gesellschaft Zürich; wenn nicht anders genannt, ist *Hans Wysling* der Hrsg.: Nr. 4 (1963) Emil Preetorius; Nr. 5 (1965) »Briefe von Thomas Mann« (Otto Basler); Nr. 7 (1967) Max Rychner; Nr. 8 (1968) Hans Reisiger; Nr. 9 (1969) Bruno Walter – vgl. auch *L. W. Lindt* (Hrsg.), Bruno Walter. Briefe, Frankfurt/M. 1969; Nr. 10 (1970) Erich von Kahler; Nr. 11/12 (1971/72) Kuno Fiedler; Nrn. 13–15 (1973–75) »Die ersten Jahre des Exils. Briefe von Schriftstellern an Thomas Mann«, hrsg. von *Hans Wysling* unter Mitwirkung von *Dieter Schwarz* (ab Nr. 14 ergänzt um *Herbert Wiesner*); Nr. 17 (1979) »[Drei] Briefe von Thomas Mann an Franz Werfel und Alma Mahler-Werfel«, hrsg. von *Glenys A. Waldman;* Nr. 18/19 (1981/82) Karl Loewenstein, hrsg. von *Eva Schiffer*

L 23 *Karl Kerényi* (Hrsg.), Romandichtung und Mythologie: Ein Briefwechsel mit Thomas Mann, Zürich 1945; Thomas Mann – Karl Kerényi. Gespräch in Briefen, Zürich 1960; Taschenbuchausgabe der erweiterten Fassung München 1967

L 24 *Alfred Kantorowicz*, Heinrich Mann und Thomas Mann. Die persönlichen, literarischen und weltanschaulichen Beziehungen der Brüder, Berlin 1956; *Ulrich Dietzel* (Hrsg.), Thomas Mann/ Heinrich Mann: Briefwechsel 1900–1949 (Veröffentlichungen der Deutschen Akademie der Künste zu Berlin), Berlin u. Weimar 1965 (3., erweiterte Auflage 1977); *Hans Wysling* (Hrsg.), Thomas Mann – Heinrich Mann. Briefwechsel 1900–1949, Frankfurt/M. 1969 (Taschenbuchausgabe Frankfurt/M. 1975); *Hans Wysling*, ». . . eine sehr ernste und tiefgehende Korrespondenz mit meinem Bruder . . .« Zwei neuaufgefundene Briefe Thomas Manns an seinen Bruder Heinrich. In: DVjs 55 (1981), S. 645–664.

L 25 *Herbert Wegener* (Hrsg.), Thomas Mann. Briefe an Paul Amann 1915–1952 (Veröffentlichungen der Stadtbibliothek Lübeck, N. R. 3), Lübeck 1959; ins Englische übersetzt v. R. u. C. Winston, London 1951

L 26 *Inge Jens* (Hrsg.), Thomas Mann an Ernst Bertram. Briefe aus den Jahren 1910–1955, Pfullingen 1960; hier S. 188 f.

L 27 *Robert Faesi* (Hrsg.), Thomas Mann – Robert Faesi. Briefwechsel, Zürich 1962

L 28 *John C. Thirlwall.* In another language. A record of the thirty-year relationship between Thomas Mann and his english translator, Helen Tracy Lowe-Porter, New York 1966

L 29 *Anni Carlsson* (Hrsg.), Hermann Hesse – Thomas Mann. Briefwechsel, Frankfurt/M. 1968; erweitert mit *Volker Michels*, Frankfurt/M. 1975

L 30 [*Caroline Newton* (Hrsg.),] The letters of Thomas Mann to Caroline Newton. With a foreword by Robert F. Goheen, Princeton 1971; die Brieftexte erscheinen dort zugleich in englischer Übersetzung

L 31 *Peter de Mendelssohn* (Hrsg.), Thomas Mann. Briefwechsel mit seinem Verleger Gottfried Bermann Fischer 1932–1955, Frankfurt/M. 1973; eine zweibändige Taschenbuchausgabe Frankfurt/M. 1975; vgl. *Brigitte B. Fischer*, Sie schrieben mir, oder was aus meinem Poesiealbum wurde, Frankfurt/M. 3. Aufl. 1982

L 32 *Peter de Mendelssohn* (Hrsg.), Thomas Mann: Briefe an Otto Grautoff 1894–1901 und Ida Boy-Ed 1903–1928, Frankfurt/M. 1975; Nachbemerkung von *Michael Mann*

L 33 *Peter de Mendelssohn* (Hrsg.), Thomas Mann – Alfred Neumann. Briefwechsel (Veröffentlichungen der Deutschen Akademie für Sprache und Dichtung Darmstadt, 52), Heidelberg 1977

L 34 *Yvonne Schmidlin* (Hrsg.), Thomas Mann und Hans Bodmer, Briefwechsel 1907–1933, Zürich 1982; mit einem Vorwort von Hans Wysling

L 35 *Volkmar Hansen* u. *Gert Heine* (Hrsg.), Frage und Antwort. Interviews mit Thomas Mann 1909–1955, Hamburg 1983; eine Ergänzung: *V. H.*, Thomas Mann im Sommer 1933. Ein Gespräch und drei Interviews. In: Neue Zürcher Zeitung, Nr. 140 vom 18. Juni 1983, S. 70

L 36 *Ernst Loewy* (Bearb.), Thomas Mann. Ton- und Filmaufnahmen. Ein Verzeichnis, hrsg. vom Deutschen Rundfunkarchiv [Frankfurt/M.], Frankfurt/M. 1974; Supplementband zu den Gesammelten Werken

Im Zürcher Bodmer-Haus, das schon Klopstock, Ewald v. Kleist, Wieland, Goethe und Keller beherbergt hat und der Universität Zürich als Empfangsraum und Gästehaus dient, sind neben dem literarischen Nachlaß Manns auch persönliche Gedenkstücke untergebracht. Die Rekonstruktion von Manns Arbeitszimmer und Lebensdokumente wie die Urkunden des Nobelpreises und der Ehrendoktorate, Orden, Familienfotographien, Stammbücher, Bilder von Ludwig v. Hofmann, die Totenmaske vermitteln zusammen mit der großzügigen Unterbringung einen anschaulichen, auch für das breite Publikum zugänglichen Eindruck von der Lebensführung Manns. Für die wissenschaftliche Untersuchung ist ein vielfältiges Arbeitsmaterial ausgebreitet: sind die Handschriften der späten Romane und Erzählungen ab den beiden letzten »Joseph«-Bänden vom Umfang her von größtem Gewicht (zu ihnen kommen noch Reststücke zu anderen Werken wie den »Buddenbrooks« oder der »Königlichen Hoheit«), so ist der Einblick in die Werkentstehung durch Arbeitskonvolute (mit heterogenen Materialien), in die Notiz- und Tagebücher, in eine Handbibliothek, die einem Wissenschaftler zur Ehre gereichen würde und durch Bleistiftanstreichungen von der eifrigen Benutzung zeugt, der eigentliche Schwerpunkt der Arbeitsmöglichkeiten. Die Ausschnittsammlung von verstreuten Drucken und Rezensionen hat Ida Herz (1894–1984) mit direkter Unterstützung Manns durch Jahrzehnte zusammengetragen. Alle diese Materialien werden seit gut zwanzig Jahren vorzüglich durch Karteien erschlossen, die Manuskripte durch Fotokopien aus aller Welt ergänzt, die wissenschaftliche Literatur vollständig gesammelt. Ist die zentrale Rolle des Mann-Archivs weltweit unumstritten, so ist sie in Zürich nicht so selbstverständlich, denn die redundanten Nennungen in zahlreichen Publikationen (z. B. der Hinweis auf Kopien im Archiv, wenn an anderem Ort in Zürich selbst die Originale liegen) sind wohl kein Zufall. Im Archiv, meist mit TMA abgekürzt, fließen die meisten Informationen über entstehende Arbeiten zusammen, und so ist – bei der unzulänglichen Lage der Dissertationsankündigungen insgesamt – rechtzeitige Konsultation und ein Hinweis bei konkreten Absichten wohl angebracht.

Von den frühen Manuskripten ist der größte Teil verschollen oder verloren, wobei Erika Mann eine Veruntreuung andeutet

(L 19, Bd. I), doch die Arbeiten des amerikanischen Exils sind vorzüglich in der Yale-University repräsentiert (L 37). Die beiden ersten Bände des »Joseph« und korrigierte Typoskripte des »Doktor Faustus« und des »Erwählten« sind die voluminösesten Texte. Unter den Essays ragt »Ein Briefwechsel« als Handschrift hervor. Die größte Bedeutung kommt der Sammlung jedoch im Bereich der englischsprachigen Übersetzungen im Fall von Romanen, Erzählungen, Essays, Vorträgen, Einleitungen, Zusammenstellung von Essay-Bänden durch H. T. Lowe-Porter zu. Zu den außerordentlichen Dokumenten der Sammlung zählt der Briefwechsel mit Agnes E. Meyer, der Frau des Herausgebers der ›Washington Post‹. Sind in Erika Manns Ausgabe schon manche Briefe an sie gedruckt, so liegen in New Haven die Gegenbriefe – gerade in diesem Fall einer wirtschaftlich unabhängigen Gönnerin und Verehrerin, deren Zuneigung bis hin zu sexuellem Begehren ging, von großem psychologischen Reiz. Krisenhafte Entwicklungen beschränken sich nicht auf persönlich-familiäre Felder. Die Unterbrechung der lectures an der Library of Congress in Washington erweist sich als »Schutzmaßnahme«, um den »undemokratischen« Eindruck einiger Sätze Manns nicht zu vertiefen. Eine rasche Publikation dieses Briefwechsels wäre eine wesentliche Bereicherung unseres Mann-Bilds. Der Sammlung könnte, bei personeller Aufstockung, für die amerikanischen Jahre Manns eine wesentliche Aufgabe zufallen.

In Westdeutschland ragt die Thomas-Mann-Sammlung Hans-Otto Mayers heraus, die in separaten Räumen innerhalb der Universitätsbibliothek Düsseldorf untergebracht ist. Eine komplette Sammlung der Erstdrucke und Ausgaben, Lebensdokumente, Tausende von Briefkopien, eine auf Vollständigkeit angelegte Sammlung der Sekundärliteratur, Ausschnittsammlungen, Karteien schaffen in dieser Präsensbibliothek vorzügliche Arbeitsbedingungen (L 38). Als ergänzende Stücke sind in den letzten Jahren der literarische Nachlaß von Walter A. Berendsohn und Hans Bürgin hinzugekommen.

Das Deutsche Literaturarchiv in Marbach a. N. (das selbst nur einen schmalen Thomas Mann-Bestand besitzt) muß wegen seiner generell guten Arbeitsbedingungen ebenfalls genannt werden – hier sind vor allem die reichhaltigen ergänzenden Bestände zur Exilliteratur von Vorteil (L 38a). Daneben gibt es bedeutende Privatsammlungen, keineswegs ein alltägliches Phänomen (s. L 42, Jonas I, 33 ff.; die Sammlung Sauereßig ist derweil in Japan zu finden). Schließlich sei noch die Bibliotheca Bodmeriana in Coligny bei Genf erwähnt, die das Manuskript von »Lotte in Weimar« besitzt.

Neben Mann-Briefen in der Princeton-University, New Jersey, ist unter den amerikanischen Sammlungen noch das German Literature Center in Pittsburgh, Pennsylvania zu erwähnen. Deutsche Literatur des 20. Jahrhunderts steht dort reichlich zur Verfügung; Briefe (darunter Originale), Ausgaben (oft mit Widmungen), seltene Privatdrucke, Übersetzungen, verstreute Beiträge, Festschriften, Lebensdokumente, eine vorzügliche Sammlung und Aufschlüsselung der Sekundärliteratur machen die Stadt ebenfalls zu einem der Orte, an denen für Mann-Studien besondere Voraussetzungen zu finden sind (L 39). Die Indiana University in Bloomington konnte 1977 das Privatarchiv von Brigitte und Gottfried Bermann Fischer erwerben; neben Typoskripten aus der Zeit von 1934–1953 sind die Autographen »Die Erotik Michelangelos«, einige Seiten zu »Lotte in Weimar« und das Typoskript der »Entstehung des Doktor Faustus«, die Druckvorlage, von Bedeutung. Ein Katalog ergänzt dort den gedruckten Briefwechsel: »The letters of Thomas and Katia to Gottfried and Tutti that were not published concern both business and family matters. Details about translations and the pricing of certain titles for better sales, requests for other volumes published by Fischer, contracts for English or other foreign rights to publications, and the forwarding of pages or portions of manuscripts occupy much of the correspondance« (L 40). In dem Manuskript der »Meerfahrt mit Don Quijote«, in der Houghton Library der Harvard University, Cambridge, Mass., aufbewahrt, steht es tatsächlich auch: »hebt im Dunst der Ferne eine vertraute Figur, die Freiheitsstatue, ihren Kranz empor«. Hält man den Einleitungssatz von Kafkas »Der Verschollene« daneben – zunächst mit Max Brods Titel »Amerika« bekanntgeworden –, der den »Helden« bei der Einfahrt in den Hafen von New York die »Statue der Freiheitsgöttin« einen »Arm mit dem Schwert« in die »freien Lüfte« strecken läßt, dann wird bewußt, wie sehr die Konfrontation mit neuen Erfahrungen im Exil nicht nur ein Verlust, sondern zugleich eine Horizonterweiterung ist.

An die Spitze der unentbehrlichen Hilfsmittel, die von der Mann-Forschung bereitgestellt werden, gehört die Werkbibliographie von Hans Bürgin (L 41). Mit bestechender Genauigkeit und Übersichtlichkeit werden Manns Arbeiten in den Rubriken »Deutsche Ausgaben«, »Gesamtausgaben«, »Thomas Mann als Herausgeber«, nach Erscheinungsländern gegliederten »Übersetzungen« und chronologisch angeordneten »Beiträgen« präsentiert. Die exakte formale Beschreibung wird durch kurze inhaltliche Bemerkungen ergänzt, bei Fassungen werden differierende Passagen bezeichnet. Register bieten schnelle Hilfe. Wo es um zweifelsfreie Identifikation einer Ausgabe geht, empfiehlt sich – wie bei den führenden Antiquariaten – ein Hinweis auf Bürgin Zählung (z. B. Bürgin V, 194).

Gleich zwei Bibliographien erschließen die Sekudärliteratur zu Mann, wobei ihr unterschiedlicher Zugang sie, je nach Fragestellung gleich unentbehrlich macht (L 42). Klaus W. Jonas arbeitet mit einer annalistischen Form, die schnell auf Fragen antwortet, die zeitlich orientiert sind. Trotz der Fülle von etwa 12.000 aufgenommenen Titel gewichtet Jonas; sechs Register (Verfasser, Werk, Personen, Themen, Ehrungen/Gedenktage, Zeitschriften) schaffen Querverbindungen. Im Vorwort zum zweiten Band hat Jonas die Kongreßbeiträge 1975 aufgelistet und seine Übersicht über Handschriftenstandorte ergänzt (I, 15 ff.; II, 21 f.). Vollständigkeit strebt die Bibliographie von Harry Matter an, und sie fördert dadurch neben Forschungsbeiträgen auch sozialgeschichtlich relevante Rezeptionsformen zu Tage. Der Schwerpunkt liegt auf dem osteuropäischen Raum. Die Anordnung nach »Allgemeines«, »Biographie«, »Werk«, »Themen und Probleme«, »Beziehung zu einzelnen Literaturen und Schriftstellern«, »Archiven, Sammlungen, Gesellschaften und Vereinigungen« ermöglicht einen raschen bibliographischen Zugriff, der zugleich durch vorgestellte Hinweise auf einschlägige Werke und Werkpartien Manns noch wertvoller wird. Bis zum Sommer 1981 unterrichtet über wesentliche Neuerscheinungen eine annotierte Bibliographie von Hermann Kurzke (L 43).

Gleichermaßen brauchbar ist die Chronik, die Hans Bürgin und Hans-Otto Mayer zusammengestellt haben, um schnelle Information über Lebensdaten zu erhalten (L 44). Wer die vielen irrenden Äußerungen gelesen hat, die das ›Buddenbrookhaus‹ mit dem Geburtshaus verwechseln und Kilchberg zum Sterbeort erklären, wird über diese zuverlässige Datenbank nicht so leicht hinweggehen. Die dominierende biographische Perspektive ist durch vorzüglich ausgewählte Mann-Zitate nicht isoliert. Die Chronik ist noch immer unentbehrlich, auch wenn sich inzwischen durch die Tagebücher ein dichteres Netz der Information knüpfen läßt. Ergänzend sind daher die beiden letzten Bände der Reihe ›Dichter über ihre Dichtungen‹ heranzuziehen, deren chronikalische Daten schon darauf fußen konnten. In dieser Reihe stellen die Mann-Bände einen Höhepunkt dar, weil Hans Wysling und Marianne Fischer die Selbstäußerungen Manns zu Werken und Werkplänen nicht nur vorbildlich kommentiert zusammengetragen haben, sondern vielfach auch unveröffentlichte Briefe benutzen konnten (L 45). Wird man oft die Ökonomie Manns bewundern, mit der er mit einmal gefundenen Formeln operierte, so ist besonders im Fall des von Mann gespannt verfolgten Echos auf den »Doktor Faustus« das Ineinander von Kritik und Zurückweisung, Korrektur, Anerkennung, Übernahme, Entwicklung des eigenen Denkens bemerkenswert. Sehr streng wird innerhalb der chronologischen Anordnung der Arbeitsbeginn als Zuordnungszeitpunkt gewählt; dadurch finden sich z. B. alle »Krull«-Äußerungen schon im ersten Band.

Überblicke über die Forschungssituation verschaffen oft in Spezialmonographien versteckte Berichte, jedoch übergreifend die beiden Forschungsberichte von Herbert Lehnert und Hermann Kurzke. Lehnerts Bericht, 1969 in Buchform publiziert, stellte die Mann-Forschung durch treffliche Beurteilungen und eine weitgefächerte Thematik auf eine sichere Grundlage (L 46). Ist Fiktionalität der Kernbegriff Lehnerts, so ist der ideologiekritische Zugriff das Kennzeichen von Kurzkes Fortführung, die ein lebendiges Bild der Diskussion in den folgenden acht Jahren gibt (L 47). Kontinuierlich werden Mann-Publikationen in zahlreichen wissenschaftlichen Zeitschriften verfolgt und gelegentlich sind darunter Sammelbesprechungen zu finden (L 48).

Literatur

L 37   *Christa Sammons,* The Thomas Mann Collection Yale University. A Register of the Manuscripts in the Beinecke Rare Book and Manuscript Library, [New Haven, Conn.] 1980; 83 S. Zu H. T. Lowe-Porter vgl. L 28

L 38   *Hans-Otto Mayer,* Entstehung, Struktur und Funktion der Düsseldorfer Thomas Mann-Sammlung. In: Volkmar Hansen u. Margot Ulrich (Red.), Zur Einführung in die Thomas Mann-Ausstellung Düsseldorf anläßlich des hundertsten Geburtstags [Düsseldorf 1975], S. 19 ff.

L 38a   *Bernhard Zeller,* Die Thomas Mann-Sammlung des Deutschen Literaturarchivs. Mit einer Auswahl unveröffentlichter Briefe. In: Jb. d. Dt. Schillergesellschaft 20 (1976), S. 557 ff.

L 39   German and Austrian Contributions to World Literature (1890–1970). Selections from the Klaus W. Jonas Collection. An Exhibition at the Hillman Library, Department of Special Collections (15. 3. – 29. 3. 1983), Pittsburgh 1983, S. 32 ff.

L 40   *Albrecht Holschuh* u. *Saundra Taylor,* The S. Fischer Papers in the Lilly Library. In: The Indiana University Bookman, Bloomington/Indiana 1982 (Nr. 14), S. 66 f. u. 99 f.

L 41   *Hans Bürgin.* Das Werk Thomas Manns. Eine Bibliographie unter Mitarbeit von *Walter A. Reichart* und *Erich Neumann,* Frankfurt/M. 1959; *Erich Neumann,* Fortsetzung und Nachtrag zu Hans Bürgins Bibliographie ›Das Werk Thomas Manns‹. In: L 88 (Wenzel), S. 491 ff. – Die Übersetzungsliste ist fortgeführt von *Hildegard Osterhuber,* Thomas Mann in Übersetzungen.

In: *Peter de Mendelssohn* u. *Herbert Wiesner* (Hrsg.), Thomas Mann 1875/1975, München 1975, S. 53 ff.

L 42 *Klaus W. Jonas,* in Zusammenarbeit mit dem Thomas-Mann-Archiv Zürich, Die Thomas-Mann-Literatur. Bibliographie der Kritik, Berlin; Bd. I: 1896–1955, 1972; Bd. II: 1956–1975, 1979; *Harry Matter,* Die Literatur über Thomas Mann. Eine Bibliographie 1898–1969, 2 Bde. Berlin u. Weimar 1972

L 43 *Hermann Kurzke,* Auswahlbibliographie zu Thomas Mann. In: Heinz Ludwig Arnold (Hrsg.), Thomas Mann (Sonderband Text + Kritik), München 2. Auflage 1982, S. 238 ff.

L 44 *Hans Bürgin* u. *Hans-Otto Mayer,* Thomas Mann. Eine Chronik seines Lebens, Frankfurt/M. 1965; durchgesehene Taschenbuchausgabe Frankfurt/M. 1974

L 45 *Hans Wysling,* unter Mitwirkung von *Marianne Fischer* (Hrsg.), Thomas Mann (Dichter über ihre Dichtungen, 14), München; Bd. I: 1889–1917, 1975; Bd. II: 1918–1943, 1979; Bd. III: 1944–1955, 1981

L 46 *Herbert Lehnert,* Thomas-Mann-Forschung. Ein Bericht (Sonderheft aus DVjs 1966–1968), Stuttgart 1969; fortgesetzt mit Orbis Litterarum 32 (1977), S. 97 ff. u. 341 ff.; Hitler mit der Seele hassen: Thomas Manns Tagebücher 1937–1943 und andere Hilfsmittel der Forschung. In: Orbis Litterarum 39 (1984), S. 79 ff.

L 47 *Hermann Kurzke,* Thomas-Mann-Forschung 1969–1976. Ein kritischer Bericht, Frankfurt/M. 1977

L 48 *Klaus Schröter,* Literatur zur Thomas Mann um 1975. In: Monatshefte 69 (1977), S. 66 ff.; *Manfred Dierks,* Die Aktualität der positivistischen Methode – am Beispiel Thomas Mann. In: Orbis Litterarum 33 (1978), S. 158 ff.; *Cornelis Soeteman,* Fünf Jahre nach Thomas Manns hundertstem Geburtstag. In: Duitsche Kroniek 31 (1980/81), S. 90 ff.

»Credo, ut intellegam« – dieses Wort des Augustinus, von Thomas Mann gelegentlich zitiert, führt den Reiz und die Versuchung vor Augen, die für Gesamtdarstellungen und monographische Essaybündelungen besteht: dem Credo eines ironischen Schriftstellers auf die Spur zu kommen, zur Sonne des Planetensystems vorzustoßen oder aber einen der Trabanten damit zu verwechseln. Die erste Arbeit, die zu einer Gesamtwürdigung unter einem zentralen Aspekt angesetzt hat, ist Fritz Kaufmanns »Thomas Mann« aus dem Jahr 1957 (L 48). Die Vorgeschichte dieser Monographie reicht beinahe zwei Jahrzehnte zurück, und sie ist daher nicht mit den eilfertigen zusammenfassenden Würdigungen nach Manns Tod zu vergleichen, die in den Bibliographien der Sekundärliteratur nachgewiesen sind. Sie entstand nach Gesprächen und Briefwechseln mit Mann und verfügt über genauere Kenntnisse, die teilweise auf Bestätigungen und Korrekturen Manns zurückgehen. Wenn sich dennoch nicht der Eindruck einer bloßen Verstärkung Mannscher Äußerungen einstellt, so ist das in dem systematischen Zugriff Kaufmanns begründet, der Denkmomente der Phänomenologie und des Existenzialismus aufnimmt. Den »symphonic context« sieht Kaufmann, wie schon der Untertitel »The World as Will and Representation« andeutet, in Schopenhauers Metaphysik. Unter den einzelnen Werkanalysen, die in den Details vielfach überholt sind, ragt die »Joseph«-Interpretation heraus, deren weltliterarischer Sprachraum in der Formel kulminiert: »In the medium of his work humanity has learned to speak German and the German adopted the language and languages of humanity«. Mit dem »Doktor Faustus« bricht die Darstellung ab: »›The Holy sinner‹ and ›Felix Krull‹ do not mark a new epoch in his work.«

Der »metaphysische Rausch« der Schopenhauer-Lektüre, dem Thomas Buddenbrook erliegt, ist der Ausgangspunkt der sechs chronologisch angeordneten, das ganze Lebenswerk behandelnden Kapiteln in Erich Hellers ›Thomas Mann‹: »Pessimismus und Genialität«, »Die verlegene Muse«, »Die konservative Phantasie«, »Zauberberg-Gespräch«, »Die Theologie der Ironie«, »Parodie, tragisch und komisch« (L 49). Die Betonung des Aufstiegs als andere Seite des Verfalls der Familie Buddenbrook, die Herausarbeitung von Schopenhauers Todesverständnis als Resümee des Lebens, die präzise Benennung des ästhetischen Bruchs in »Fiorenza«, der Nachweis des parodistischen Elements klassischer Schreibweise schon im »Tod in Venedig«, die Analyse des politischen Denkens in den »Betrachtungen eines Unpolitischen« sind aus der Fülle der Einzeleinsichten herauszuheben, während im Zentrum die Ironie als Manns Antwort auf die Entwertung des Lebens durch Schopenhauer steht. Die sprachliche Eleganz macht die Studie zusätzlich zu einer Einführung von hohem Rang.

Eine umstrittene Gesamtdarstellung, die inzwischen in über 100.000 Exemplaren verbreitet ist, hat Klaus Schröter als Bändchen der Bildmonographien des Rowohlt-Verlags veröffentlicht (L 50). Die dominierende kritische Perspektive wird schon durch das Umschlagbild greifbar: »Herr« Mann und »Knecht« deutscher Schäferhund. »Bis zum Schluß seinem Klassenbewußtsein verhaftet« und dadurch zur Verinnerlichung gezwungen – das ist Schröters Grundeinschätzung. Zu den Entdeckungen zählen vor allem die Beziehung zu Paul Bourget und, ebenfalls für die Frühzeit, die Entdeckung von kleineren Beiträgen in der nationalistischen, von seinem Bruder Heinrich betreuten Zeitschrift »Das Zwanzigste Jahrhundert«. Eine formale Schwäche der Arbeit, der Verzicht auf Zitatnachweise, ist seit 1975 durch einen erweiterten Anhang beseitigt.

Ein vehementes Plädoyer für einen unpolitischen Mann, der aus der deutschen Tradition des 19. Jh.s die sozialpolitische Entwicklungslinie vernachlässigt und diese Herkunft bis hin zu seinem Engagement für Demokratie und gegen den Nationalsozialismus nicht aufgegeben habe, ist Walter A. Berendsohns Mann-Buch (L 51). Um so mehr wird man seinen Hinweis auf das Pathos Manns als Äquivalent zur Ironie beachten müssen. Die gesamten mittleren Jahre, von »Herr und Hund« bis zu »Das Gesetz«, stellt Berendsohn nicht sehr schlüssig unter den Titel »Nachfolge Goethes«, weist aber schon auf die frühe Goethe-Rezeption in den Notizbüchern hin.

Herbert Lehnerts Monographie »Thomas Mann. Fiktion, Mythos, Religion« (L 52) versteht sich zwar nicht als Gesamtdarstellung, aber Art und Reichweite der Themen erlauben eine solche Zuordnung, erst recht, wenn man an die zahlreichen Aufsätze Lehnerts denkt, die die Buchperspektive ergänzen. Der erste Abschnitt, dem Frühwerk mit Einschluß der »Buddenbrooks« gewidmet, sucht die Ausbildung einer »dynamischen Metaphysik« anhand von Einflüssen, Struktur- und Themenbildung, Begriffsanalysen von Bürgerlichkeit, Dekadenz und Ästhetiszismus zu beschreiben. Der zweite Abschnitt, auf den »Tod in Venedig« konzentriert, untersucht die erste strukturbildende Mythosverwendung Manns. Im letzten Abschnitt steht Manns Protestantismus im Mittelpunkt, der sich nicht auf bloße Konfessionszugehörigkeit beschränkt und bis zum späten Komödienansatz »Luthers Hochzeit« reicht.

An Eberhard Hilschers Einführung (L 53) ist besonders bemerkenswert, daß sie einen eigenen Abschnitt Manns sprachlichen Gestaltungsmitteln widmet. Wie die meisten DDR-Arbeiten ist sie sehr informationsreich und hat ihren Schwerpunkt in den Analysen des Goethe-Romans, den Hilscher schon 1951 in einer gesonderten Arbeit untersucht hat. Gesellschaftspolitische Probleme nachzeichnend, wird Manns Weg als Weg vom Konservatisvismus zur Demokratie verstanden. Im Anhang sind zwölf Briefe Manns an Hilscher aus den Jahren 1950–55 abgedruckt.

In der Biographien-Reihe des DDR-Reclam-Verlags hat Eike Middell eine von Sympathie getragene Einführung in Manns Leben und Werk geschrieben, die zwar nicht zu neuen Einsichten gelangt, aber übersichtliche Information anbietet (L 54). Sieben von neunzehn Kapiteln beschäftigen sich mit politischen Stellungnahmen Manns und betonen daher diesen Aspekt besonders. Interessant ist der Hinweis auf eine Zäsur nach dem dritten »Joseph«-Roman und das Verständnis des »Doktor Faustus« als einer ausdrücklichen Zurücknahme der »Betrachtungen eines Unpolitischen«. Das beigegebene Bildmaterial dokumentiert vorwiegend die Weimar-Reisen 1949 und 1955.

Der polnische, in den USA lebende Germanist Roman Karst hat aus Manns Werk und den Berichten der Familienmitglieder eine lesbare Biographie komprimiert, die jedoch viele Ergebnisse der Sekundärliteratur übergeht (L 55). Sie ist ein Musterbeispiel für eine bloß paraphrasierende Arbeit, die sich selbst dort noch hinter Zitaten verschanzt, wo man ein besonderes Interesse voraussetzen müßte (z. B. die Warschau-Reise 1927).

Nicht zufällig konnte André von Gronicka seiner Darstellung zwei Briefe Manns aus den Jahren 1945 und 1948 beigeben, denn die Anlage des Herausgreifens von Zentralthemen als Einführung entspricht noch ganz den Arbeiten zu Lebzeiten Manns (L 56). Schon in der Bibliographie den englischsprechenden Leser besonders berücksichtigend, handelt es sich um eine ansprechende Hinführung, die ergänzend zu Henry Hatfields früherem Buch tritt.

Trotz des einschränkenden Titels gehört auch Herbert Antons grundlegendes Bändchen »Die Romankunst Thomas

Manns« hierher, weil das Belegmaterial nur zufällig auf diesen Teil des erzählerischen Werks eingegrenzt ist (L 57). Einzig der Abschnitt »Äquivalent der Romantheorie«, der von Auerbachs Romanverständnis als Abenteuer der sich selbst bewahrenden Innerlichkeit ausgeht und dem Verdinglichungskonzept von Goldmann und Lukács gegenübergestellt wird, ist unmittelbar auf den Titelaspekt bezogen. Dagegen ist die Beschreibung hermeneutischer Strukturen (Typologie und Dialektik, Geist und Buchstabe) ebenso wie die Reflexion über zentrale Begriffe (Geburt, Schein und Erscheinung) von übergreifender Bedeutung für das Werk insgesamt und gilt nicht nur für die Romanform. Die zweite Auflage wurde um die Abschnitte »Narzismus und Selbstliebe« und »Poetik im Konflikt mit Freud« erweitert.

Unter den vier Monographien der Jahre 1974–77, die den Namen Gesamtdarstellung auch in einem engeren Wortsinn verdienen, ragt T. J. Reeds »Thomas Mann« heraus (L 58). Als »something like a living sum of German culture« sei der späte Mann angesehen worden, so schreibt der Oxforder Germanist, und er zieht daraus den Schluß, daß »the uses of tradition« bei Mann ein Schlüssel zu seinem Gesamtwerk sind. Dementsprechend liegt der Akzent seiner Arbeit, die in pragmatisch-unideologischen Zugriff strukturelle, genetische, biographische und politische Faktoren berücksichtigt, auf dem frühen und mittleren Mann, während die letzten Jahre, nach den »Doktor Faustus«, als Coda, als Nachspiel, abgetan werden. Virtuos die Notizbücher, Arbeitskonvolute und die Anstreichungen in Manns Bibliothek benutzend, souverän über den Anspielungshorizont der Dekadenz verfügend, weiß Reed sogar dem oft melodramatischen Todesthema der präludierenden Kurz-Geschichten bis 1900 Humoristisches abzugewinnen: »The vicitms are four men, one child, and a dog« oder zeitgenössische Kritiken für die Interpretation fruchtbar zu machen. Gegen Hellers Spekulation, die »Buddenbrooks« seien von Schopenhauer beeinflußt und gegen Lehnerts Lesart einer indirekten Vermittlung, konstatiert Reed strikt: »the reading of Nietzsche is precisely what makes the whole Schopenhauer hypothesis unnecessary«. Der Anschein von Akribie durch die Montagetechnik wird als grundlegendes, das ganze Leben hindurch benutztes ästhetisches Muster der ersten Dekade dieses Jahrhunderts entwickelt, während der gescheiterte Essay »Geist und Kunst« den Spielraum für den »Tod in Venedig« schafft. Die »Betrachtungen eines Unpolitischen« nimmt er als Tiefpunkt der intellektuellen Karriere Manns ernst, relativiert sie aber vor dem Hin-

tergrund der deutschen Kriegsbegeisterung 1914. Als komplex-
estes Werk wird der »Zauberberg« unter dem Aspekt des Bildungsromans abgehandelt, zugleich aber noch der Zusammenhang mit dem Konservativismus in den ersten Jahren der Republik gesehen. Schon im »Bajazzo« und in der Wiederkehr Hans
Hansens und Ingeborg Holms im »Tonio Kröger« zeigt Reed
Bedingungen für den Mythosbegriff der »Joseph«-Romane, der
Rationalismus und Irrationalismus in einer überindividuellen
Typik ausbalanciere. »To encompass and explain the German
catastrophe« stehe im Mittelpunkt des »Doktor Faustus«.

Über Jahrzehnte hinweg hat Louis Leibrich das Werk Manns
und die Sekundärliteratur kritisch begleitet, so daß seine umfangreiche Studie einen zuverlässigen, gelegentlich etwas sche-
matischen Überblick über das Gesamtwerk vermittelt (L 59).
Steht die Untersuchung des geistigen Horizonts programmatisch im Vordergrund, so zeigt die Periodisierung, wie stark
auch politische Gesichtspunkte eine Rolle spielen. So faßt Leibrich die Jahre 1930 bis 1945 mit »confirmation par l'histoire« zusammen, weil Mann mit einer Rede, dem »Appell an die Vernunft«, im Oktober 1930 die programmatische Gegnerschaft
gegen den Nationalsozialismus eröffnete. Ausgestattet mit einer
großen Goethe- und Nietzsche-Kenntnis und getragen von
einem ungebrochenen Fortschrittsbewußtsein, sind die Jahre
der »double déviation, nationaliste et antidémocratique« ebenso
wie die Frage der Religiosität im »Joseph« und im »Doktor Faustus« Schwerpunkte der Suche nach einem modernen Humanismus. Die Zitate Manns, die im fortlaufenden Text in Übersetzung erscheinen, sind im Anhang gebündelt in der Original-
fassung zu finden, so daß eine Art Blütenlese von Kernstellen
entsteht.

Mit »Konstanten seines literarischen Werks« hat Helmut
Koopmann wenig glücklich seiner Sammlung von vier Mann-
Essays einen akzentuierenden Untertitel mitgegeben, denn
ganz offenkundig kann ja eins der Themen, das Exil-Thema,
erst ab 1933 zu einem existenziellen Problem werden, und auf
diese existenzielle Problematik zielen alle Beiträge ab (L 60).
Dies gilt besonders für den ersten Essay, »Väter und Söhne«, zu
dessen Thema zusätzlich die Dissertation M. Zellers zu nennen
wäre (L 264). Gelegentlich recht gewaltsam versucht Koopmann die Vater/Sohn-Thematik durch die Romane und Erzählungen zu verfolgen und dabei als wesentliche Fixierung in
einem relativ strengen Sinn zu erweisen. Skepsis erscheint angebracht, wenn man etwa Manns Formulierung »gewählte Vater-

bilder« (GW IX, 498 f.) einbezieht, an Gestaltungen und Äußerungen zur Mutter/Sohn-Thematik denkt, die sich zu ähnlichem Gewicht reihen ließen, oder an die Familiensolidarität insgesamt. Zu unterstreichen ist dagegen Koopmanns Exponierung von Bürgerlichkeit als zentralem Selbstverständnis, das sich nicht in der Entgegensetzung zum Künstlertum erschöpft. Den »Doktor Faustus« liest Koopmann im Rahmen der Exilfragestellung als Zeitroman, als Roman der Auseinandersetzung mit dem Faschismus, während der Abschnitt »Spiegelungen«, in der Tradition von Lesser stehend (L 140), in den literarischen Porträts die Momente der Selbstbespiegelung aufsucht.

Die Darstellung von epischem Werk, Weltanschauung und Leben Manns verspricht Inge Diersen in ihrer Gesamtdarstellung (L 61). Auch hier ist als Ergebnis jahrelanger Studien eine umsichtige Studie entstanden, die Zentralbegriffe der Essayistik auf das Werk anwendet und den marxistischen Ausgangspunkt meist unaufdringlich zu Geltung bringt.

Der Leitgedanke von Wyslings Sammelband »Thomas Mann heute« (L 62) wird schon im Titel deutlich: die Fremdheit, die Historizität Manns als Welt von Gestern ist die grundlegende Erfahrung. So schätzenswert solch eine Linienführung gegenüber vereinfachender Aktualisierung und Vereinnahmung ist, so skeptisch sollte man gegenüber der Radikalität einer Grenzziehung bleiben. Wer z. B. ein Bild von »Faust – heute« zeichnen wollte – und dies hat Walter Henze gerade unternommen – wird mühelos erkennen, daß die moderne Goethe-Forschung nahezu nahtlos an Thesen der Mannschen Goethedeutung anschließen kann. Die »Schwierigkeiten mit Thomas Mann«, die Wysling in einem der Vorträge aus gegenwärtiger Sicht formuliert, stehen daher notwendigerweise unter der Zweideutigkeit von »Schwierigkeit« als heuristischem Wert oder als vorsichtiger Form der Ablehnung. Sie wird von der methodischen Unentschiedenheit verschärft, die zwar von Rezeptionsphänomenen ausgeht, in der Durchführung aber eher nach Bestätigung dieser Vorwürfe im Werk Manns sucht (»Ironie«, »Kunst und Leben als Illusion«, »Künstlerpsychologie – Künstlerverdächtigung«, »Intellektualismus und elitärer Kunstbegriff«, »Egozentrizität«, »Mangel an sozialem Interesse«, »Mangel an politischer Eindeutigkeit«). Schwierigkeiten hat dadurch der Leser mit einem Satz wie: »Thomas Mann hat dem Künstler ein solches Vermögen [nämlich als Vermittler von Ideen das Urbildliche und Typische aufscheinen zu lassen] nicht mehr zugetraut«. Wer dagegen von Manns später Hauptmann-Rede die Rechtfertigung der Welt einzig in der Kunst im Ohr hat, wird wenig an Manns Verständnis der Kunst als höchster, menschlichster Form der Wahrheit zweifeln können und dadurch auch schon im Frühwerk Ironie nicht allein unter der psychoanalytischen Kategorie des Kälteschocks subsummieren. Ihre Leistungsfähigkeit erweisen diese Kategorien dagegen bei Prüfungen der Mannschen Selbstinterpretationsmuster als »Histrio«, »Heros«, »Felix« und »Hermes«. Von Wyslings stets innovativen Fundus an ungenutztem, meist ungedrucktem, Quellenmaterial profitieren seine Untersuchungen zum Plan eines Romans über Friedrich den Großen (vor allem 1905–1914), den Plan historischer Novellen à la Conrad Ferdinand Mayer, eine Analyse des Kuckuck-Gesprächs im »Krull« und – auch an anderer Stelle gedruckt – zur Deskriptionstechnik und zum Briefwerk. An die Vorstellung dieses Bändchens wird man auch den zentralen Aspekt von Wyslings »Krull«-Monographie (L 206) heranziehen können, die sich u. a. die Aufgabe stellt, die im Gesamtwerk »analysierten oder verdeckten Grunderfahrungen und -konflikte« herauszuarbeiten. Als »narzißtische Konstitution« begreift Wysling Mann, die zwar erst im Tadzio des »Tod in Venedig« spielreif werde, aber als grundlegendes Motiv der Ich- und Weltliebe inzestuös-introvertierte Elemente schon zuvor mit sich führe. Indem Wysling auch den Prozeß der geistigen Transformation in die Künstlersprache als Befreiung beschreibt, ist ein wesentlicher Zugang zum Verständnis Manns ohne Preisgabe des Literarischen geschaffen worden.

1940, in der Vorlesung »Die Kunst des Romans«, hat Mann die Blüte des Romans im 19. Jh. zu einer spezifischen Eigenschaft dieser Form in Beziehung gesetzt: »sie hängt zusammen mit dem zeitgerechten Demokratismus des Romans, mit seiner natürlichen Eignung, modernem Leben zum Ausdruck zu dienen, mit seiner sozialen und psychologischen Passion, welche ihn zur repräsentativen Kunstform der Epoche und den Romandichter selbst mittleren Formats zum modernen literarischen Künstlertyp par excellence gemacht hat«. Diese Definition nimmt Helmut Jendreieck in einer voluminösen Gesamtdarstellung als »demokratischer Roman« auf. Liegt die Problematik einer solch vereinfachenden Einschätzung auf der Hand, so ist auch die Ausführung – zunächst eine Darstellung der Einflüsse, dann ein chronologischer Werkdurchgang – durch zahlreiche Übernahmen von Selbsteinschätzungen Manns zu geradlinig auf diesen Punkt hin aufgebaut (L 63).

Es gilt noch eine letzte – und sicherlich eine der beeindrukkendsten – Deutungen vorzustellen, die von Hans Mayer (L 64). In der Hauptmasse beruht sein »Thomas Mann« auf einer Monographie aus dem Jahr 1950, die im wesentlichen unangetastet blieb: »verändert wurde kein Gedankengang: auch dort nicht, wo der Verfasser heute von seiner Unrichtigkeit überzeugt ist. Überarbeitet wurden Sprache und Stil, wobei jedoch fragwürdige Terminologien beibehalten werden mußten, um die besonderen Umstände beim damaligen Entstehungsprozeß erkennen zu lassen«. Diese – für eine wissenschaftliche Arbeit ungewöhnliche und von Mayer im Fall seines Büchner-Buchs gegenteilig praktizierte – Haltung ist tatsächlich zu rechtfertigen: zunächst einmal komplettieren Aufsätze zur »Betrogenen« und zum »Krull«, zum Verhältnis zu Brecht und Musil, zu den Tagebüchern den früheren Ansatz. »Erinnerungen« an die Weimar-Besuche 1949 und 1955 ergänzen Biographisches zum Bild. Doch die eigentliche Legitimation – und für den Leser der eigentliche Reiz – ist der Eigenwert, den die historische Dokumentation durch die Zeit erfährt, in der dieser große Dialektiker gelebt hat, Zeit, in der sich seine Positionen veränderten, Zeit, in der durch neue Quellenpublikationen neue Einsichten möglich sind. Zu den gewandelten Einsichten zählt die Neubewertung des Politischen, die 1950 noch als steter Weg verstanden wird, 1970 aber in das Paradox »politische Entwicklung eines Unpolitischen« mündet. Mayers uneingeschüchterte Reflexivität, die sich auch mit Einwänden Manns auseinanderzusetzen weiß, seine Sprachlust und sein Wille zur Kritik vermitteln einen singulären Eindruck von Manns Werk. Selbst Humoristisches läßt sich dem Buch abgewinnen, wenn man den Kölner, der sich als »ein Rheinländer« vorstellt, danach fragen hört, weshalb die Wahl des Schauplatzes der »Betrogenen« »just auf Düsseldorf« gefallen sei! Über dem Buch stehen als Motto – unausgesprochen, wohl um Mißverständnisse zu vermeiden – die Worte, die Mann seinem Schiller-Essay mitgab: »In Liebe und Verehrung«.

Literatur

L 48   *Fritz Kaufmann,* Thomas Mann. The World as Will and Representation, New York 1957; 2 Aufl. New York 1973
L 49   *Erich Heller,* The Ironic German. A study of Thomas Mann, London 1958; Thomas Mann. Der ironische Deutsche, Frankfurt/M. 1959; als Taschenbuch Frankfurt/M. 1975

L 50 *Klaus Schröter*, Thomas Mann in Selbstzeugnissen und Bilddokumenten (rororo Bildmonographien, 93), Reinbek b. Hamburg 1964; neubearbeitet 1975

L 51 *Walter A. Berendsohn*, Thomas Mann. Künstler und Kämpfer in bewegter Zeit, Lübeck 1965

L 52 *Herbert Lehnert*, Thomas Mann. Fiktion, Mythos, Religion, Stuttgart 1965; 2. veränderte Aufl. 1968

L 53 *Eberhard Hilscher*, Thomas Mann. Leben und Werk (Schriftsteller der Gegenwart, 15), Berlin 1968; 5. Aufl. 1975; als westdeutsche Ausgabe Berlin 1983

L 54 *Eike Middell*, Thomas Mann. Versuch einer Einführung in Leben und Werk, Leipzig [1966]; 3. Aufl. 1975

L 55 *Roman Karst*, Thomas Mann oder Der deutsche Zwiespalt (übertragen aus dem Polnischen von Edda Werfel), Wien/München/Zürich 1970; als Taschenbuch München 1980

L 56 *André von Gronicka*, Thomas Mann: Profile and Perspectives, New York 1970; *Henry Hatfield*, Thomas Mann, 1951; als Taschenbuch 1961, revidierte Aufl. 1962

L 57 *Herbert Anton*, Die Romankunst Thomas Manns. Begriffe und hermeutische Strukturen, Paderborn 1972; 2. Aufl. 1979

L 58 *T. J. Reed*, Thomas Mann. The Uses of Tradition, Oxford 1974; 2. Aufl. 1976

L 59 *Louis Leibrich*, Thomas Mann. Une recherche spirituelle, Paris 1974

L 60 *Helmut Koopmann*, Thomas Mann. Konstanten seines literarischen Werks, Göttingen 1975

L 61 *Inge Diersen*, Thomas Mann. Episches Werk, Weltanschauung, Leben, Berlin u. Weimar 1975

L 62 *Hans Wysling*, Thomas Mann heute. Sieben Vorträge, Bern u. München 1976

L 63 *Helmut Jendreieck*, Thomas Mann. Der demokratische Roman, Düsseldorf 1977

L 64 *Hans Mayer*, Thomas Mann, Frankfurt/M. 1980; Thomas Mann. Werk und Entwicklung, Berlin 1950; zur Gesamtausgabe von 1955 und Manns Lehrerrolle für die Essayistik vgl. *H. M.*, Ein Deutscher auf Widerruf. Erinnerungen II, Frankfurt/M. 1984, S. 72 ff.

Künstler und Bürger (1893–1914)

Thomas Mann ist nach allgemeiner Überzeugung in seiner ersten Werkphase ein Schriftsteller, der »in zwei Welten zu Hause« ist, in der Welt der Literatur und des Bürgertums. Diese Formel, die im »Tonio Kröger« auch durch ihr Gegenstück, den in die Kunst »verirrten Bürger« ergänzt wird, verdeckt leicht die Spannung, die in dem Ziel steckt, nicht nur »unter dem Strich«, im Feuilleton, sondern im Hauptteil der Zeitung beachtet zu werden. Der Schlüssel, um diese Spannung wieder augenfällig zu machen, liegt in dem Stichwort Naturalismus, jener antibürgerlichen Strömung eines ungeschönten Wahrheitswillens. Ihr revolutionärer Akzent ist durchaus auch in Manns steter Kennzeichnung der »Buddenbrooks« als einem »naturalistischen Roman« oder seinem Stolz auf den Abdruck seiner ersten Erzählung in der naturalistischen Zeitschrift ›Die Gesellschaft‹ enthalten. Die Leser haben diese Formel aufgegriffen, wie schon Eduard Engels »Geschichte der deutschen Literatur« zeigt:

»Sein Roman ›Die Buddenbrooks‹ (1901) ist die feinste Verwertung des guten Kerns, der im Naturalismus steckt. Ausgestattet mit einer fast unheimlichen Beobachtungsschärfe, schildert Thomas Mann die Menschen einer alten verfallenden Hansestadtfamilie so greifbar echt, daß er sich den besten Erzählern der Franzosen, Engländer und Russen des letzten halben Jahrhunderts an die Seite stellt. Fraglich bleibt nur, ob ein Werk mit so überwiegend unerfreulichen Menschen Aussicht hat, sich auf den Höhen der dauerhaften Erzählliteratur zu halten« (Leipzig 1922, Bd. II, S. 386).

Thomas Mann knüpft dabei weniger an die politisch ausgerichtete Seite des Naturalismus an als an den Naturalismus in seiner letzten Phase, den der psychologischen Radikalität, wie ihn Hermann Bahr verkörpert hat. Dementsprechend empfand Mann sein Bürgertum zunächst als Maske, sah z. B. in der Familien-Saga »Buddenbrooks« die Verkleidung eines Gesellschaftsromans, und der innere Druck einer nur aufs Werk gerichteten Existenz entlädt sich, als der Verleger sich noch nicht endgültig für die ungekürzte Veröffentlichung des Romans entschieden hat, in ernsthaften »Selbstabschaffungsplänen« (13. 2. 1901 an Heinrich Mann). Es hat daher in den ersten Büchern über Mann nicht an Auflistungen der seelisch oder körperlich verkrüppelten, »verkommenen« Menschen gefehlt, die sein Frühwerk bevölkern, doch selten wurde, wie in Carl Helblings Monographie aus dem Jahr 1922, auch erkannt, wie sehr der Verfeinerungsprozeß, etwa in Hannos Klavierphantasie zu seinem achten Geburtstag, einen Gegenpol bildet (L 65). Dieser unnaturalistische Prozeß bleibt aber gerade durch seinen Wahrheitswillen an die persönliche Erfahrungswelt, die des Bürgertums, gebunden, und hält, wie Mann es programmatisch in »Bilse und ich« reflektiert, die benutzte Wirklichkeit, »die Welt«, stets für »genialer als das Genie«. Der Entwurf eines Künstlertums, das sich im Anderen, im Bürgertum, wiederfinden will, hat daher ein Doppelgesicht: der Anspruch auf Totalität mußte eine ungeheure Bürde schaffen, aber zugleich die allgemeine Krise des Sprachverlusts überwinden. Der Zwanzigjährige kennt in ›Enttäuschung‹ schon eine Antwort auf die Problematik von Hofmannsthals Chandos-Brief, in dem sich der skeptische Selbstzweifel der Kunst um die Jahrhundertwende ausspricht.

Umfassend unterrichtet über das gesamte Frühwerk Mendelssohns Biographie (L 66). Viel gelesen und vernichtend rezensiert, versperrt der preziöse, oft ausufernde Erzählstil Mendelssohns den Blick für die ungeheure Informationsfülle, die auf Schritt und Tritt aus neu erschlossenen Quellen hervorgeht und durch eine breite Kenntnis des literarischen Lebens und besonders der Verlagskonstellationen die Perspektiven einer Biographie überschreitet. Einige Beispiele seien aus dieser unentbehrlichen Arbeit angeführt: Mendelssohn benutzt das Kollegheft, in das Mann in den Semestern 1894 und 1895 Notizen einschrieb und kann dadurch Vorlesungen zur Nationalökonomie wie zur deutschen Literaturgeschichte an der TH München rekonstruieren. Aus den Vorlesungen von Wilhelm v. Hertz hat er sowohl Hinweise auf den Gregorius-Stoff und seine mittelalterlichen Umsetzungen wie zu den Wälsungen mitgenommen. Einem biographischen Detail gilt die Suche nach der ersten Parisreise Manns, die nur durch sekundäre Äußerungen greifbar ist und – so scheint mir – vermutlich erst im Frühjahr 1906 stattfand. Zum Selbstmord der Schwester Carla bringt der Biograph Heinrich Manns Darstellung und kontrastiert sie mit den Schilderungen des Bruders in Briefen und im »Doktor Faustus«. Eine zweite Biographie, die von Richard Winston, ist ebenfalls durch den Tod des Verfassers Fragment geblieben (L 67). Winstons Interesse an Mann geht auf eine seit den Jugendjahren gepflegte Passion zurück, die sich zunächst in Übersetzungen ausdrückte. Bei hohem Kenntnisstand liegt der Reiz dieser detail- und perspektivenreichen Arbeit vor allem im Causeur-Stil. Auch bei komplizierten Zusammenhängen kommt er zu einem ausgewogenen Urteil (Antisemitismus, Brüderbeziehung, Homoerotik). Nirgends steht der bloße Name, sondern in zwei, drei Bemerkungen werden die Grundzüge eines Autors, eines Buchs, einer Örtlichkeit vermittelt.

»Eigenartig, seltsam, in klarem bewußtem Deutsch kommen sie bescheiden und siegen, ja sie reißen hin, sie überwältigen; soviel Schönheit, Wahrheit, Lebenüberwinden und einnehmende Traurigkeit sind in ihnen« – so reagiert Richard Schaukal im September 1898 auf den ersten Band »Der kleine Herr Friedemann«, der, bis auf »Vision« und »Gefallen«, die frühesten erhaltenen Erzählungen sammelt. »Vision«, im Sommer 1893 in Manns Schülerzeitschrift ›Der Frühlingssturm‹ erschienen und Bahr gewidmet, nimmt die Farbigkeit und den femme-fatale-Typus des Jugendstils auf, während »Gefallen« von Turgenjews »Erster Liebe« (L 68) und von Storm (L 69) beeinflußt ist. Mann verbreitete gerne die Anekdote, er habe »Gefallen« heimlich am Pult einer Feuerversicherungsanstalt geschrieben, bei der er ein halbes Jahr volontierte. Ungeklärt ist, wieso diese Erzählung, die in ihrer Qualität nicht hinter die gleichzeitig verfaßten zurückfällt, später nicht in die umfangreicheren Sammlungen aufgenommen wurde. Dehmel hat neben einleuchtenden Verbesserungsvorschlägen auch einen anderen Titel, »Der Zyniker«, brieflich gewünscht, und damit ist die doppelt kritische Komponente gut wiedergegeben: die Schilderung der Liebesbeziehung zu der »fallenden« Schauspielerin Irma Weltner und die Schilderung des zynischen Rahmenerzählers, der von diesem Schlüsselerlebnis gezeichnet ist (L 70). Nach zwei gescheiterten, nicht erhaltenen Erzählversuchen »Walter Weiler« und der »Kleine Professor« (dieser vermutlich im »Kleinen Herrn Friedemann« aufgegangen), annonciert »Der Wille zum Glück«, im Frühjahr 1896 entstanden, schon im Titel den Nietzsche-Anklang. »Der Bajazzo« nimmt stark autobiographische Elemente aus der Puppenspielzeit auf und wendet den positiven Dilletantismus-Begriff der Dekadenz kritisch gegen diesen Vorfahren Christian Buddenbrooks. Möglicherweise sind Elemente des »Walter Weiler« in dieser Erzählung verwendet. Der Zusammenbruch der scheinbar wohlbehüteten, »epikuräischen« Rentnerexistenz des kleinen Herrn Friedemann, 1896 in der heutigen Form entstanden, scheint – wie die Mehrzahl der Jugenderzählungen – gleich in zweifacher Hinsicht ein Vorspiel für Späteres zu sein. In diesem Fall für den Zusammenbruch Gustav von Aschenbachs und für den Lorenzo der »Fiorenza« durch die Zwiespältigkeit der Gegenspielerin Gerda von Rinnlingen (L 71). Inhaltlich zusammengehörig sind die beiden Ende 1896 entstandenen Erzählungen, die Skizze »Enttäuschung« und die Tagebuchnovelle »Der Tod«, wenn sie zeigen, wie zu den großen Worten kein Äquivalent in der erlebten Wirklichkeit zu finden ist und die »Helden« bis in den Tod enttäuscht sind (L 72). Die grotesken Elemente in »Luischen« (1897) haben ihren offensten Zusammenhang mit den kleinen privaten, satirischen, Zeichnungen Manns wie ›Das Läben‹ oder ›Mutter Natur‹ und finden in dem »Bilderbuch für artige Kinder«, 1897 zusammen mit Heinrich Mann entworfen, eine direkte Entsprechung (L 73). Der karikaturistische Einschlag ist bei »Tobias Mindernickel« (1897) schon in der Namensgebung erkennbar.

Drei kleinere Begleitarbeiten zu den »Buddenbrooks« gehören noch in diese Jahre. Die »Cognak-Novelle« »Der Kleiderschrank« (Nov. 1898; Mann schrieb sie unter Alkoholeinfluß), deren Spukcharakter mit seiner Lektüre der deutschen Romantiker, vor allem E. T. A. Hoffmanns, zusammenhängt; die novellistische Studie »Gerächt« (1899); und unmittelbar nach Abschluß des Romans im August 1900, die Groteske »Der Weg zum Friedhof« (L 74), mit der Mann im Januar 1901 als Vorleser vor die Öffentlichkeit trat und ein Lob einstreichen konnte, das für seine ganze, später noch verfeinerte Vortragspraxis stehen kann:

»Diese Schöpfung schlägt durch ihre Mischung von sublimer Symbolik mit burleskenhafter Komik, vorgetragen in einem individuellen, temperamentvollen Stil, einen ganz neuen, eigenartigen Ton in der deutschen Literatur an, in pikantem Raffinement weiß Mann mit seiner Komik zu ergreifendem Ernst herüberzuleiten und uns die Hintergründe des Daseins aufzuhellen« (›Münchener Neueste Nachrichten‹, 19. 1. 1901).

Auffällig an dem Frühwerk sind zwei scheinbar gegenläufige Prinzipien: Einheitlichkeit und Vielfalt. Einheitlichkeit wird sowohl durch die strenge Stilhaltung geschaffen wie durch einen Grundgestus des psychologischen Durchschauens der Ideale und durch Ansätze zum Ekel vor der »schrecklichen Wahrheit« (L 75). Daneben steht eine erstaunliche Vielfalt an Formen, die von der auf Objektivität abzielenden Bezeichnung ›Novellen‹ verdeckt wird und – in der Breite von Anekdote, Karikatur, imitativer Distanznahme – Konstruktion und Erlebnis miteinander verbindet.

Mit diesem erzählerischen Frühwerk setzen sich schon die meisten der frühen Monographien auseinander, und nach den fünfziger Jahren, die ja der Novelle insgesamt eine rege Beachtung schenkten, hat Lehnerts erneute Untersuchung (L 52) um 1970 zu einer Fülle von neueren Arbeiten angeregt (L 76). Seit Mitte der siebziger Jahre liegen wichtige Untersuchungen zur Fundierung in Alltagssituation vor, sprachwissenschaftlich durch die Berücksichtigung der Alltagssprache, literaturwissenschaftlich durch das Heranziehen von Jedermannsphantasien fundiert. Davon provitiert die neueste Studie von Susanne Otto, deren Augenmerk dem Zusammenhang von psychischer Konstitution und Sozialisation gilt (L 77).

Neben diesen beachtlichen, nur durch die spätere Entwicklung Manns zu Fingerübungen degradierten Jugendwerken steht, gern übersehen, eine kritische Prosa, die in der Mitte der neunziger Jahre in die Vorstellung einmündet, Journalismus als Beruf zu wählen. Unverkennbar zeigt der Heranwachsende im Gegensatz zu den kindlichen Dramenversuchen und der epigonalen Lyrik (L 251, S. 31 ff.) in den pragmatischen Prosaformen ausgesprochene Begabung. Schon in der Schülerzeitschrift begegnet man der gedanklich differenzierten, formal durchgearbeiteten Polemik »Heinrich Heine, der ›Gute‹«, und in den folgenden Jahren betätigt Mann sich als Rezensent. Einen schnellen Überblick ermöglicht Matters Edition (L 3). Mann praktiziert damit früh, was in seiner ästhetischen Forderung nach der Versöhnung von »Kritik« und »Plastik« im Kunstwerk zum Programm erhoben wird. Die Abgrenzung des Künstlers vom »agitatorischen Menschen« wird in »Gabriele Reuter« schon dezidiert ausgesprochen.

Während seines zweiten Italienaufenthalts, 1897 in Palestrina und Rom, werden die »Buddenbrooks« begonnen – deren Ausgangspunkt das Schicksal Hannos ist – und in München, neben der Redaktionstätigkeit für den ›Simplizissimus‹ weiterverfolgt und im Sommer 1900 abgeschlossen. Die Anregung zu einem Roman ging von Samuel Fischer aus, der mit dem seltenen Gespür großer Verleger bei dem Novellenband geahnt haben muß, daß die Erzählvielfalt in einer Romankonzeption angemessener zu realisieren wäre. Die erhaltenen Materialien ermöglichen einen ersten Blick auf Manns Arbeitsweise, die Planungen (L 78) und die Bereitstellung des Stoffs durch Familienauskünfte (L 79). Zu den Standardanekdoten Manns zählt die Schilderung der Manuskriptaufgabe bei einem Postamt als Wertpaket mit einer Versicherungssumme von 1000 Mark und die Durchsetzung des ungekürzten Drucks beim Verlag. Bis in die Kapiteleinteilung hinein lassen sich die Vorbilder aufspüren: »Renée Mauperin« der Brüder Goncourt, die russischen Epik von Tolstoi, Dostojewski, Gontscharow, Turgenjew und Tschechow, die skandinavischen Kaufmannsromane von Kielland, Lie und Jacobsen (Bang kommt erst später), die plattdeutsche Humoristik von Fritz Reuters »Ut mine Stromtid« (Bauschan in »Herr und Hund« verdankt ihm seinen Namen) und die Dialogführung Fontanes. In der ersten, zweibändigen Auflage von 1901 wird der autobiographische Charakter durch Widmungen für die Schwester Julia, die bei der Ausstaffierung mitgeholfen hatte (3. Teil), für Heinrich (8. Teil), für Paul Ehrenberg (9. Teil) und Grautoff (11. Teil) betont. Als erste Reaktion auf die »Buddenbrooks« ist von dem Schriftsteller Kurt Martens ein privater Vorlesungseindruck (aus dem Manuskript) überliefert: »Als ich das erste Kapitel davon durch ihn kennenlernte, war ich im Begriffe, vor Bewunderung zu erstarren; denn es wollte mir so vorkommen, als wäre da etwas geschrieben worden, das höher stand als die ganze erzählende Dichtung der Zeit.« Bei der knappen Verlegerkalkulation mit eintausend Exemplaren war der Verkauf innerhalb eines Jahres ein Erfolg, und die zweite Auflage – in einem Band, und äußerlich an Frenssens Erfolgsroman »Jörn Uhl« angelehnt – brachte den Durchbruch sowohl in geschäftlicher wie existenzieller Hinsicht. Für diesen Roman, und nicht etwa das Gesamtwerk mit Einschluß des »Zauberbergs«, erhielt Mann 1929 den Nobelpreis, und als im selben Jahr eine billige Massenauflage erschien, erreichte die Auflagenhöhe im Folgejahr eine Million Exemplare. Die überragende Stellung, die der Roman für die deutsche Rezeption einnimmt, tritt international weniger in Erscheinung. In »Lübeck als geistige Lebensform« hat Mann drei der überliterarischen Faktoren namhaft gemacht, die – unbewußt aufgenommen – den Best- und Longsellererfolg hervorgerufen haben: das Verständnis als eine Art von Heimatroman (»ein Bild hanseatischen Lebens aus dem neunzehnten Jahrhundert, Kulturgeschichtliches also«), als »ein Stück der Seelengeschichte des deutschen Bürgertums überhaupt«, schließlich als »ein Stück Seelengeschichte des europäischen Bürgertums überhaupt«, das sich von der Verfallsthematik als Rollenproblem angesprochen fühlte. Auffällig ist das Fehlen einer umfassenden Monographie, so daß man neben Mendelssohns Biographie mehrere kleine Arbeiten zu Rate ziehen sollte (L 80). Bemerkenswert, wie oft die Gestalt Tony Buddenbrooks, deren Kalkül im Umgang mit sich selbst scheitert, Verehrer findet.

Nach den »Buddenbrooks« ändert sich die Haltung Manns gegenüber den Erzählungen, die nur noch als ein Atemholen neben den großen Projekten erscheinen und als bestellte Terminarbeiten oder Entwicklung von Nebenthemen, die sich in überschaubar-befriedigender Zeit fertigstellen lassen, zahlenmäßig zurückgehen, in »Nachspiele« einmünden (L 80a), aber dafür eigenständigeres Gewicht erhalten. 1903 vereinigt er sechs solcher Erzählungen in einem Band, der von den tragenden Stükken »Tristan«, der Titelburleske, und »Tonio Kröger« eingerahmt ist. Sie sind auch inhaltlich aufeinander zu beziehen: »Tristan« (1901) ist die kritische Seite des »Tonio Kröger« (1899–1902). Charakteristisch für das Bürger/Künstler-Thema des Frühwerks ist die Rollenverteilung: eine bürgerliche Frau, Gabriele Klöterjahn, geb. Eckhof, verkörpert passiv dieselbe Spannung der Einsamkeit und Außerordentlichkeit, in der Tonio Kröger als Schreibender steht. Die parodistische wie »wirklichkeitsreine« (GW XI, 121 u. ö.) Tendenz ist schon im Titel des »Tristan« greifbar. Nicht die Idee der Liebe wird parodiert, sondern ihre Verwirklichungsmöglichkeit, über die allein der Schauplatz, ein Sanatorium, schon alles aussagt. Zwei Erfahrungen werden konfrontiert: die Entfremdung in den Gestalten des Schriftstellers Spinell und seines Widerparts Klöterjahn und der existenzbedrohende Durchbruch zum Bei-sichselbst-sein im Klavierspiel der Heldin. Die autobiographischen Elemente sind mit Jugendstilmitteln dargestellt (L 81); nicht nur der befreundete Schriftsteller Arthur Holitscher, sondern auch Peter Altenberg mußte Porträtzüge an Spinell abgeben (L 82). Die Worte, die Spinells Arbeit am Brief an Klöterjahn begleiten, daß ein Schriftsteller ein Mensch sei, dem das Schreiben schwerfalle, gehört zu den Versatzstücken der Schreibenden noch in unserer Zeit. Bemerkenswert ist der exakte Vergleich der Kernszene mit der Musik und dem Libretto Wagners (L 83); den Forschungsstand gibt Dittmann wieder (L 13). Ist die stoffliche Grundlage des »Tonio Kröger« eine Dänemarkreise im September 1899 (L 84), so spiegelt die Beziehung zu Hans Hansen Manns erste Liebe zu dem Mitschüler Armin Martens – wie wir aus einem Brief vom 19. 3. 1955 wissen – ebenso wie die »jugendlichen Schmerzen und Traurigkeiten« (GW IX, 481) der Freundschaft mit dem Maler Paul Ehrenberg in München wieder, die zunächst in einer geplanten Novelle »Die Geliebten« dargestellt werden sollten. Eine Absplitterung vom vorletzten Novellenkapitel, der »Wiederbegegnung« mit Hans Hansen und Ingeborg Holm, ist die Skizze »Die Hungernden« (1902). In das Bild des weinenden Königs Philipp, der sich vom Prinzen Carlos betrogen glaubt, lassen sich Einsamkeitspathos und Erwähltheitsbewußtsein symbolisch fassen, deren Bindeglied das Zitat »Der Sänger soll mit dem Könige gehen« aus der »Jungfrau von Orleans« ist (I, 2). Die »Liebe zum Gewöhnlichen«, die den einzigartigen Reiz der Erzählung für Jugendliche in vielen Ländern ausmachen dürfte, ist ohne eine weitere Schiller-Folie,

Verse aus der lyrischen Operette »Semele«, ebenfalls nicht denkbar:

»Glückselige Trunkenheit! – Was ist Uranos' Blut,
Was Nektar und Ambrosia, was ist
Der Thron Olymps, des Himmels goldenes Szepter,
Was Allmacht, Ewigkeit, Unsterblichkeit, ein Gott?
Ohne Liebe?«

Der schwere Gang, der auf einen Künstler mit einem solchen Credo wartet, kommt vor allem in dem »lyrisch-essayistischen Mittelstücke« des Lisaweta-Gesprächs und Krögers Brief zum Ausdruck, die in ein Licht von »Wehmut und Kritik, Innigkeit und Skepsis, Storm und Nietzsche, Stimmung und Intellektualismus« (GX XII, 92) getaucht sind. Den Forschungsstand gibt Bellmanns Bändchen wieder (L 13).

Bis 1906 entstehen weitere Erzählungen von durchaus unterschiedlichem Gewicht: »Gladius Dei« (1901), ein Absprengsel aus dem schon seit 1898/99 ins Auge gefaßten Renaissance-Drama (L 85), lebt heute vor allem durch seine Übertragung ins München der Jahrhundertwende (»München leuchtete«); die »Casino-Novelle« »Ein Glück« (1903), sowie, im Dezember 1903 geschrieben, »Das Wunderkind«, das Manns Begriff der doppelten Optik exemplarisch darstellt (L 86). Wie wenig Wert auf Manns briefliche Äußerungen der Geringschätzung gegenüber seinen Erzählungen zu legen ist, läßt sich unschwer an diesem Kabinettstück zeigen: zunächst desavouierte er es als Geldarbeit, doch 1914 machte er daraus die Titelerzählung seiner dritten Sammlung von kleineren Prosastücken. Wenn man zugleich Manns Entrüstung über eine vorsichtige Kritik Carl Ehrenbergs zu den »Hungernden« heranzieht, dann steht der Wunsch, gelobt zu werden, diesen negativen Selbsteinschätzungen an die Stirn geschrieben. Mit entsprechender Vorsicht sollte man sie daher als Wertungsmaßstab gebrauchen. Im Frühjahr 1904 entstand »Beim Propheten«, in der Gestalt Daniels eine Satire auf Ludwig Derleth, einen Angehörigen des George-Kreises, dessen gewaltgetränkte Welterlösungstiraden sich durch die »Vision einer Schinkensemmel« erledigen lassen. Als Randfiguren sind in diese Skizze schon seine zukünftige Frau, Katia Pringsheim, und ihre Mutter hineingezeichnet, und man wird – nicht unbeabsichtigt bei dem brautwerbenden Autor – an die Stifterporträts auf spätmittelalterlichen Tafelbildern erinnert (L 87). Schillers Arbeit am »Wallenstein« im Jena des Jahres 1796 gibt den Stoff zur Schiller-Szene »Schwere Stunde« (1905). Sorgfältig vermeidet Mann die Nennung des Werks, um, jetzt wieder ganz der Produktionsäshetik seiner Zeit verhaftet, dem überzeitlichen Charakter der Geburtsmetapher keinen Abbruch zu tun. Zugleich tritt Goethe zum erstenmal – mittelbar, aber konkret – in Erscheinung, als Sehnsuchtsziel eines Künstlertums der überwundenen Hemmung (L 88). »Wälsungenblut« (1905), die »Geschichte zweier Luxuswesen, jüdischer Zwillinge des überfeinerten Berliner Westens [. . .], deren üppig-spöttisches Einsamkeitspathos sich den Ur-Inzest von Wagners Wälsungen-Geschwisterpaar zum Muster nimmt« (GW XI, 558 f.), ist als Skandalgeschichte berühmt, weil sie von Mann, aufgrund umlaufender Gerüchte über ihren antisemitischen und biographisch gegen die Familie Pringsheim gerichteten Charakter, zurückgezogen und erst in den zwanziger Jahren in geringer Auflage veröffentlicht wurde (L 89).

Einen mühsamen Weg legte Manns einziges Drama, »Fiorenza«, zurück, das am 11. Mai 1907 in Frankfurt/M. uraufgeführt wurde. In den Notizbüchern sind erste Eintragungen schon 1898/99 nachzuweisen, und die Entlarvungsthematik dieses ersten Plans spiegelt sich im Titel »Der König von Florenz«. Schon bei »Gladius Dei« hat sich die Perspektive zu einer »psychol. Vorstufe zum Savonarola«, zum Gegensatz zwischen Geist und Kunst, verschoben. Eine Florenzreise stand 1901 unter dem Gesichtspunkt des Werkinteresses, doch das Unerwartete, die erste Liebesbeziehung zu einer Frau, der nur dem Namen nach bekannten Engländerin Mary Smith, färbte die Gestalt der Fiore ein. Die Erotik dieser allegorischen Personifikation von Florenz wird aufgewogen durch ihre Heldendefinition im Anschluß an den Nazarener-Typus: »Wer schwach ist, aber so glühenden Geistes, daß er sich dennoch den Kranz gewinnt«. Schwierigkeiten begleiteten das Werk von seinem ersten Abdruck, seiner ersten Aufführung an, und Mißverständnisse wegen seiner angeblich antiklerikalen oder kulturfeindlichen Tendenz stellten sich noch zusätzlich ein. Karl Kraus war von dem Stück angetan, aber Alfred Kerr schrieb 1913, anläßlich der Berliner Aufführung, eine vernichtende Kritik (L 90).

Der dünne Strang publizistischer Arbeiten erfährt ab 1906 eine wesentliche Erweiterung in Richtung auf das ganze Spektrum der Formmöglichkeiten eines modernen Schriftstellers. Der Anstoß kommt dabei zumeist von Außen, wenn es um Rundfragen, z. B. zum Alkohol geht, um kulturpolitische Stellungnahmen in Miszellen, Offenen Briefen oder Gutachten, um Überleitungen bei Vorlesungen, um autobiographische Skizzen oder um Interviews. Zu den Kuriositäten zählt Manns Beteiligung beim Münchener Zensurbeirat 1912/13; als sein Gutachten für Wedekinds »Lulu« wirkungslos blieb, trat er aus, um Zweideutigkeiten zu vermeiden (L 91). Der Kernpunkt der begleitenden Prosa jener Jahre aber ist der Selbstverständigungsprozeß, die Legitimation der eigenen Art auf drei verschiedenen Ebenen. In »Bilse und ich« (1906) rechtfertigt Mann die »Buddenbrooks« gegen den Vorwurf des Schlüsselromans, gegen eine Gemeinschaft mit dem Garnisonsroman des Leutnant Fritz Oswald Bilse (L 92). Er bekennt sich zu seinem grundlegenden Verfahren der Wirklichkeitsmontage, die »Gefundenes« über »Erfundenes« stellt und in dem Begriff der »Beseelung« das Zentrum des kreativen Prozesses bestimmt, um »aus eigner Kraft sich eine Welt zu baun«, wie es in den Versen von Platens »Vision« heißt, die er dem Roman ursprünglich als Motto hatte mitgeben wollen. Doch sollte man mit einer gewissen Skepsis die scharfe Abgrenzung des Kunstwerks von der Wirklichkeit lesen. Als untergeordnete Wirkungskomponente denkt Mann durchaus schon zu diesem Zeitpunkt an den Doppelgenuß Einzelner, die neben dem Allgemeinen auch das Spezielle eines Konterfeis wahrnehmen, und in der Rechenschaft, die er über den »Doktor Faustus« ablegt, spricht er ausdrücklich von dem »Selbstopfer«, das erst »die menschlichen Kruditäten des Buches, das kalte Porträt meiner Mutter, die Preisgabe des Schicksals meiner Schwester« zu »sühnen« vermag. Bedarf es da noch der expliziten Äußerung in der letzten Hauptmann-Rede, daß man durch sein »Porträt« des Geehrten im »Zauberberg« den wesentlichen Eindruck von seiner Persönlichkeit erhalte? Um der neuen Rolle der Faktizität im modernen Kunstwerk gerecht zu werden, sollte man daher die Montagetechnik in ihrer Gesamtheit betrachten, nicht nur in dem frühen Essay. Dies wird selbst da vernachlässigt, wo dadurch die eigene Argumentation gestützt werden könnte (L 93). Rechtfertigung ist der Ausgangspunkt für einen weiteren Aspekt der ästhetischen Reflexion, des Nachdenkens über das Erzählen. Es muß wohl das Scheitern von »Fiorenza« gewesen sein, das seinen Überlegungen zur Abwehr eines Superioritätsanspruchs des Dramas aus der Nachfolge hegelianischer Ästhetik die eigentümliche Schärfe und Bitterkeit gibt und eine stete Beunruhigung bleiben wird. Neben den krampfhaften Bemühungen um die theoretische Selbstdarstellung in jenen Jahren und der Propagierung von »Fiorenza«-Aufführungen ist die eigentliche Antwort produktiv: schon »Königliche Hoheit« wird von ihm als »Lustspiel in Romanform« bezeichnet, und von dem »Tod in Venedig« ließe sich mit geringer Mühe zeigen, daß er seinem Aufbau nach eine Prosa-Tragödie ist, die in parodierender Nachahmung das Schema von Gustav Freytags »Technik des Dramas« spielerisch ausfüllt. Die Lustspielintention von »Lotte in Weimar«, die szenischen Gespräche mit dem Teufel und Saul Fitelberg im »Doktor Faustus« sind nur Stationen auf dem Weg, der in einem neuen Anlauf, zu »Luthers Hochzeit«, enden sollte.

In der Lyrik fiel es Mann leichter, sich mit einer rezeptiven Rolle zu begnügen, aber immerhin sind der Daktylenanklang im »Tod in Venedig«, die Hexameterverwendung im ›Gesang vom Kindchen‹ oder die verstreuten lyrischen Ansätze im »Joseph« Hinweise auf ein latentes Ungenügen an der Festlegung auf Prosa. Mit diesem Reizverhältnis fällt gelegentlich die Frage nach der gesellschaftlichen Rolle des Schriftstellers in Deutschland zusammen, um die viele Ansätze in dem Essaymaterial »Geist und Kunst« kreisen und in kleineren Stücken ans Tageslicht der Öffentlichkeit kamen (L 94). Die Auseinandersetzung mit Theodor Lessing vollzieht sich 1910 in einer Polemik, die auch auf physiognomische Schärfen nicht verzichtet und damit eine lange Reihe eröffnet (L 95). Politische Thematik ist ausgespart und spielt höchstens in der Form beiläufiger Bemerkungen eine Rolle, etwa wenn Mann sich 1907 gegen den Zionismus wendet, weil dadurch der europäischen Kultur ein notwendiges Ingredienz verlorengehe, oder wenn man Detlev von Liliencron droht, eine Unterstützung zu entziehen, weil er »mit der Sozialdemokratie« liebäugele (1910). Ein neues Feld erschließt sich Mann durch eine Art historischer Literaturkritik, kritischen Dichterporträts, in denen sich die verehrende Liebe zur Größe und eine »gehässige« Psychologisierung miteinander mischen. Dies ist die erste Bedeutungsstufe der Formel »Mythos und Psychologie«.

Idyllisch-Genrehaftes scheint die überschaubare Lebenswelt der Residenzstadt Grimmburg und ein fiktives Großherzogtum in »Königliche Hoheit« zu beherrschen, und doch ist die Lokal-Szene in ein seltsames Licht der Komik und Ironie getaucht, die dem Roman auch dort, wo die Monarchie untergegangen ist, noch einen eigentümlichen, gerade von Dialektikern geschätzten Reiz gibt. Eine Marginalie als Beispiel. Als Hebamme fungiert bei der Geburt Klaus Heinrichs die Doktorin Gnadenbusch und unterstützt die Fürstin auch verbal: »Nur fest, nur fest, Königliche Hoheit. . . Es geht geschwinde. . . Es geht ganz leicht. . . Das zweitemal. . . das ist nichts. . . Geruhen: die Knie auseinander. . . Und stets das Kinn auf die Brust. . .« (GW II, 15). Verstärkt wird die idyllische Komponente durch einen märchenhaften Ton, dessen Hauptsymbol ein Rosenstock ist, der im Alten Schloß dahinkümmert und durch seine Verpflanzung die Möglichkeit erhält, als Zeichen der Glückserfüllung zu dienen. Aus der Idyllenforschung wissen wir nun, daß eine Idylle als gesellschaftlicher Eskapismus nur dann zu begreifen ist, wenn die Veränderung durch die Arbeitswelt ausgespart wird. In der »allegorischen Konstruktion« des Romans (Hofmannsthal) erweist sich aber gerade die aktive Hinwendung zur Regierungs- und Wohlfahrtsarbeit als Bedingung der Erlösung für Klaus Heinrich und sein Ländchen, das an Mecklenburg-Schwerin und die thüringische Landschaft zugleich erinnert. Wenn Hermann Bahr von dem »politisch-antiindividualistischen«, dem »demokratischen« Charakter des Romans sprach und ihn sogar in die Nähe des Marxismus rückte, dann meinte er neben dem märchenhaften Element aber auch die Schicht der Hof- und Personenschilderungen, die – ganz im Sinn der Montagetechnik – wiederum nach dem lebenden Modell gezeichnet sind, wie den verkrüppelten Arm nach Wilhelm II. oder von Knobelsdorff nach dem Reichskanzler Bernhard von Bülow. Die satirischen Einschläge sind von vielen Lesern als die eigentliche Absicht des Romans verstanden worden (L 96), während das heroisch-asketische Ethos und die Fragwürdigkeit der formal-repräsentativen Haltung aus Klaus Heinrich, der mit autobiographischen Zügen ausgestattet ist, einen Bruder Tonio Krögers machen (L 97). Transformierte Autobiographie noch mehr: Ditlinde und Philipp sind nach der Schwester Julia Löhr und ihrem Mann gezeichnet, die Großherzoginmutter nach der eigenen Mutter, Großherzog Albrecht nach dem Bruder Heinrich, der Milliardär Samuel Spoelmann nach dem Schwiegervater Alfred Pringsheim und nicht zuletzt die Tochter Imma nach seiner Frau Katia, wobei die Briefe aus der Verlobungszeit eine besondere Rolle für die Gefühlstönung spielen. Spoelmann speist sich z. B. aber auch aus den Industriemagnaten der Zeit, während Überbein an die Nietzsche-Gestalten anknüpft (L 98). In seiner mehrschichtigen Konstruktion wie in seinen Unterbrechungen durch eingeschaltete Digressionen ist der Roman für Manns spätere Arbeitsweise charakteristisch, auch wenn dies auf die Entstehung in mehreren Versionen (1905/1906–09) als »Fürsten-Novelle« weniger zutrifft (L 99). Mit dem naturaristokratisch-monarchischen Element, der Umkehrung der »Zauberflöten«-Aufklärung (»Er ist ein Prinz! [. . .] Er ist mehr als das; es ist ein Mensch!«), steht das demokratische, bürgerlich-kritische Element im Streit (vgl. L 100). Man sollte bei diesem Roman der Monarchie als politischer Wirklichkeit und als eigenständiger Lebensform daran erinnern, daß Theorien einer demokratisch legitimierten, also konstitutionellen Monarchie erst wenige Jahrzehnte alt waren und im Deutschen Reich absolutistische Kräfte versuchten, besonders im Militärbereich, die konstitutionelle Verfassung auszuhöhlen. Es blieb übrigens dem rassischen Literaturhistoriker Adolf Bartels überlassen, sich wieder als Buhmann zu bewähren, indem er die Rettung des deutschen Adels durch eine »amerikanische Dollarprinzessin« monierte.

Gelegenheitsarbeiten in einem viel engeren Sinn, als dies für frühere Erzählungen zutrifft, sind die »Anekdote« (1908), deren harmloser Titel das Thema des falschen Anscheins aufnimmt, »Das Eisenbahnunglück« (1908), das auf einen Vorfall im Mai 1906 zurückgeht und die autobiographisch gefärbte Schilderung einer Rauferei in »Wie Joppe und Do Escobar sich prügelten« (1910). Stehen diese Erzählungen noch im Zusammenhang mit der »Königlichen Hoheit«, so ist »Der Tod in Venedig« schon eine Einschaltung in die Arbeit am »Krull«. Äußerlich durch eine Venedig-Reise im Frühjahr 1911 angeregt, ist der innere Ausgangspunkt der Entwürdigung eines alternden Künstlers durch Knabenliebe die Beschäftigung mit Erlebnissen Goethes, mit der Ulrike von Levetzow der »Marienbader Elegie« oder Fräulein Lades Wettlauf (L 35, S. 37 f./40). Die Begegnung mit dem Tod als Genius im Sinn Lessings, heute neben dem christlichen Knochenmann eine beinahe verlorengegangene Tradition, fügt sich in das Bild der konsequenten Aneignung einer Antikenschicht ein, um durch Hermes-Motive, die »Odyssee«, Platos Dialoge und »Psyche. Seelencult und Unsterblichkeitsglaube der Griechen,«, ein 1907 publiziertes Buch des Nietzsche-Schülers Erwin Rohde, die Homoerotik öffentlichkeitsfähig zu machen und zugleich einen klassischen Horizont zu erschließen (L 101). Nach Manns Schilderung im »Lebensabriß« (1930) wissen wir, daß die Einzelfiguren der Venedig-Szenerie auf den Reiseeindrücken beruhen, und daß Gustav von Aschenbach huldigend Züge von Gustav Mahler erhalten hat, der in jenen Tagen starb. Die Cholera-Schilderung beruht auf verschiedenen Informationsquellen, und einer der Schnipsel, die im Zürcher Archiv liegen, konnte bei entsprechender Frage- und Hilfestellung durch einen Studenten mit den ›Münchener Neuesten Nachrichten‹ vom 5. 9. 1911 identifiziert wer den – bei den vielen mikroskopischen Detailfragen zu Mann ein, wie mir scheint, gangbarer Weg. Das Wissen von dieser Montagetechnik wird nicht daran hindern, an die großen Parallelen der Weltliteratur – die Pestschilderungen von Thukydides, Lukrez, Boccacio, Defoe, Manzoni, Camus, den Cholerabericht Heines – als Vergleichsmaßstab denken zu müssen.

»Der Autor der klaren und mächtigen Prosa-Epopöe vom Leben Friedrichs von Preußen; der geduldige Künstler, der in langem Fleiß den figurenreichen, so vielerlei Menschenschicksal im Schatten einer Idee versammelten Romanteppich, ›Maja‹ mit Namen, wob; der Schöpfer jener starken Erzählung, die ›Ein Elender‹ überschrieben ist und einer ganzen dankbaren Jugend die Möglichkeit sittlicher Entschlossenheit jenseits der tiefsten Erkenntnis zeigte; der Verfasser endlich (und damit sind die Werke seiner Reifezeit kurz bezeichnet) der leidenschaftlichen Abhandlung über ›Geist und Kunst‹, deren ordnende Kraft und antithetische Beredsamkeit ernste Beurteiler vermochte, sie unmittelbar neben Schillers Raisonnement über naive und sentimentalische Dichtung zu stellen: Gustav Aschenbach also war zu L., einer Kreisstadt der Provinz Schlesien, als Sohn eines höheren Justizbeamten geboren« (GW VIII, 450)

Dieser Satz ist für die Forschung gleich von doppelter Bedeutung: zum einen hat Oskar Seidlin in einer meisterhaften Interpretation Manns Zurücktretenlassen der Person hinter das Werk als »protestantisches« Heldentum herausgearbeitet (L 102), zum andern hat Wysling die Werkpläne Manns, die sich hinter den Aschenbach zugeschriebenen Titel verbergen, Stück für Stück verfolgen können (L 103). Stand für einige Zeitgenossen die Anstößigkeit als »naturalistisches« Gebilde oder als Feier der Päderastie im Vordergrund, so setzte schnell, auch international, die Anerkennung als einer der herausragenden Erzählungen Manns ein. Neben Reeds Edition (L 12) wird man, neben einigen Einzelstudien, noch Wolfgang Koeppens Schilderung von Lektüreeindrücken heranziehen (L 104). Nach Abschluß der Prosa-Tragödie kehrte Mann zunächst zu liegengelassenen »Krull« und sogar zu literaturtheoretischen Arbeiten zurück, ehe er an den »Zauberberg« ging, der zunächst als Erzählung ein groteskes Gegenstück zum »Tod in Venedig« sein sollte. Der Erste Weltkrieg gab den Plänen eine andere Richtung.

Literatur

L 65 *Carl Helbling*, Die Gestalt des Künstlers in der neueren Dichtung. Eine Studie über Thomas Mann, Bern 1922

L 66   *Peter de Mendelssohn,* Der Zauberer. Das Leben des deutschen
       Schriftstellers Thomas Mann. Erster Teil: 1875–1918, Frank-
       furt/M. 1975

L 67   *Richard Winston,* Thomas Mann. The Making of an Artist 1875–
       1911, New York 1981; 2. Aufl. 1982

L 68   *T. J. Reed,* Mann and Turgenev – A First Love. In: GLL, N. S.
       17 (1965), S. 313 ff.

L 69   *Nodar Kakabadse,* Thomas Manns Frühwerk 1893–1900. In:
       Weimarer Beiträge 16 (1970), H. 8, S. 181–190

L 70   *Hans R. Vaget,* Die literarischen Anfänge Thomas Manns in ›Ge-
       fallen‹. In: ZfdPh 94 (1975), S. 235–256

L 71   *Gerhard Kluge,* Das Leitmotiv als Sinnträger in »Der kleine Herr
       Friedemann«. Ein Versuch zur frühen Prosadichtung Thomas
       Manns. In: Jahrbuch der deutschen Schillergesellschaft 11
       (1967), S. 484–526; *Hans Rudolf Vaget,* Thomas Mann und
       Theodor Fontane: Eine rezeptionsästhetische Studie zu »Der
       kleine Herr Friedemann«. In: MLN 90 (1975), S. 448 ff.; L 200,
       S. 11 ff.

L 72   *Rolf Geißler,* Die verfehlte Wirklichkeit. Thomas Manns »Ent-
       täuschung«. In: WW 16 (1966), S. 323–329

L 73   *Victor Mann,* Wir waren fünf, Konstanz 1949; *Ernst Scheyer,*
       Über Thomas Manns Verhältnis zur Karikatur und bildenden
       Kunst. In: L 88, S. 143–168/644–646; *Joachim Wich,* Groteske
       Verkehrung des »Vergnügens am tragischen Gegenstand«: Tho-
       mas Manns Novelle »Luischen« als Beispiel. In: DVjs 50 (1976),
       S. 213 ff.

L 74   *Leo Lauschen,* Thomas Mann: Der Weg zum Friedhof. In: Der
       Deutschunterricht 10 (1958), H. 5, S. 66–80

L 75   *Hellmut Haug,* Erkenntnisekel. Zum frühen Werk Thomas
       Manns (Studien zur deutschen Literatur, 15), Tübingen 1969;
       Burghard Dedner, Kultur und Wahrheit. Zur thematischen Dia-
       lektik von Thomas Manns Frühwerk. In: Jb. d. dt. Schillergesell-
       schaft 27 (1983), S. 345 ff.

L 76   *Jürgen Petersen,* Die Rolle des Erzählers und die epische Ironie
       im Frühwerk Thomas Manns. Ein Beitrag zur Untersuchung sei-
       ner dichterischen Verfahrensweise, Diss. Köln 1967; *Christoph
       Geiser,* Naturalismus und Symbolismus im Frühwerk Thomas
       Manns, Bern u. München 1971; *Helmut Grau,* Die Darstellung
       gesellschaftlicher Wirklichkeit im Frühwerk Thomas Manns,
       Diss. Freiburg 1971; *Paul Anthony Garcia,* Perception in Rela-
       tion to Narrative Statement in the Early Works of Thomas
       Mann, Diss. Illinois 1972; *Erdmann Neumeister,* Thomas
       Manns frühe Erzählungen. Der Jugendstil als Kunstform im frü-
       hen Werk (Abh. zur Kunst-, Musik- und Literaturwissenschaft,
       133), Bonn 1972

L 77   *Susanne Otto,* Literarische Produktion als egozentrische Varia-
       tion des Problems von Identitätsfindung und -stabilisierung: Ur-

sprung, Grundlagen und Konsequenzen bei Thomas Mann Analyse des novellistischen Frühwerks mit Perspektive auf das Gesamtwerk, Frankfurt/M. u. Bern 1982

L 78   *Paul Scherrer,* Bruchstücke der Buddenbrooks-Urhandschrift und Zeugnisse zu ihrer Entstehung 1897–1901. In: Neue Rundschau 69 (1958), H. 2, S. 258–291 und *P. S.,* Aus Thomas Manns Vorarbeiten zu den »Buddenbrooks«. Zur Chronologie des Romans. In: L 8, S. 7–22 u. 325–328

L 79   *Julia Mann,* Tante Elisabeth. In: Sinn und Form 15 (1963), H. 2/3, S. 482–496; *Ulrich Dietzel* unter Mitarb. von *Gerda Weißenfels* (Red.), Aus den Familienpapieren der Manns. Dokumente zu den »Buddenbrooks«, Berlin u. Weimar 1965; L 66, S. 259 ff.

L 80   *Eberhard Lämmert,* Thomas Mann. Buddenbrooks. In: Benno v. Wiese (Hrsg.), Der deutsche Roman, Bd. II, Düsseldorf 1963, S. 190–233/434–439; *Helmut Meinrad Tribus,* Sprache und Stil in Thomas Manns »Buddenbrooks«, Diss. Columbus/Ohio 1966; *Ursula Kirchhoff,* Die »Festlichkeit« in den »Buddenbrooks«. In: *U. K.,* Die Darstellung des Festes im Roman um 1900. Ihre thematische und funktionelle Bedeutung (Münstersche Beiträge zur deutschen Literaturwissenschaft, 3), Münster 1969; *Jürgen Kuczynski,* Die Wahrheit, das Typische und die »Buddenbrooks«. In: *J. K.,* Gestalten und Werke. Soziologische Studien zur deutschen Literatur, Berlin u. Weimar 1969, S. 246–279; *Klaus-Jürgen Rothenberg,* Das Problem des Realismus bei Thomas Mann. Zur Behandlung der Wirklichkeit in den »Buddenbrooks«, Köln u. Wien 1969; *Fred Müller,* Thomas Mann, Buddenbrooks. Interpretation, München 1979 (für den Schulgebrauch); *Hans Rudolf Vaget,* Der Asket und der Komödiant: die Brüder Buddenbrook. In: MLN 97 (1982), S. 656–670; L 200, S. 43–102d; *Jochen Vogt,* Thomas Mann: »Buddenbrooks«, München 1983 (Kapitelführung des 1. Teils)

L 80a *Herbert Lehnert,* Thomas Manns Erzählung »Das Gesetz« und andere erzählerische Nachspiele im Rahmen des Gesamtwerks. In: DVjs 43 (1969), S. 515 ff.

L 81   *Wolfdietrich Rasch,* Thomas Manns Erzählung ›Tristan‹. In: W. R., Zur deutschen Literatur der Jahrhundertwende. Gesammelte Aufsätze, Stuttgart 1967, S. 146–185/306–310; *W. R.,* Jugendstil im Frühwerk Thomas Manns. In: DVjs 40 (1966), S. 206–216

L 82   *Jost Hermand,* Peter Spinell. In: MLN 79 (1964), Nr. 4, S. 439–447; vgl. *Joachim Wich,* Thomas Manns frühe Erzählungen und der Jugendstil: Ein Forschungsbericht. In: Literaturwissenschaftliches Jahrbuch 16 (1975), S. 257 ff.

L 83   *Frank W. Young,* Montage and Motive in Thomas Mann's ›Tristan‹ (Abh. zur Kunst-, Musik- und Literaturwissenschaft, 183), Bonn 1975; als verkappte Rahmenerzählung (Fremdenführersituation); *Roland Harweg*, Präsuppositionen und Rekonstruktionen. Zur Erzählsituation in Thomas Manns ›Tristan‹ aus textlinguistischer Sicht. In: M. Schecker u. P. Wunderli (Hrsg.), Textgrammatik. Beiträge zum Problem der Textualität, Tübingen 1975, S. 166 ff.; zur frühen Künstlerthematik die Dissertation von *Herbert Marcuse*, Der deutsche Künstlerroman. In: H. M., Schriften 1, Frankfurt/M. 1978, S. 7 ff. (Kap. 10, S. 303 ff.)

L 84 *Paul Scherrer*, Thomas Mann und die Wirklichkeit. In: Lübeckische Blätter 120 (1960), Nr. 7, S. 77–86; *Hans Wysling*, Dokumente zur Entstehung des »Tonio Kröger«. In: L 8, S. 48–63/ 331 f.; *Colin Niven*, »Tonio Kröger« Notes, Harlow 1982

L 85 *Theodore C. von Stockum*, Savonarola, die historische Gestalt und ihre doppelte Spiegelung im Werke Thomas Manns. In: T. C. v. S., Von Friedrich Nicolai bis Thomas Mann. Aufsätze zur deutschen und vergleichenden Literaturgeschichte. Groningen 1962, S. 320 ff.; *Ernest M. Wolf*, Savonarola in München – Eine Analyse von Thomas Manns »Gladius Dei«. In: Euphorion 64 (1970), H. 1, S.85–96; *Joachim Wich*, Thomas Manns »Gladius Dei« als Parodie. In: GRM 53 (N. F. 22, 1972), S. 389–400; *Wolfgang Frühwald*, »Der christliche Jüngling im Kunstladen«. Milieu- und Stilparodie in Thomas Manns Erzählung »Gladius Dei«. In: G. Schnitzler (Hrsg.), Bild und Gedanke. Fs. f. Gerhard Baumann, München 1980, S. 324 ff.; *Thomas E. Willey*, Thomas Mann's Munich. In: G. Chapple u. Hans H. Schulte (Hrsg.), The Turn of the Century. German Literature and Art, 1890–1915, Bonn 1981, S. 477 ff.

L 86 *Eberhard Lämmert*, Doppelte Optik. Über die Erzählkunst des frühen Thomas Mann. In: K. Rüdiger (Hrsg.), Literatur, Sprache, Gesellschaft (Deutsche Sprache und Literatur, 111), München 1970, S. 50–72

L 87 *Helmut Spelsberg*, Thomas Manns Durchbruch zum Politischen in seinem kleinepischen Werk. Untersuchungen zur Entwicklung von Gehalt und Form in »Gladius Dei«, »Beim Propheten«, »Mario und der Zauberer« und »Das Gesetz« (Marburger Beiträge zur Germanistik, 41), Marburg 1972

L 88 *Reichard Täufel*, Thomas Manns Verhältnis zu Schiller. Zur Thematik und zu den Quellen der Novelle »Schwere Stunde«. In: Georg Wenzel (Hrsg.), Betrachtungen und Überblicke, Berlin u. Weimar 1966, S. 207–237; L 249, S. 31–59

L 89 *Klaus Pringsheim*, Ein Nachtrag zu »Wälsungenblut«. In: L 88, S. 253–268

L 90 *Egon Eilers*, Perspektiven und Montage. Studien zu Thomas Manns Schauspiel »Fiorenza«, Diss. Marburg 1967

L 91 *Herbert Lehnert* u. *Wulf Segebrecht*, Thomas Mann im Münchener Zensurbeirat (1912/13). Ein Beitrag zum Verhältnis Thomas Manns zu Frank Wedekind. In: Jahrbuch der deutschen Schillergesellschaft 7 (1963), S. 180–200

L 92 *Jens Carstensen*, Bilse und Thomas Mann. In: Lübeckische Blätter 131 (1971), S. 223–227

L 93 *Bernd W. Seiler*, Die leidigen Tatsachen. Von den Grenzen der Wahrscheinlichkeit in der deutschen Literatur seit dem 18. Jahrhundert (Sprache und Geschichte, 6), Stuttgart 1983, S. 234–240

L 94 *T. J. Reed*, Geist und Kunst: Thomas Mann's Abandoned Essay on Literature. In: Oxford German Studies 1 (1966), S. 53–101; *Hans Wysling*, »Geist und Kunst«. Thomas Manns Notizen zu einem Literatur-Essay. In: L 8, S. 123–233/336–339; *H. W.*, Ein Brief zur Situation des deutschen Schriftstellers um 1910. In: L 9, S. 9–12/181 f.

L 95 *Manfred Haiduk*, Wesen und Sprache der polemischen Schriften Thomas Manns, Diss. masch. Rostock 1957; *Ki-Sang Han*, Physiognomisches als technisches Darstellungsmittel im Werk Thomas Manns. Vom Naturalistisch-Realistischen zum Mythisch-Utopischen, Diss. Gießen 1980

L 96 *Martin Havenstein*, Thomas Mann. Der Dichter und Schriftsteller, Berlin 1927, Vorwort

L 97 *Hermann J. Weigand*, Der symbolisch-autobiographische Gehalt von Thomas Manns Romandichtung »Königliche Hoheit«. In: H. J. W., Fährten und Funde. Aufsätze zur deutschen Literatur, hrsg. von A. Leslie Willson, Bern u. München 1967, S. 289 ff.

L 98 *Dorothea Ludewig-Thaut*, »Königliche Hoheit«. Autobiographische Züge in Thomas Manns Roman (Abh. zur Kunst-, Musik- und Literaturwissenschaft, 180), Bonn 1975; *Jürg Zimmermann*, Repräsentation und Intimität. Zu einem Wertgegensatz bei Thomas Mann. Mit besonderer Berücksichtigung der Werke aus den Jahren vor und während des Ersten Weltkriegs (Zürcher Beiträge zur deutschen Literatur- und Geistesgeschichte, 44), Zürich u. München 1975; *Hinrich Siefken*, Thomas Mann and the concept of »Repräsentation«: »Königliche Hoheit«. In: MLR 73 (1978), S. 337 ff.

L 99 *Hans Wysling*, Die Fragmente zu Thomas Manns »Fürsten-Novelle«. In: L 8, S. 64–105/331–333

L 100 *Burghard Dedner*, Über die Grenzen humoristischer Liberalität. Zu Thomas Manns Roman »Königliche Hoheit«. In: WW 24 (1974), H. 4, S. 250–267

L 101 *Willy R. Berger*, Thomas Mann und die antike Literatur. In: Peter Pütz (Hrsg.), Thomas Mann und die Tradition, Frankfurt/M. 1971, S. 52–100

L 102 *Oskar Seidlin*, Stiluntersuchungen zu einem Thomas Mann-Satz. In: O. S., Von Goethe zu Thomas Mann. Zwölf Versuche, Göttingen 1963, S. 148–161

L 103 *Hans Wysling*, Zu Thomas Manns »Maja«-Projekt. In: L 8, S. 23–47/328 f.; *H. W.*, »Ein Elender«. Zu einem Novellenplan Thomas Manns. In: L 8, S. 106–122/334–336; zu »Geist und Kunst« vgl. L 94

L 104 *Wolfgang Koeppen*, Eine schwerblütige, wollüstige Erregung. Über Thomas Manns »Der Tod in Venedig«. In: Frankfurter Allgemeine Zeitung, Nr. 32 vom 7. 2. 1980, S. 23; *E. L. Marson*, The Ascetic Artist. Prefigurations in Thomas Mann's »Der Tod in Venedig« (Australisch-Neuseeländische Studien zur deutschen Sprache und Literatur, 9), Bern/Frankfurt/M./Las Vegas 1969; *Peter Heller*, »Der Tod in Venedig« und Thomas Manns Grundmotiv. In: G. Chapple u. Hans H. Schulte (Hrsg.), Thomas Mann: ein Kolloquium, Bonn 1978, S. 35 ff.; *Dorrit Cohn*, The Second Author of »Der Tod in Venedig«. In: Bennett/Kaes/Lillymann (Hrsg.), Probleme der Moderne. Studien zur deutschen Literatur von Nietzsche bis Brecht. Festschrift zum 65. Geburtstag von Walter Sokel, Tübingen 1983, S. 223 ff.; *Franz Maria Sonner*, Ethik und Körperbeherrschung. Die Verflechtung von Thomas Manns Novelle »Der Tod in Venedig« mit dem zeitgenössischen intellektuellen Kräftefeld, Opladen 1984

Krise und Neuansatz (1914–1925)

Die hier gewählte Periodisierung führt unmittelbar durch die Wahl des Endpunkts und die damit verbundene inhaltliche Einschätzung in die Kontroversen hinein.

Dietz Bering hat in einer so grundlegenden wie klugen Studie die Wortgeschichte des »Intellektuellen« untersucht. Er arbeitet den Gebrauch als Schimpfwort heraus, an dem sich Mann mit dem »Zivilisationsliteraten« wirkungsvoll beteiligt hat. Als Kennwörter rechter Diffamierung erscheinen »abstrakt-instinktlos (kalt-blutleer)«, »verbildet«, »jüdisch«, »zersetzend«, »krank-wurzellos«, »großstädtisch«, »Nein-Sager«, denen auf der linken Seite ähnliche Begriffsmuster entsprechen: »Bonzen«, »disziplinlos«, »individualistisch«, »Bildungshochmut«, »theoretisch-instinktlos«, »Wortschwall-Phraseure«, »schwankend-krank-opportunistisch«, »ungläubig-verneinend«. Diesen Klischees, die die literaturpolitische Diskussion der Weimarer Republik verderben, stellt Bering ein Versagen der bürgerlichen Mitte gegenüber, wobei er Mann eine prominente Rolle zuweist. Mit zahlreichen Studien nimmt er 1922, das Jahr der Hauptmann-Rede »Von deutscher Republik«, als Manns Wende zum Demokratischen an, kommt aber – und dies spricht nur für die wissenschaftliche Redlichkeit seines Denkens – bei der Betrachtung des »Zauberbergs« zu dem Schluß, daß hier noch intellektuellenfeindliche Klischees vorliegen (L 105, S. 306 ff.). Durchaus konsequent sieht Bering daher die Verantwortlichkeit der Mitte verstärkt, die ein Kampfwort preisgebe, und

Mann falle dabei eine Schlüsselrolle zu: »Thomas Mann revozierte wirklich nicht«. Wird man dieser Verzeichnung sachlich schon allein dadurch entgegentreten können, indem man Manns positiven Gebrauch von »Intellektueller« und dem zugehörigen Wortfeld nachweist (L 35, S. 80 f.) und auf die bewußte Entwicklung des Schriftstellerbegriffs und die Kennzeichnung »intellektualen Roman« hinweist, so ist methodisch die Fixierung auf das Jahr 1922 zu beklagen. Vorsicht wäre allein schon dadurch geboten, daß dieses Bekenntnis zur Republik auf einen Anstoß des Reichsinnenministeriums zurückgeht (L 113 [Sauereßig] S. 50) und zugleich inhaltlich ein Vorgriff auf spätere Positionen vollzogen wird. Eine Bemerkung des Imperialismusforschers George W. F. Hallgarten sollte zu denken geben, der als befreundeter Student 1922 intensiv mit Mann diskutierte und als Ergebnis rückschauend zur Republik-Rede notierte: »in der ich ohne Schwierigkeiten die Spuren unserer Unterhaltung fand« (L 106). Erst mit einer Zäsur in der Mitte der zwanziger Jahre als dem Beginn einer konsequent demokratischen Position in politischem Sinn wird verständlich, weshalb der antidemokratischen Rechten in der Weimarer Republik die Lösung von Thomas Mann so schwer fiel. Trotz antiintellektueller Züge des »Zauberberg« wurde der Roman bei den wahrhaft Konservativen schon als Lösungsprozeß begriffen. Wilhelm Schäfer z. B., der 1933 Humanität unter Nation einordnen wird, nennt in seinem 1940 begonnenen, unveröffentlichten »Lexikon meiner Mitmenschen« den »Zauberberg« »sein eigentliches und bedeutendes Buch«, das gerade aber dazu herhalten muß, ihm die Bezeichnung Dichter abzusprechen und ihn zum Schriftsteller zu degradieren. In unserer Darstellung werden diese Jahre dagegen als komplexeste Widersprüchlichkeit Manns begriffen, und so darf man mit Spannung den nächsten Essayband der chronologisch angeordneten Ausgabe (L 3) erwarten, der über diesen Prozeß, den Mann zunächst mit der Formel des Meinungswechsels ohne Gesinnungsänderung zudeckte, die differenzierte Auskunft geben wird.

Manns in jungen Jahren noch vager Patriotismus verschärft sich unter der vielfach bezeugten nationalen Begeisterung über den Kriegseintritt Deutschlands im Sommer 1914 zu einem Nationalismus des geistigen Kriegsdienstes, der schon in der ersten publizistischen Äußerung, den im September 1914 geschriebenen »Gedanken im Kriege«, eine demagogische Polarisierung zwischen Deutschland und den Weltmächten vornimmt: hier Kultur und Moral, dort Zivilisation und Machtwelt der Politik.

Die Konflikte mit dem Bruder Heinrich und Romain Rolland nehmen von dieser ersten Kriegseuphorie ihren Ausgang. Unter den frühen Kriegsschriften ragt der Essay »Friedrich und die große Koalition« (1914/15) heraus. Mann parallelisiert die Situation der Neutralitätsverletzung Belgiens mit dem Einfall Friedrichs II. in Sachsen zu Beginn des Siebenjährigen Kriegs und versucht dadurch die historisch durchaus berechtigte Diskussion Angriffs-/Verteidigungskrieg auf die aktuelle Lage Deutschlands zu beziehen. Ins Zwielicht gerät solche Argumentation vollends durch die Proklamierung eines historischen Wachstumsrechts Preußen-Deutschlands, eines Anspruchs auf eine Weltmachtrolle mit expansiver Kriegszielpolitik. Damit wird die eigentliche sachliche Diskussion auf den Kopf gestellt, ein Angriffskrieg zu einer bloßen Begriffs- und Opportunitätsfrage herunterstilisiert. Was dieser Studie unter den zahlreichen nationalistischen, meist lyrischen Ergüssen jener Tage ihren unvergleichlichen Rang gibt, ist das Porträt des Preußenkönigs selbst, der unter dem Gesichtspunkt dämonischer Größe dargestellt wird, die »naturalistisch schlecht«, d. h. psychologischkritisch, behandelt ist. Wie konnte es kommen, daß diese Arbeit von wenigen Wochen zu einer solchen Eindringlichkeit vorstieß? Die Antwort ist einfach: Mann opferte das Material zu einem seit 1905 geplanten, 1906 schon intensiv ausstaffierten historischen Roman über den aufgeklärten Absolutisten für die Kriegsstudie (L 107). Die erzählerische Brillanz war wohl der Grund, weshalb Mann diese Studie später nicht, wie die anderen Kriegsschriften, unterdrückte.

Nach einem gescheiterten Versuch, zu dem schon zum Romanplan ausgewachsenen »Zauberberg« zurückzukehren, erfolgte die Niederschrift der »Betrachtungen eines Unpolitischen« in einem ersten Anlauf von Oktober 1915 bis zum Januar 1916, dann, in einem zweiten, vom April 1916 bis 1918, so daß zum Jahresende 1918 das ausgedruckte Buch, parallel zur deutschen Kapitulation und zur Revolution, vorlag. Zu diesem Buch, dem umstrittensten seiner Werke überhaupt, gibt es eine Fülle an – selbstredend – kontroverser Forschung. Vier Richtungen lassen sich unterscheiden: Die eine, von Lehnert entwickelt, geht von einem Rollencharakter aus und postuliert, Mann habe quasi aus einer angenommenen konservativen Maske heraus geschrieben (vgl. L 52, S. 93 u. 131 f.). Diese These kann sich darauf stützen, daß Mann innerhalb des langen Entstehungszeitraums um einen zunehmend objektiveren Standpunkt bemüht ist und in Briefen kurz nach dem Abschluß schon eine erhebliche Distanz erkennen läßt. Ihr Reiz liegt in dem literarischen Element, das z. B. Sartre in dem Carnet der Drôle de Guerre später sagen läßt: »Je suis menteur par goût«. Gegen diese These spricht aber die Leidenschaftlichkeit, ja die Verbohrtheit, mit der Mann oft argumentiert, mehr noch seine politische Haltung in den begleitenden publizistischen Arbeiten seit Kriegsausbruch und in den ersten Jahren der Weimarer Republik. In einer zweiten Richtung tritt der Anlaß, die Auseinandersetzung mit den Angriffen im »Zola«-Essay des Bruders Heinrich so in den Vordergrund, daß sich die politischen Aussagen zu Spiegelungen der psychologischen Wahrheit verflüchtigen. Eine dritte Auffassung nimmt die politischen Positionen Manns zwar Ernst, verallgemeinert sie aber zur Grundlage seines gesamten Verhältnisses zur Politik. Die wichtigsten Vertreter dieser Interpretation sind Schröter (L 108), Hans Mayer (L 64), Winfried Hellmann (L 109) und Kurzke (L 110). Ich möchte Kurzkes Charakteristik dieses Verhältnisses als Muster heranziehen, weil er zuletzt diese These in geraffter Form entwickelt hat. Nach einer Bestimmung unpolitischer »Wesensart« mit moralisch statt sozialpolitisch, ästhetisch statt parteinehmend, ironisch statt satirisch, konservativ statt radikal, wird Manns engere Position mit »konservativer Revolution« umschrieben, die geringe Betroffenheit des dichterischen Werks von der politischen Entwicklung behauptet und das Erstaunen über einen Autor angemeldet, der sich nur als Ästhet gegen den Faschismus gewandt habe und deshalb eigentlich mehr zur inneren Emigration als zur äußeren, zu der er Distanz halte, bestimmt war. Diese, von den »Betrachtungen eines Unpolitischen« ausgehende, gerade aber das dichterische Werk isolierende Betrachtungsweise könnte man als Sphinx-Interpretation kennzeichnen, denn ihr Kernpunkt ist das Rätselhafte am politischen Thomas Mann. Eine vierte Deutungsrichtung sieht die Jahre nach dem Kriegsbeginn als krisenhafte Aneignung des Politischen, als durch nationalistische und antidemokratische Denkformen induzierte donquixotesque Verblendung (L 251, S. 165 ff.). Verblendung ist hier an den antiken Sinn der Ate angelehnt, wie sie den Xerxes in der entscheidenen Schlacht der »Perser« des Aischylos umfängt. Hat diese Deutung die komplexen schriftstellerischen Reaktionsweisen und die Fülle der politischen Stellungnahmen von hohem Informations- und Interpretationsniveau innerhalb von Manns Entwicklung für sich, so muß sie erläutern, was Mann in den fünfziger Jahren meinte, als er wiederholt von den »Betrachtungen eines Unpolitischen« als einem »richtigen« Buch mit »falschem Vorzeichen« sprach.

Der Schlüssel scheint mir in einem politischen Modell Manns zu liegen, das Unpolitisches und Politisches zugleich umfaßt. Manns Pamphlet gegen den »Zivilisationsliteraten« und den »Rhetor-Bourgeois« ist zusammenhängend von Ernst Keller untersucht worden (L 111). Wenn man kritisch damit umzugehen weiß, dann bleiben die »Betrachtungen eines Unpolitischen« ein einzigartiges, blendend geschriebenes Dokument aus der Ära deutscher Innerlichkeit, die sich in ihrer »Welt«-Distanz aus dem lutherischen Staatsverständnis und der romantischen Polarität herleiten läßt. Manns Einschätzung seiner utopischen Qualitäten wäre mit den »richtigen« Vorzeichen der Entwicklung einer demokratischen Weltrepublik erneut zu prüfen. Die unfreiwillige Komik des Titels, während der Niederschrift von Mann durchschaut, ist ein Zeugnis für die Humanität, die Mann selbst in diesen Jahren als zentralen künstlerischen und menschlichen Wert nie aufgibt, und man fühlt sich bei seinen Überlegungen an ein Kirchengefäß aus jenen Jahren erinnert, an eine in Ratingen aufbewahrte Monstranz – in der Form der Porta Westfalica. Scheint durch die kontroversen Interpretationen ein Forschungsgespräch schwer möglich, so sollte man, mit Kurzke, an unterschiedliche Arten der Positionsbestimmung erinnern: »Wo also eine Reflexion der eigenen Grundlagen erfolgt, kommt es zur fruchtbaren Lektüre, sei der Leser nun konservativ, liberal oder sozialistisch eingestellt. Thomas Mann ist ein Autor für Skeptiker, nicht für Dogmatiker«.

Zwei Idyllen schieben sich zwischen das Ende der Arbeiten an den »Betrachtungen eines Unpolitischen« und den Neuansatz zum »Zauberberg«: »Herr und Hund« (1918) und »Gesang vom Kindchen« (1918). Mit der Hunde-Erzählung erobert sich Mann einen neuen Erzählraum, den der Landschaft, der ihm durch Ernst Bertrams Vorliebe für Stifter vertraut geworden war. Wiederum autobiographisch gefärbt, entsteht als Gegensatz zur Anforderung der »Welt« ein alternativer Lebensraum, ein verwildertes Viertel an der Isar in München, das aber für sich allein keinen umfassenden Sinn hat, sondern auf die Welt der Arbeit bezogen bleibt und mit der goetheschen Polarität von Systole und Diastole zu beschreiben wäre (L 112). Das Werk hat das Interesse der Forschung nicht sonderlich erregt, um so mehr aber viele Leser erreicht, unter denen Galsworthys Lob Mann besonders freute. Trotz des Studiums der klassischen deutschen

Hexameter-Idyllen, Goethes »Hermann und Dorothea« zunächst und dann der »Luise« von Voß, hat sich die im Oktober, zur Taufe der Tochter Elisabeth, begonnene Versidylle »Gesang vom Kindchen« den Ruf als das mißlungenste Werk Manns eingehandelt. Gerade weil das Werkchen so offen autobiographisch ist, gerät der Verston zu einer eher trivialen als exzentrischen Epigonalität, und man fühlt sich an Bertrams eigene Dichtungsversuche erinnert.

In einem überschaubaren Rahmen, dem Tagebuch des Jahres 1921, läßt sich die Entstehung des Vortrags »Goethe und Tolstoi« verfolgen. Anlaß ist eine Einladung zu den Lübecker Wochen, und als Mann am 1. April sich für eine Annahme entscheidet, plant er noch einen Hamsun-Vortrag. Am 24. April wird der eher nordisch-regionale Aspekt zugunsten der »naiven« Schriftsteller aufgegeben, und wenige Tage darauf setzt die begleitende Lektüre ein. Am 1. Juni beginnen Skizzen und zwischen dem 22. Juni und dem 25. Juli kommt es zur Niederschrift einer ersten Fassung, aus der am 30. Juli ein Stück für einen Vorabdruck ausgezogen wird. Unter der Benutzung des alten Anfangs dauert die Niederschrift der Vortragsfassung dann vom 26. Juli bis ungefähr zum 21. August. Am 4. September schließlich trägt er ihn in Lübeck vor. Diese Skizze mag einen Eindruck von den Schwierigkeiten, der Arbeitsweise und Arbeitsintensität auch kleinerer essayistischer Studien vermitteln. Die weitere Entwicklung dieses Texts, der literarische Vorbilder Manns unter der rousseauistischen Idee der Pädagogik und der Autobiographie zusammenführt und ihre Prägung als naturgewählte Götterlieblinge beschreibt, durchläuft mehrere Stationen. Während die erweiterte Fassung von 1925 auf das alte Notizkonvolut zurückgeht, ist die Überarbeitung im Zentenarjahr 1932 von einer neuen intensiven Lektüre begleitet (L 248, S. 94 ff.).

»Der verzauberte Berg« – so steht es ganz überraschend schon 1906 im Notizbuch, und daher muß Manns Davos-Reise im Sommer 1912, als er seine Frau Katia im Waldsanatorium des Dr. Jessen besuchte, den schlaglichtartigen Einfall mit sich gebracht haben, daß hier die gesuchte Szenerie für einen langgehegten – für uns in seinem frühesten Stadium nicht konkretisierbaren – Plan zu finden war. Ein Kurzbesuch im Januar 1921, der ihn wieder nach Davos führte, stand dann schon ganz unter dem Aspekt des entstehenden Romans. Während der ersten Arbeitsphase vom Sommer 1913 bis zum Sommer 1915 entwickelte sich, mit der Unterbrechung der ersten Kriegsschriften, die komische Variation des Todesthemas der Venedig-Novelle zum »Ur-Zauberberg« (L 10), aus dem u. a. schon Wedekind zu hören bekam. Wie verstreute Äußerungen jener Jahre zeigen, war der geistige Platz für Settembrini und Naphta schon vorgesehen. 1919 eröffnet eine Durchsicht des beiseitegeschobenen Manuskripts den Neueinsatz. Lesereisen, Vorträge und die Herstellung des ersten Essay-Bands »Rede und Antwort« unterbrechen die Weiterarbeit immer wieder, ehe Ende September 1924 das »Finis operis« unter das Werk gesetzt werden kann. Der enorme Zeitdruck, unter dem Mann nach vielfachen Vorankündigungen stand, läßt sich am besten aus der Druckgeschichte ablesen: während Mann die letzten Partien schrieb, waren die ersten längst im Satz (L 113). In der Ungewißheit eines verlustreichen, mit naturalistischer Härte beschriebenen Sturmangriffs blendet der »Geist der Erzählung« – ähnlich wie Hesse zum Schluß im Lazarett noch einmal Demian und Sinclair zusammenführt – von dem »Sorgenkind des Lebens« Hans Castorp ab, nicht ohne von dem »jungen Blut« nicht auch noch »humanistisch-rührseliger Weise« Alternativen zu träumen:

> »Man könnte es sich denken: Rosse regend und schwimmend in einer Meeresbucht, mit der Geliebten am Strande wandelnd, die Lippen am Ohre der weichen Braut, auch wie es glücklich freundschaftlich einander im Bogenschuß unterweist. Statt dessen liegt es, die Nase im Feuerdreck. Daß es das freudig tut, wenn auch in grenzenlosen Ängsten und unaussprechlichem Mutterheimweh, ist eine erhabene und beschämende Sache für sich, sollte jedoch kein Grund sein, es in die Lage zu bringen« (GW III, 992 f.).

Als Zeitroman hat man den »Zauberberg« mehrfach interpretiert, meist in dem Sinn allgemeingültiger, vom Roman selbst angebotener Zeit-Erfahrung und dabei Parallelen zu Bergson und Proust festgestellt (L 114), seltener aber in dem präzisen Sinn des 19. Jh.s als Gesellschaftsroman und dann auf die kapitalistische Grundlage des Parasitendaseins im Hochgebirgssanatorium des Vorkriegseuropas verwiesen (»Diese Gesellschaft war verurteilt«; L 64, S. 137). Doch es gibt so manchen Hinweis darauf, daß der »Zauberberg« auch die Zeit der Nachkriegswelt spiegelt. Die »Abstraktheit« und »intellektuelle Reinheit« Lukács' geht, nach einer persönlichen Begegnung, in Naphta ein; Sprechweise und Wirkung Peeperkorns sind von gemeinsamen Tagen mit Hauptmann im Oktober 1922 abgekupfert; und so manche intellektuelle Aufgewühltheit bezieht sich auf aktuelle Diskussionen (L 115). Am pointiertesten hat Sloterdijks »Kritik der zynischen Vernunft«, dieses Röntgenbild der Intellektualität der Weimarer Republik, die Zeitbezogenheit betont, wenn er von der »älteren humoristisch-ironischen Tradition« im Roman spricht, die sich von der »modernen Hoppla-wir-leben-Ironie« abhebe:

»Auf dem Zauberberg gedeihen, wie zum letzten Mal, Bilder von einer Humanität, die geistreich bleibt, ohne zynisch zu werden«, und: »Hier versucht ein Humorist, noch einmal höher zu steigen als die höchsten Erhebungen des Zynismus reichen, und von deren atemberaubenden Steigerungen kann derjenige sich überzeugen, der in den Reden des Großzynikers, des Hofrates Behrens, die Totenhunde heulen hört« (L 116).

Zum »Zauberberg«, der neben dem »Doktor Faustus« der meistinterpretierte Roman Manns ist, führen, der Vielzahl der Perspektiven entsprechend, eine Vielzahl von Wegen.

Die Gesamtthematik hat zunächst Weigand untersucht (L 117) und damit vor allem auf Joseph G. Brennans Gesamtwürdigung Manns ausgestrahlt (L 118). Unter den Autoren, die den »Zauberberg« als Abschluß einer Entwicklung vom Frühwerk aus sehen, sind Georges Fouriers Problematik Künstler/Bürger (L 119) wie Koopmanns Bestimmung als »intellektualer Roman« (L 120) zu nennen. Im ersten der ›German Letters‹ zählt Mann zu dieser Gattung der Verwischung der Grenzen zwischen Kunst und Wissenschaft auch Keyserlings »Reisetagebuch eines Philosophen«, Bertrams Nietzsche-Buch, Gundolfs »Goethe« und Spenglers »Untergang des Abendlandes«, und er übernimmt mit dieser Kennzeichnung eine Formulierung Schopenhauers (vgl. L 57, S. 25). In der durchaus auch parodistisch variierten Tradition des Bildungsromans sieht Jürgen Scharfschwerdt den »Zauberberg« und weist zugleich auf die Verwendung im Gesamtwerk hin (L 121). Diese weitaus verbreitetste Interpretation wird auch in jüngsten Studien fortgeführt (L 122). Herausragend ist Heftrichs »Zauberberg«-Buch, das neben der Zentraldarstellung als Musikalität (»jene Kraft, durch die die Ideen zu einem Komplex, zu einem Gebilde allseitiger Beziehungen« werden) durch viele Detailbezüge der Intertextualität, besonders zu Goethes »Faust«, besticht (L 123). Mit einer Analyse des erzähltheoretischen »Vorsatzes« hat Heftrich diese Untersuchung ergänzt (L 200, S. 157 ff.). In der Nähe dieses Ansatzes, der einerseits Mann epigonalen Alexandrinismus vorwirft und sich andererseits von der Faszination des Werks getroffen zeigt, steht die Untersuchung des Mythenspiels durch Lotti Sandt (L 124). Mit Initiationsroman, mit dem Roman des historischen Wendepunkts, hat Koopmann seinen Ansatz anders akzentuiert und gegen die Bildungsroman-Interpretation abgegrenzt (L 125). Daneben gibt es eine Reihe von wichtigen Arbeiten, die speziellen Problemen nachgegangen sind. 1934 hat Ronald Peacock die Leitmotivtechnik untersucht (L 126); die konservativen Züge haben Kurzke und Hendrik Balonier herausgearbeitet (L 127), das Verhältnis zur Philosophie Schopenhauers steht für

Børge Kristiansen und Werner Frizen im Vordergrund (L 128), und, neben der Gesamtheit der Lebensformen »dort oben« (L 129), hat man noch Settembrini (L 130), Naphta (L 131) und Peeperkorn (L 132) mit Einzeluntersuchungen bedacht. Auf das Fontane-Gedicht »Der alte Zieten« als Vorbild für Joachim Ziemßen ist gerade aufmerksam gemacht worden (L 192, S. 245 f.). Besonderes Interesse hat immer wieder die Eisenbahnfahrt am Beginn des Romans gegolten (GW III, 11 ff.), weil hier in großartiger Verdichtung die Abtrennung von der bisherigen Lebenswelt Castorps uns seine Versetzung in einen hermetisch abgeschlossenen Prozeß symbolisch abgebildet wird (L 133). Den Zugang durch die Reflexion des Sprechens sucht Hans-Martin Gauger (L 134), durch die Aufschlüsselung durch Wortlisten Francis Bulhof (L 135). Der Schlüsselsatz des Schneetraums: »Der Mensch soll um der Güte und Liebe willen dem Tode keine Herrschaft einräumen über seine Gedanken« (GW III, 686) wird heute als Schlüsselsatz des Lebens in Traueranzeigen verwandt.

Von »Schwanengesang« spricht Mann, in sehr finsterer Zeit, in der »Einführung in den Zauberberg«, und die resignative Färbung des Zweifels an der Zukunftsfähigkeit eines vergangenen, verdrängten Besseren macht den Charme des Geschichtsprofessors Cornelius in der autobiographischen Erzählung »Unordnung und frühes Leid« aus (April/Mai 1925). Als Spezialgebiet wird ihm das Zeitalter Philipps II. zugeteilt, und damit ist wiederum eine erzählerische Absicht Manns aufgegriffen. In der Art C. F. Meyers plante er historische Miniaturen über »Joseph« (daraus wurde die Tetralogie), über Erasmus und die Reformationszeit, über den gegenreformatorischen Philipp und Don Carlos. In »Erinnerungen an die deutsche Inflation« beschreibt Mann die Sorgen jener Jahre, doch erst das Genrebild der Teenager-Liebe Lorchens sprach gerade die junge Generation an: »ein Kabinettstück der Seele« (L 136).

Den Inflationsjahren verdankt die Reihe von acht »German Letters« aus dem Zeitraum vom Dezember 1922 bis zum Juli 1928 ihre Entstehung. Durch die Vermittlung Arthur Schnitzlers (L 137) kam der Kontakt mit der Zeitschrift ›The Dial‹ (›Die Sonnenuhr‹) zustande, deren Name auf eine frühere Bostoner Zeitschrift der amerikanischen Romantik zurückverweist und programmatisch an deren Mittlerfunktion anknüpft, die besonders für die Verbreitung Goethes bahnbrechend gewesen ist. Fünf dieser Briefe, die als deutsch-münchnerischer Kulturspiegel gedacht waren, erschienen in unregelmäßiger Folge bis zum Frühjahr 1924, zumindest ein Jahr trennen die dann folgenden Briefe. Diese Briefe sind ein übersichtliches Anschauungsmaterial für Konstanz und Wandlung Manns in ihrer Verbindung von politischer und literarischer Dimension. Den schon erreichten Stand dokumentiert die Kritik an Spenglers »Untergang des Abendlandes« als Ausdruck eines Fatalismus (im Doppelsinn des Worts), die deutlich von der früheren affirmativen Lektüre abweicht (L 113, S. 23 ff.). Doch in demselben Brief, der Goethes Formel von der »Weltliteratur« aufgreift, wird mit versteckter Belehrung den Vereinigten Staaten vorgerechnet, daß ihr Eingreifen in Europa nicht zur Einigung beigetragen, sondern acht neue, nicht lebensfähige Staaten geschaffen habe. Im siebten Brief, vom Juli 1927, tritt der Gegensatz Künstler/ Bürger schon hinter die Idee der Freiheit zurück, und Mann warnt davor, daß der »faszistische Anti-Idealismus die allgemeine Geistesform von 1930« sein werde. Zeigt die Themenwahl in ihrer Subjektivität oft Spuren der Brotarbeit, so sind bemerkenswerte, ungewohnt offen-kritische literarische Urteile zu verzeichnen: dem Lob Barlachs (»Der tote Tag«) steht die Ablehnung Bronnens (»Vatermord«) und Brechts (»Trommeln in der Nacht«, »Leben Eduard des Zweiten von England«) gegenüber, differenzierte Urteile zu Wassermanns »Ulrike Woytrich«, Heinrich Manns »Der Kopf« und Kafkas Romanwelt (»beängstigend, traumkomisch, treumeisterlich und krankhaft«; »sonderbar eindringlichste Unterhaltung, die man sich denken kann«) schließen sich an. Ins Zentrum seiner Ästhetik führt eine Betrachtung über die Möglichkeit der Kunst, »vor dem heutigen Zeitgewissen« zu bestehen:

»Der Glaube an das Lebensrecht sozial unwertbarer Kunst bleibt Sache eines Idealismus, der heute als zugleich altmodisch und frivol empfunden werden mag, über den aber das letzte Wort nicht gesprochen werden wird, bevor nicht die Rolle des Geistes auf Erden endgültig bestimmt ist, woran viel fehlt. Darum: keine Voreiligkeiten. Und auch hier keine falschen Alternativen. Denn es gibt Werke der Freiheit, die von dem sozialen Erlebnis der Zeit so ganz gespeist und erfüllt sind, daß Kunst und Gewissen in ihnen sich auf einmal bejahen, und man soll zugeben, daß die Hingabe an sie heute die glücklichste und vollste ist« (GW X, 681).
Einen zusammenhängenden Abdruck und eine knappe Kommentierung von Realien gibt Wysling (L 9, S. 13 ff./182 ff.).

Literatur

L 105 *Dietz Bering*, Die Intellektuellen. Geschichte eines Schlagworts, Stuttgart 1978; Taschenbuchausgabe Frankfurt/M.; Berlin; Wien 1982
L 106 *G. W. F. Hallgarten*, Als die Schatten fielen, Frankfurt/M. u. Berlin 1969, S. 119

L 107 *Peter Richter*, Thomas Manns Projekt eines Friedrich-Romans, Zürich 1975; *Hans Wysling*, Thomas Manns Plan zu einem Roman über Friedrich den Großen. In: L 62, S. 25 ff./114

L 108 *Klaus Schröter*, »Eideshelfer« Thomas Manns. In: K. S., Literatur und Zeitgeschichte, Mainz 1970, S. 47 ff.; dazu *Fritz Klein*, Streitgespräch, Anmerkungen zu Klaus Schröter: »Eideshelfer« Thomas Mann. In: Sinn und Form 20 (1968), H. 3, S. 736 ff. u. *Friedrich Dieckmann*, S. 740 ff.

L 109 *Winfried Hellmann*, Das Geschichtsdenken des frühen Thomas Mann, 1906–1918 (Studien zur deutschen Literatur, 31), Tübingen 1972

L 110 *Hermann Kurzke*, Dichtung und Politik im Werk Thomas Manns von 1914–1955. In: Literatur in Wissenschaft und Unterricht 16 (1983), S. 153 ff. u. 225 ff.

L 111 *Ernst Keller*, Der unpolitische Deutsche, Bern u. München 1965

L 112 *Joachim Müller*, Thomas Manns Sinfonia Domestica. In: ZfdPh 83 (1964), H. 2, S. 142 ff.; *Michael Mann*, Allegorie und Parodie in Thomas Manns Idyll »Herr und Hund«. In: Monatshefte 57 (1965), Nr. 7, S. 336 ff.

L 113 *Heinz Sauereßig*, Die Entstehung des Romans »Der Zauberberg«. In: H. S. (Hrsg.), Besichtigung des Zauberbergs, Biberach a. d. Riß 1974, S. 5 ff.; *Jens Rieckmann*, Der Zauberberg: Eine geistige Autobiographie Thomas Manns, Stuttgart 1977

L 114 *Richard Thieberger*, Der Begriff der Zeit bei Thomas Mann. Vom »Zauberberg« zum »Joseph«, Baden-Baden 1952; *Hans Robert Jauss*, Die Ausprägung des Zeit-Romans in Thomas Manns »Zauberberg« und James Joyces »Ulysses«. In: H. R. Jauss, Zeit und Erinnerung in Marcel Prousts »A la recherche du temps perdu«. Ein Beitrag zur Theorie des Romans (Heidelberger Forschungen, 3), Heidelberg 1955, S. 35 ff.; *Ulrich Karthaus*, »Der Zauberberg« – ein Zeitroman. In: DVjs 44 (1970), S. 269 ff.

L 115 *Pierre-Paul Sagave*, Der Begriff des Terrors in Thomas Manns »Zauberberg«. In: Rainer Schönhaar (Hrsg.), Dialog. Fs. für Josef Kunz, Berlin 1973, S. 184 ff.

L 116 *Peter Sloterdijk*, Kritik der zynischen Vernunft, 2 Bde. Frankfurt/M. 1983, S. 921 ff.

L 117 *Hermann J. Weigand*, The Magic Mountain. A Study of Thomas Mann's Novel »Der Zauberberg«, New York u. London 1933; Reprint Chapel Hill 1964 u. New York 1979

L 118 *Joseph Gerard Brennan*, Thomas Mann's World, Diss. New York 1942

L 119 *Georges Fourier*, Thomas Mann. Le Message d'un Artiste-Bourgeois, 1896–1924 (Annales Littéraires de l'Université de Besançon, 30), Paris 1960

L 120 *Helmut Koopmann*, Die Entwicklung des »intellektualen Romans« bei Thomas Mann. Untersuchungen zur Struktur von »Buddenbrooks«, »Königliche Hoheit« und »Der Zauberberg«, 3. Aufl. Bonn 1980; *Ilja Fradkin*, »Der Zauberberg« und die Ge burt des modernen intellektuellen Romans. In: Sinn und Form, Sonderheft Thomas Mann 1965, S. 74 ff.

L 121 *Jürgen Scharfschwerdt,* Thomas Mann und der deutsche Bildungsroman. Eine Untersuchung zu den Problemen einer literarischen Tradition (Studien zur Poetik und Geschichte der Literatur, 5), Stuttgart 1967

L 122 *Michael Beddow,* The Fiction of Humanity. Studies in the Bildungsroman from Wieland to Thomas Mann, Cambridge 1982, S. 230 ff.; *Jochen Hörisch,* Liebe und Bedeutsamkeit auf dem »Zauberberg«. In: J. H., Gott, Geld und Glück. Zur Logik der Liebe in den Bildungsromanen Goethes, Kellers und Thomas Manns, Frankfurt/M. 1983, S. 206 ff.

L 123 *Eckhard Heftrich,* Zauberbergmusik. Über Thomas Mann (Das Abendland, N. F. 7), Frankfurt/M. 1975

L 124 *Lotti Sandt,* Mythos und Symbolik im Zauberberg von Thomas Mann (Sprache und Dichtung, 30), Bern u. Stuttgart 1979; *Dierk Stuckenschmidt,* »Schlüsselbilder« in Thomas Manns »Zauberberg«. In: Monatshefte 58 (1966), S. 310 ff.; L 145, S. 189 ff.

L 125 *Helmut Koopmann,* Thomas Mann: »Der Zauberberg«. In: H. K., Der klassisch-moderne Roman in Deutschland. Thomas Mann, Alfred Döblin, Hermann Broch, Stuttgart; Berlin; Köln; Mainz 1983, S. 26 ff./172 ff.

L 126 *Ronald Peacock,* Das Leitmotiv bei Thomas Mann, Bern 1934

L 127 *Hermann Kurzke,* Auf der Suche nach der vorlorenen Irrationalität. Thomas Mann und der Konservativismus, Würzburg 1980; *Hendrik Balonier,* Schriftsteller in der konservativen Tradition. Thomas Mann 1914–1924 (Analysen und Dokumente, 13), Frankfurt/M.; Bern; New York 1983

L 128 *Børge Kristiansen,* Form-Unform-Überform. Thomas Manns »Zauberberg« und Schopenhauers Metaphysik, Kopenhagen 1978; *Werner Frizen,* Zaubertrank der Metaphysik. Quellenkritische Überlegungen im Umkreis der Schopenhauer-Rezeption Thomas Manns, Frankfurt/M.; Bern; Cirencester 1980, S. 134 ff.

L 129 *Harald Frommer,* Die Komposition menschlicher Lebensformen in Thomas Manns »Zauberberg«, Diss. Tübingen 1966

L 130 *Gerhard Loose,* Ludovico Settembrini und die »Soziologie der Leiden«. Notes on Thomas Mann's »Zauberberg«. In: MLN 83 (1968), S. 420 ff.; *Ludwig Völker,* Ein Mißverständnis und seine Folgen: *placet experiri* als Wahlspruch Petrarcas in Thomas Manns Roman »Der Zauberberg«. In: Euphorion 67 (1973), S. 383 ff.; L 251, S. 195 ff.; *Børge Kristiansen,* Zur Bedeutung und Funktion der Settembrini-Gestalt in Thomas Manns Roman ›Der Zauberberg‹. In: R. Wiecker (Hrsg.), Gedenkschrift für Thomas Mann 1875–1975 (Text & Kontext; Sonderreihe, 2), Kopenhagen 1975, S. 95 ff.; *Horst Fritz,* Instrumentelle Vernunft als Gegenstand der Literatur. Studien zu Jean Pauls »Dr. Katzenberger«, E. T. A. Hoffmanns »Klein Zaches«, Goethes »Novelle« und Thomas Manns »Zauberberg« (Literaturgeschichte und Literaturkritik, 4), München 1982, S. 112 ff.

L 131 *Gerhard Loose*, Naphta. Über das Verhältnis von Prototyp und literarischer Gestalt in Thomas Manns »Der Zauberberg«. In: Peter/Grathoff/Hayes/Loose, Ideologiekritische Studien zur Literatur. Essays I, Frankfurt/M. 1972, S. 215 ff.; *Claude David*, Naphta, des Teufels Anwalt. In: Bludau/Heftrich/Koopmann (Hrsg.), Thomas Mann. 1875–1975. Vorträge in München–Zürich–Lübeck, Frankfurt/M. 1977, S. 94 ff. *Claude Herzfeld*, La Montagne Magique de Thomas Mann. Facettes et Fissures, Paris 1979, S. 97 ff; *Herbert Lehnert*, Leo Naphta und sein Autor. In: Orbis Litterarum 37 (1982), S. 47 ff.

L 132 *Oskar Seidlin*, Das hohe Spiel der Zahlen: Die Peeperkorn-Episode in Thomas Manns Zauberberg. In: O. S., Klassische und moderne Klassiker, Göttingen 1972, S. 103 ff.; *Hans von Brescius*, Neues von Mynheer Peeperkorn. In: Neue Deutsche Hefte 21 (1974), H. 1, S. 34 ff.

L 133 *Walter Jens*, Der Gott der Diebe und seine Dichter: Thomas Mann und die Welt der Antike. In: W. J., Statt einer Literaturgeschichte, Pfullingen 1957, S. 87 ff.

L 134 *Hans-Martin Gauger*, »Der Zauberberg« – ein linguistischer Roman. In: Neue Rundschau 86 (1975), S. 217 ff.

L 135 *Francis Bulhof*, Wortindex zu Thomas Mann: »Der Zauberberg«, Micro. Ann Arbor/Mich. 1976; Wortlisten in *F. B.*, Transpersonalismus und Synchronizität. Wiederholung als Strukturelement in Thomas Manns ›Zauberberg‹, Groningen 1966

L 136 *Jean Roger*, »Unordnung und frühes Leid«: variations sur un thème biographique. In: André Banuls (Hrsg.), Actes du Congrès d'Amiens 26–28 avril 1975. Les méthodes de recherche dans l'étude de la littérature. Un example: l'œuvre de Thomas Mann (AGES), Amiens 1975, S. 43 ff./129 ff.

L 137 Dankbrief vom 4. 9. 22; *Hertha Krotkoff* (Hrsg.), Arthur Schnitzler-Thomas Mann. Briefe. In: Modern Austrian Literature 7 (1974), Nr. 1/2, S. 1 ff.; *Nicholas Joost*, Scofield Thayer and The Dial. An Illustrated History, Carbondale u. Edwardsville 1964, S. 196 zur Begegnung mit Mann.

Idee der Menschheit (1926–1942)

Goethes »Daß du nicht enden kannst, das macht dich groß« und Heines »Seines Liedes Riesenteppich – zweimalhunderttausend Verse« (GW XI, 133 f.) begleiteten schon die sieben Jahre der Entstehungszeit des »Zauberberg« und diese Worte dürften auch während der sechzehn Jahre der »Joseph«-Romane (1926–1942) Thomas Mann gestärkt haben, wobei die erste Phase, die

vorangehende »Inkubationszeit«, sogar noch im Dunkeln
bleibt. Mann selbst hat mehrfach auf die Passage in »Dichtung
und Wahrheit« hingewiesen (1. Teil, 4. Buch), in der Goethe
von dem Frankfurter Jugendunternehmen einer »prosaischen
Behandlung« der Geschichte Josephs berichtet, das »durch Einschaltung von Ingredienzien und Episoden die alte einfache Geschichte zu einem neuen und selbständigen Werke« machen
sollte (Herbst 1767 vernichtet). Dieser Beginn Manns ist durchaus möglich, doch schon am 18. März 1919, während der Zeit
der Idyllen, steht im Tagebuch: »Las abends den I. Akt von
Beer Hofmanns ›Jaácob‹ Das Thema ist schön«. Konkreter wird
der Plan erst im Winter 1923, als er nach der Begegnung mit Bil-
dern von Hermann Ebers spontan die entsprechenden Bibelpar-
tien liest. Im Frühjahr 1925, gerade ist der »Zauberberg« abgeschlossen, führt eine Mittelmeerreise schon nach Ägypten, und
die Vorarbeiten machen sich bald in selbst beiläufigen Bemerkungen geltend wie der Befürwortung eines deutschen ›Pro Pa-
lästina-Komitees‹:

»Ich kann nur sagen, man braucht weder Zionist noch überhaupt Jude
zu sein, um den Gedanken, das Land aus seiner Oede zu wecken, in dem
sich seit dem Tage des getriebenen Menschen, der aus der babyloni-
schen Mondstadt dort einwanderte, bis zum Kreuzestod des Nazare-
ners eine so gewaltige, menschheitsgeschichtlich-geistige Entwicklung abgespielt hat, ich sage: um diesen Plan groß und schön und rüh-
rend und förderungswürdig zu finden« (›Jüdische Rundschau‹, 17. 12.
1926).

Im Dezemberheft der ›Neuen Rundschau‹ erscheint 1927 der
erste Vorabdruck aus den »Geschichten Jaakobs«. Entsprechend der langen Entstehungszeit tragen die Romane, nach
Manns eigener Einschätzung, einen unterschiedlichen Charakter: »Die Geschichten Jaakobs« einen essayistisch-wissen-
schaftlichen (Berlin 1933), »Der junge Joseph« einen novellistischen (Berlin 1934), »Joseph in Ägypten« nach einer weiteren
Orientreise 1930 einen romanhaften (Wien 1936) und – nach
dem Einschub von »Lotte in Weimar« und den »Vertauschten
Köpfen« (1936–40) – »Joseph, der Ernährer« einen symbolisch-
politischen (Stockholm 1943). Mit einer gewissen Vorsicht sollte man daher den Begriff Tetralogie gebrauchen, denn erst mit
dem spät erkannten Anwachsen einer ursprünglichen Erzählung auf vier Bände konnte die Analogie zu Wagners »Ring«
(L 138) als Gegenführung konstruktive Bedeutung gewinnen.
Wie jedes gute Bonmot, ist auch die Stimme einer frühen angelsächsischen Kritik – die Inhaltsangabe des Romans liege seit

dreitausend Jahren in der Bibel vor – nur die halbe Wahrheit: Mann verfügte über eine wesentlich breitere Quellenbasis als die Kap. 37–50 der Genesis (L 139).

Von Edgar Dacqué ist »Urwelt, Sage und Menschheit« (1924) zu nennen, von Alfred Jeremias »Das Alte Testament im Lichte des Alten Orients« (³1916), von Oskar Goldberg »Die Wirklichkeit der Hebräer« (1925), die ägyptologische Deduktion »Naturgeschichte der Sage« von Julius Braun (1864/65), die »Echnaton«-Biographie von Arthur Weigall (1923). Dazu kommen noch Sagen und Darstellungen aus der jüdischen und griechischen Auslegetradition und persönliche Beratungen durch den Münchener Ägyptologen Wilhelm Spiegelberg und später durch Kerényi.

Der ironische Umgang mit den Quellen (»ad fontes«) ist durch die berühmten Einleitungssätze – »Tief ist der Brunnen der Vergangenheit. Sollte man ihn nicht unergründlich nennen?« – schon angekündigt, und so sind die Forschungsarbeiten der letzten Jahre stärker an den konstitutiven Denkmodellen interessiert, die Mann selbst aber wieder teilweise kritisch benutzt hat. Hier ist an den russischen Kritiker Mereschkowski zu denken (»Die Geheimnisse des Ostens«, 1924), an die Bachofen-Renaissance der zwanziger Jahre, an die kosmogonischen Vorstellungen von Hans Heinrich Schaeders »Die islamische Lehre vom Vollkommenen Menschen« (1925). Wie leistungsfähig aber eine Studie sein kann, die noch ohne Quellenforschung auskommen muß, hat Jonas Lesser 1952 demonstriert (L 140). Mit seinem Aufspüren von »geheimen Selbstbildnissen« in den literarhistorischen Essays korreliert die Darstellung Josephs als Dichter, als »narzistisch-verspielter« Geschichtenerzähler. Überzeugend ist auch seine Zusammenstellung mit dem »Doktor Faustus«, das Zusammenfügen der »weißen« mit den »schwarzen« Perlen. Dominierten im Jahrzehnt nach Manns Tod zunächst Dissertationen zur Erzählsituation im ›Joseph‹ (L 141), so ist die Religionsthematik, die in den frühen Kritiken oft behandelt wird, in den letzten Jahren vertieft diskutiert worden. Käte Hamburgers verbreitetste Deutung (L 142) geht von dem Standpunkt konsequenter Säkularisation aus, und die kann sich dabei u. a. auf frühe Äußerungen Manns stützen, die deutlich die Theologie unterhalb der »humanistischen Wissenschaft« der Religionshistorie einordnen. Skepsis brachte sie daher immer dem »Doktor Faustus« und den späten Jahren Manns entgegen, in denen der Teufel regeneriert und im Begriff des Religiösen auch Theologisches untergebracht werden konnte. Dieser Linie des späten Mann folgt dagegen Dietmar Mieth (L

143) und revidiert von einer umfassenden theologischen Perspektive aus manche Ausgrenzung Manns in der katholischen Kritik, z. B. das Herauslesen einer Sündenmystik (und nicht Sünderpsychologie) aus der felix culpa Thamar. Dem säkularisierten Mythos-Begriff K. Hamburgers mit seiner Entgegensetzung von Transzendenz/Immanenz stellt Klaus Borchers eine »Freigabe jenes Logos, welcher den Mythos ironisch-humorvoll regiert« entgegen und rückt Manns Denkstrukturen in die Nähe der Gnosis, jener dualistischen Erkenntnisfrömmigkeit des Frühchristentums (L 144). In Einzelheiten gelingt ihm dadurch die Einheit von Äußerungen zu erfassen, die Manfred Dierks in einer grundlegenden Arbeit noch als widersprüchlich versteht (L 145). Dierks Untersuchung faßt den Interpretationsstrang zusammen, der vom Mythosbegriff ausgeht, zeichnet sich aber sowohl durch die intensive Benutzung des Zürcher Materials wie durch Abgrenzungen der verschiedenen – teilweise sich ergänzenden, teilweise konkurrierenden – Modelle von Nietzsche und Schopenhauer, aus. Josephs Übergang von einer Tammuz-Adonis-Rolle zur Hermes-Konfiguration im letzten »Joseph«-Band wird knapp behandelt. Sie steht im Mittelpunkt von Willy R. Bergers gründlicher Untersuchung der Mythologie des Romans (L 145a). Mit Joseph als »Echnatons Wirtschaftsminister« (Hans Mayer) könnte man den Interpretationsstrang bezeichnen, der stärker auf die Geschichtlichkeit verweist, sei es im Sinne der aktuellen Exilsproblematik (L 146) oder der ägyptischen Epochenbeschreibung (L 147).

Unter den Arbeiten, die schmalere Aspekte berühren, seien Oskar Seidlins Aufsätze zur Parallele mit Sternes »Tristram Shandy« und zur Einordnung in die Tradition des Schelmenromans genannt (L 148), Tim Schramms Nachweis der Verwendung von Christus-Motiven für Joseph (L 149) oder Gisela Wickert-Micknats Hinweis auf eine Reminiszenz aus der Goethe-Biographie (L 150). Freuds Stationen-Modell und – wohl nur atmosphärisch aufgenommen – C. G. Jungs Archtypen sind die psychoanalytischen Muster, die in den Roman eingegangen sind (L 151). Exzentrisch, aber von einem Mann-Kenner kommend, die These von Klaus Schröter, erst ab dem dritten Band relativiere sich der »bourgeoise Gehalt« der »Rechtfertigung der Herr und Knecht-Struktur« mittels einer »Verherrlichung des Monotheismus« (L 152). Erweiternde Blicke fallen von Spengler (L 153) oder Goethe aus (L 154) auf den Roman.

»Habent sua fata libelli: geschrieben am Zürcher See und in Südfrankreich, in der Kabine eines Oceandampfers und einer amerikanischen Universitätsstadt, in Auszügen veröffentlicht in einer Schweizer Revue, gedruckt in Holland, geschmückt mit einer Einbandzeichnung des Prager Künstlers, in Stockholm (bei Bermann-Fischer) verlegt – kann die Geschichte eines Buches ›zerstreuter‹ sein, groteskerer Spiegel der Diaspora deutschen Geisteslebens unserer Zeit?«

So begrüßt (mit kleinen Ungenauigkeiten) Kurt Wolff im Dezember 1939 »Lotte in Weimar«, den Goethe-Roman, der den Verwandtenbesuch der Witwe Charlotte Kestner, geb. Buff, im Weimar des Herbsts 1816 schildert. Reichen Pläne für eine Goethe-Erzählung in die Zeit des »Tod in Venedig« zurück, so ging von den Vorbereitungen zum Zentenarjahr 1932 der Anstoß für eine erneute intensive Auseinandersetzung aus und führte, wie die Tagebücher zeigen, zu mehrfachen konkreten Überlegungen, ehe die Niederschrift Ende 1936 begann und drei Jahre später – mit zahlreichen Unterbrechungen – beendet wurde. Doch weshalb mußte Mann nach dem dritten Band des »Joseph« zunächst absetzen und sich dem Goethe-Thema zuwenden? Das Moment der Schuldhaftigkeit von Verführung drängt sich hier auf: Der ›keusche‹ Joseph ist nicht unschuldig an der Verwandlung, die mit der Frau des Potiphar, Mut-emeret, in den Schlußabschnitten des dritten Bandes vor sich geht. Das Schuldigwerden des Fort-Schreitenden gegenüber der Verführten wird in »Lotte in Weimar«, in Goethes Flucht vor der Möglichkeit, die Wetzlarer Lotte für sich zu gewinnen, thematisiert, und selbst die »Vertauschten Köpfe« behandeln nochmals das Verführungsmotiv. Das vorangestellte Motto aus dem »West-östlichen Divan« erweist sich daher als legitimes Stiften eines Zusammenhangs. Auffälligstes Erzählmoment ist die Struktur, die Annäherung an Goethe in der Art von Schillers »Wallenstein«. Wir nähern uns durch sechs Kapitel mit stets intensivierten Außensichten dem »Helden«, während derselbe Tag (22. 9. 1816) im siebten Kapitel aus Goethes Innensicht mit sechs Monologen aufgewogen wird. Drei Tage später findet das Wiedersehen mit Lotte in steifem Rahmen statt, von Mann im achten Kapitel geschildert; eine abschließende versöhnliche Traumbegegnung dominiert das letzte Kapitel. Die innere Logik der Kapitelfolge ist in Goethes Biographie zu suchen: steht zunächst die Wertherzeit im Vordergrund, so folgen Schilderungen der Kriegsjahre 1806 und 1812/13 ebenso wie das Anklingen der Beziehung zu Marianne von Willemer, die dem Buch Suleika des »West-östlichen Divan« die einzigartige Färbung gibt. Sind Manns Werkkenntnisse schon weit gestreut, so benutzt er daneben noch Gespräche, Kommentare, Biographien und Sekundärliteratur. Seine Verwendung des Materials ist relativ frei, wirkt aber dennoch stimmig; z. B. benutzt er Grillparzers Schilderung eines Besuchs im Jahr 1828, ohne daß – bis auf genaue Goethe-Spezialisten – dies als Anachronismus empfunden werden könnte.

Die grundlegenden Quellen hat Gerhard Lange schon 1954 entdeckt (L 155), und Helga Collett konnte diese Einsichten aufgrund des Zürcher Materials präzisieren (L 156). Aus einer umfassenden Goethe-Perspektive heraus hat Hinrich Siefken das Thema »buchenswert« behandelt (L 248, S. 171 ff.). Ein Ansatz zur direkten Aufarbeitung des Deutschland-Themas, bis hin zur anachronistischen Aktualisierung gehend, ist die Darstellung des Judenprogroms zu Eger und Goethes Monolog über den Charakter der Deutschen, Worte, die der britische Hauptankläger im Nürnberger Prozeß, H. Shawcross, am 27. Juli 1946 in seinem Schlußplädoyer als Goethe-Worte zitierte. Einzelexemplare des Romans sind auch während der NS-Zeit nach Deutschland gelangt. In der Nachkriegszeit spaltete sich die Kritik an der Frage, ob Goethe verunglimpft oder von den Übermalungen der Goethe-Literatur gereinigt worden sei. Manns Bild des alten Goethe als erdrückender, grotesk-einsamer Größe hat man bisher nur im Rahmen der Forschungsliteratur gesehen, doch sollte man in diesem Fall besonders an die literarischen Vor-Bilder denken. So müßte Hesses »Steppenwolf« (1927) einbezogen werden, den Mann sehr schätzte. Dort spielt als Gegenpol zum Steppenwolf Harry Haller mehrfach ein Goethe-Bildnis als »schön stilisierter Altmeister« eine Rolle:

»Es war eine Radierung und stellte den Dichter Goethe dar, einen charaktervollen, genial frisierten Greis mit schön modelliertem Gesicht, in welchem weder das berühmte Feuerauge fehlte noch der Zug von leicht hofmännisch übertünchter Einsamkeit und Tragik, auf welche der Künstler ganz besondere Mühe verwandt hatte. Es war ihm gelungen, diesem dämonischen Alten, seiner Tiefe unbeschadet, einen etwas professoralen oder auch schauspielerischen Zug von Beherrschtheit und Biederkeit mitzugeben und ihn, alles in allem, zu einem wahrhaft schönen alten Herrn zu gestalten, welcher jedem Bürgerhause zum Schmuck gereichen konnte«.

Mann gravierte seine Huldigung für den Roman in den jungen »Joseph« ein: »Er fand es vorzüglich, wie die Dirne den Steppenwolf zustutzte, nachdem sie ihn durch ein Liebesleben von sechs Tagen und sieben Nächten für die Verfeinerung empfänglich gemacht« (GW IV, 408).

Im »doppelten Segen«, dem Segen aus der Tiefe des Sexuellen und aus der Höhe des Geistigen (L 157), ist das mythische

Glück Josephs beschrieben und wie sehr »Lotte in Weimar« als Einschaltung, und nicht als Unterbrechung, zu verstehen ist, zeigt der enge Zusammenhang mit dem »Nachspiel« »Die Vertauschten Köpfe«. Das siebte Kapitel des Romans ist schon abgeschlossen, als – so lehrt das Tagebuch – Mann trotz höchster Zeitnot noch einen Einschub zu Goethes »Paria«-Trilogie (1821–23) integriert (GW II, 681 ff.). Leitmotivisch ist dort das »Schöpft des Dichters reine Hand, Wasser wird sich ballen« aus dem »West-östlichen Divan« eingesetzt, und diese Verse dürften Mann zum »Paria« geführt haben, dessen »Weisen Wollens, wilden Handelns / Werd' ich unter Göttern sein« (V. 97 f.) er schon im Roman als Paradigma dichterischer Wirksamkeit umdeutet. Als unbewußte Wunscherfüllung versteht Mann dann in der Erzählung die Rumpf/Haupt-Vertauschung von Schridaman und Nanda durch die schönhüftige Sita, doch ihre erneute Auseinanderentwicklung wird erst im Söhnchen aufgehoben; Samadhi (Sammlung) heißt es nicht umsonst (L 158). Den Nachweis, daß Mann neben Lexika vor allem Heinrich Zimmers indologische Arbeiten benutzt hat, verdanken wir der grundlegenden Studie von Monika Carbe (L 159). Die ironische Distanz der Erzählung ist zugleich innerhalb des Indien-Bilds der deutschen Orienttradition in diesem Jahrhundert einmalig (L 160).

Die »Vertauschten Köpfe« sind die zweite Erzählung in dem Zeitraum, den der »Joseph«-Roman begrenzt. Ginge man bei der Beurteilung von der Fülle der Sekundärliteratur aus, dann müßte sie weit unter der politischen Allegorie »Mario und der Zauberer« (1930) einzustufen sein. Sie erzählt Begebenheiten eines Ferienaufenthalts in Forte dei Marmi im Sommer 1926, wobei die Idee des tödlichen Ausgangs auf einer spontanen Reaktion der Tochter Erika beruht (12. 6. 1930 an O. Hoerth). Nach Manns Beschreibung im »Lebensabriß« (1930) war es die Last des »Joseph«-Materials, die eine Mitnahme in die Sommerferien 1929 in Rauschen, im ostpreußischen Samland verhinderte und daher zur Niederschrift der Novelle zufällig Raum ließ. Im Zentrum steht eine Psychologie des Faschismus als Massenhypnose und eine Kritik vager, widerstandsloser Liberalität. War den meisten Zeitgenossen der politische Charakter direkt zugänglich – in »Mussolinien« durfte sie nicht erscheinen –, so ist seit der grundlegenden Studie von Walter Weiss diese Interpretation unbestritten (L 161). In einer Modelluntersuchung, die auf Manns Kunst der Integration größten Wert legt, wird besonders der Sprachcharakter der Doppelbödigkeit herausgearbeitet. Mehrere Arbeiten haben seither Einzelpunkte ergänzen oder Parellelen aus dem literarisch-politischen Kontext jener Zeit beibringen können (L 162). Die Karriere der Novelle dürfte durch ihre Überschaubarkeit, gute Kommentargrundlage und weltweite Akzeptanz erst am Anfang stehen.

Die naturalistische Kritik der Größe mit ihrer Möglichkeit der biographischen Erzählung und die Spiegelung als Ich und als Künstlertypus, untermauert durch einen betonten Subjektivismus, gehören zu den Beobachtungen, die schon aus den frühen Essays zu gewinnen waren. In einem Prozeß der Selbst-Bestimmung entwickelt Manns literarisch-kulturelle Essayistik in den »Joseph«-Jahren zwei neue Züge: die Klärung des Begriffs des Irrationalen und die Tendenz, dem Anklingen des Politischen einen verstärkten Kunstanspruch ostentativ gegenüberzustellen. Zwei Beispiele. Gegen Ende der »Lessing«-Rede (1929) führt er Lessings Rationalismus – bei gleichzeitiger Betonung des »blutvolleren, tieferen, tragischeren Lebensbegriffs« gegenüber der Aufklärung – gegen die neue Art der Geistfeindlichkeit ins Feld: »In Lessings Geist und Namen gilt es hinauszugelangen über jede Art von Faschismus zu einem Bunde von Vernunft und Blut, der erst den Namen voller Humanität verdiente«. Im »Schopenhauer«-Essay (1938) spricht Mann zunächst von der »falschen Gesundheit« in der Nachfolge Nietzsches, »die heute das Geistige, woran Europa genesen könnte, zertrampelt«, doch in der Schlußapothese gilt der »Menschlichkeit jenseits von Vernunftdürre und Instinktvergottung«, gilt der Kunst die Huldigung: »Denn die Kunst, den Menschen begleitend auf seinem mühsamen Wege zu sich selbst, war immer schon am Ziel«. Manns kritischer Nietzscheanismus gehört sicher in die Geschichte des deutschen Irrationalismus, doch so vorsichtig, wie wir heute gegenüber Lukács »Zerstörung der Vernunft« im einzelnen wie vor allem im Vernunftbegriff geworden sind, wird man sich vor einfachen Urteilsmustern gegenüber Mann hüten müssen. Rosteutschers frühe Untersuchung des Gesamtphänomens nennt ihn den »Skeptiker«, den »Verleugner« unter den Jüngern des Dionysos (L 163). Die Nähe zu Freuds Humanisierungsweg, durch zwei Vorträge aus diesen Jahren dokumentiert, ist unverkennbar, und die persönliche Verbundenheit ist wohl durch nichts besser anzudeuten, als durch Freuds kuriose Konstruktion eines Joseph-Komplexes in Napoleons Ägyptenfahrt, die er im Anschluß an eine Begegnung mit Mann in Wien (1936) entwickelt hat (L 164). Als Gewinn der analytischen Erneuerung des aufklärerischen Auftrags wird es Mann möglich, an August von Platen – seiner homoerotischen Anlage, seiner Schönheitsidee aus absoluter Ästhetik – das Modell eines neuen Idealismus zu entwickeln. Gibt es Untersuchungen zu diesen Essays, auch den großen Goethe-Essays, meist bei übergreifenden Zusammenhängen, so ist ihre Ausstrahlung auf die Entwicklung der Literaturwissenschaft als ein Stück Forschungsgeschichte noch nicht zu übersehen. Bis zum Überdruck muß diese Dominanz gegangen sein, denn z. B. gehen als Heißenbüttel-Reime um: »Mein Gott, ist das beziehungsreich / Ich glaub', ich übergeb mich gleich«. Die Formel selbst stammt aus dem ersten wichtigen autobiographischen Stück, dem »Lebensabriß«, und zeigt eine erstaunliche Parallele zur Entwicklung der Ambiguitätstheorie innerhalb der Literaturwissenschaft. Rein biographisch bedingt ist die neue Form der lecture unter diesen Essays während der Jahre in Princeton.

»Was aber ist deine Pflicht? Die Forderung des Tages« – diese »Wilhelm Meister«-Worte können über den »essayistischen Ablegern« stehen, die sich dem Politisch-Sozialen direkt zuwenden und als »Order of the Day«, der amerikanischen Sammlung, denselben Zeitraum wie der »Joseph« abdecken. Die auffälligste Bewegung vollzieht sich seit der Mitte der zwanziger Jahre mit dem Begriff des Bürgers: aus einem Gegenpol zum Künstler wandelt er sich zu einem Begriff ungebrochenen Selbstverständnisses eines Künstlers. Es ist wohl kein Zufall, daß Brecht gleich zweimal das schmale Reclam-Bändchen in seiner Nachlaßbibliothek hat, das »zwei Festreden« vereinigt: »Lübeck als geistige Lebensform« (1926) und »Hundert Jahre Reclam« (1928). In diesen Reden spiegelt sich am deutlichsten der Prozeß wider, der zu Manns Aufruf zum Bündnis des Bürgertums mit der Sozialdemokratie führt und im »Appell an die Vernunft« (1930) schon zu Störversuchen durch NS-Trupps Anlaß gibt.

Am Beispiel des Wandels von Manns Humanitätsbegriff hat Antal Madl überzeugend diesen Entwicklungsprozeß vorgeführt: aus der Innerlichkeit entsteht ein allseitiger Humanismus, der, unter dem Druck der Zeitumstände, über einen militanten in einen sozialen Humanismus mündet (L 165). Drei Beispiele für Manns gewandeltes Profil in jenen Jahren: sein Verhältnis zur Palästina-Frage, zu einem »linken« Einzelfall, zu internationalen Organisationen. Zu dem Kreis der Förderer eines deutschen Pro-Palästina-Komitees gehörten u. a. der Kölner Oberbürgermeister Konrad Adenauer, der preußische Ministerpräsident Otto Braun, Albert Einstein, Reichstagspräsident Paul Löbe, der ehemalige Reichskanzler Hermann Müller, Max Slevogt. Als gleichrangiges Ziel unterstützte Mann aber zugleich die Judenemanzipation in Deutschland und betonte, selbst 1930 in Palästina, das arabische Heimatrecht. Eine wesentliche Rolle spielte dabei der Dean der hebräischen Universität Jerusalem, Jehuda Leon Magnes (L 35, S. 159 ff.). Als Einzelfall der neuen Integrationsfähigkeit Manns möchte ich Max Hoelz nennen, einen Anarchisten und spartakistischen Agitator der Arbeiter- und Soldatenräte im Vogtland, der 1921 aufgrund eines manipulierten Gerichtsprozesses für schuldig befunden wurde, einen Gutsbesitzer ermordet zu haben. 1927 unterstützte Mann in Aufrufen ein Wiederaufnahmeverfahren und nach einer achtjährigen Zuchthauszeit kam Hoelz 1928 frei. Das Fazit des unschuldig Verurteilten in seiner Autobiographie »Vom ›Weißen Kreuz‹ zur ›Roten Fahne‹«: »Ich vertrete den Standpunkt, daß es taktisch unklug und auch unkommunistisch ist, jeden Intellektuellen als einen bürgerlichen Feind zu betrachten und zu behandeln« (Berlin 1929, S. 369). Manns Pan-Europa-Vorstellungen führten ihn in das Kunst-Komitee des Völkerbunds, an dessen Sitzungen er von Genf (1931) bis Budapest (1936; Ausnahme Nizza) teilnahm und unterschiedliche Unterstützung erfuhr, jedoch oft von Zeichen außerordentlicher Sympathiekundgebungen begleitet wurde.

In den Jahren 1933–1936 nahm Mann, von Hesse intensiv unterstützt, ein »Recht auf Schweigen« für sich in Anspruch, über dessen Innendruck wir durch die Tagebücher unterrichtet sind, und von dessen Außendaten vieles erhellt ist: seit dem 12. Juli 1933 existierte auch legal ein Schutzhaftbefehl der Bayerischen Politischen Polizei gegen ihn (L 166); der Schriftsteller Hanns Johst schlug am 10. 10. 1933 dem Reichsführer der SS, Himmler eine Verschleppung ins Konzentrationslager vor (L 167). Der innere Kampf um seine Ausbürgerung innerhalb der rivalisierenden, keineswegs monolithisch ausgerichteten Organisationen des NS-Staates wurde mit äußerster Akribie von Paul Egon Hübinger minutiös verfolgt (L 168). Bedenkenswert ist die Frage, ob Manns Hauptbegründung für sein Schweigen – seine Wirksamkeit im Deutschland des NS-Regimes – zutreffend ist und damit als »unpolitisch« oder als politisch kluges Verhalten zu werten ist. In einem ersten Schritt möchte ich zeigen, daß Manns Texte, wie sie in Deutschland erschienen, Grundlagen des nationalsozialistischen Denkformierung in Frage stellen und dadurch als UT-Ware (unter dem Ladentisch verkaufte

Ware) wirken konnte. Zunächst das »Vorspiel: Höllenfahrt«, mit dem Mann das »Fest der Erzählung« der »Geschichten Jakobs« eröffnet (1927 u. 1933 publiziert). Dort heißt es lapidar, daß das »Ur der Chaldäer« der »Anfang aller, das heißt: seiner persönlichen Dinge« war und er schränkt damit den Suprematieanspruch nationaler Anfänge wesentlich ein. Parallel dazu weist er auf polygenetische Erzählungen von besonderen Kindgeburten, Turmbauten, Sintfluten hin. Auch die Differenzierung zwischen Machtsituation und eschatologischem Sinn mußte dem auf Geschichtsfatalismus begründeten NS-Sieg den Glanz nehmen: »Es handelt sich um späte und zweckvolle Eintragungen, die der Absicht dienen, politische Machtverhältnisse, die sich auf kriegerischem Wege hergestellt, in frühesten Gottesabsichten rechtlich zu befestigen«. Eine psychologische Kategorie wie Verdrängung eines Brudermords gehört ebenfalls in dieses Bild der sich entwickelnden Menschheitskultur aus unterschiedlichen Anfängen, das in Deutschland verpönt war. Ein neuentstandener Text, die »Meerfahrt mit Don Quijote«, 1935 im Rahmen des Essaybands »Adel des Geistes« greifbar, macht den weitesten Vorstoß in Richtung auf einen subversiven Widerstand:

»Sagt, was ihr wollt: das Christentum, diese Blüte des Judentums, bleibt einer der beiden Grundpfeiler, auf denen die abendländische Gesittung ruht und von denen die andere die mediterrane Antike ist. Die Verleugnung einer dieser Grundvoraussetzungen unserer Sittlichkeit und Bildung, oder gar ihrer beider, durch irgendeine Gruppe der abendländischen Gemeinschaft würde ihr Ausscheiden aus dieser und eine unvorstellbare, übrigens gottlob gar nicht nachvollziehbare Zurückschraubung ihrer humanen Status, ich weiß nicht wohin, bedeuten« (GW IX, 462).

Als eins der ergreifendsten Zeugnisse, die bestätigen, daß Manns Botschaft durchaus verstanden wurde, sei auf das Schicksal des Schriftstellers Eugen Gottlob Winkler (1912–1936) hingewiesen, der sich das Leben nahm. Der Germanist Hermann Pongs 1937 dazu:

»Eines nur ward mir berichtet: sein letzter Gang noch im Abend
führt ihn vorbei an dem Hause, das einst Thomas Mann dort bewohnt hat,
eh er ins Ausland entwich; vielleicht wollt er nur einen Anhauch
spüren von reinem Bezug in die ferne Aura des Geistes
im europäischen Raum, dem entschwundenen, – plötzlich erfaßt ihn
roh eine Hand, ein SS-Mann steht vor ihm, will Auskunft und Ausweis:
Was er hier suche bei Nacht vor dem Haus, das von Streifen bewacht wird«
(L 169).

Unter den Exilierten gab es viele Stimmen, die Verständnis für Manns Verhalten äußerten, und der Fanal-Charakter der Wirkung seines »Ein Briefwechsel« bestätigt auch Manns politisches Kalkül. Im Gegensatz etwa zu Georges Tod in Minusio (heute ein Teil von Locarno), der von vielen Emigranten mit Einschluß von Mann fälschlich als schweigende Distanzierung verstanden wurde (und sogar heute meist dafür gilt), ist Manns Schweigen Teil eines offensiven Konzepts. Kaum untersucht sind bislang die ersten Exilmonate an der südfranzösischen Küste in Sanary-sur-mer, obwohl Manns positive Wertung des Hasses – ein für ihn ausschließlich auf die NS-Jahre beschränktes Phänomen – durchaus auch mit den Manuskriptvorlesungen mit Lion Feuchtwanger und René Schickele zusammenhängen können. Schickeles »Witwe Bosca« vertritt diesen Haß, und die Psychologie der Witwe könnte sogar in die Gestaltung der Mutem-enet hineingewirkt haben. Auch für die Jahre in Küsnacht bleiben die Tagebücher vorläufig in ihrer Zentralrolle. »Wo ich bin, ist Deutschland« – mit dieser Formel soll Mann 1938 in den Vereinigten Staaten angekommen sein. Sie ist überliefert sowohl durch Heinrich Manns Autobiographie »Ein Zeitalter wird besichtigt« (1950) und zugleich durch Berichte aus der Nachkriegszeit, ohne daß ein direkter Pressenachweis für 1938 gelungen wäre. Hinrich Siefken konnte jetzt aufgrund von ausgeschiedenen »Tagebuchblättern« dokumentieren, daß Mann diese Formulierung selbst schriftlich im April 1938 benutzt und seinem Bruder am 5. September daraus vorgelesen hat (L 170). Die Jahre in Princeton hat Victor Lange zusammenfassend behandelt (L 131 Vorträge, S. 522 ff.). Nach »Achtung, Europa!« sind »Vom kommenden Sieg der Demokratie«, »Dieser Friede« und »Dieser Krieg« die Vorträge, mit denen Mann in coast-to-coast-lectures die amerikanische Öffentlichkeit mobilisierte. Über die Lebensweise in Kalifornien sind wir durch eine gründliche Untersuchung orientiert, die auch durch die Tagebuchpublikation nicht obsolet geworden ist (L 171). Hatte Mann (bis auf wenige, gerade aber auch bedeutende Kollegen) eine Reputation, bei der man den Neid vergaß, so findet man die heutzutage kolportierten Vorurteile über jene Jahre in Christopher Hamptons »Geschichten aus Hollywood« zusammengeklittert (L 172). Wünschenswert ist ein Vergleich der Propagandaansprachen »Deutsche Hörer« mit den Tagebüchern, um die Ebenen öffentlich/privat präziser fassen zu können. Unzulänglich ist bisher der Anreicherungsprozeß beschrieben worden, der durch die Exilerfahrungen gewonnen wurde (L 173).

L 138 *Eckhard Heftrich*, Thomas Manns Joseph als Anti-Siegfried. In: Leonard Forster u. Hans-Gert Roloff (Hrsg.), Akten des V. Internationalen Germanisten-Kongresses Cambridge 1975, H. 3, S. 341 ff.; *Werner Frizen*, Erlösung dem Erlöser. »Parsifal« im »Joseph«. In: Neophilologus 64 (1980), S. 548 ff.

L 139 *Herbert Lehnert*, Thomas Manns Vorstudien zur Josephstetralogie. In: Jb. d. dt. Schillergesellschaft 7 (1963), S. 458 ff.; *H. L.*, Thomas Manns Josephstudien 1927–1939. In: Jb. d. dt. Schillergesellschaft 10 (1966), S. 378 ff.

L 140 *Jonas Lesser*, Thomas Mann in der Epoche seiner Vollendung, München 1952

L 141 *Ruth Schinkenberger*, Thomas Mann: Joseph und seine Brüder. Eine morphologische Untersuchung, Diss. masch. Bonn 1956; *Rolf Schörken*, Morphologie der Personen in Thomas Manns Roman »Joseph und seine Brüder«, Diss. Bonn 1957; *Helmut Beck*, Epische Ironie als Gestaltungsprinzip in Thomas Manns Josephs-Tetralogie, Diss. masch. Jena 1961; *Hans Arens*, Analyse eines Satzes von Thomas Mann (Beihefte Wirkendes Wort), Düsseldorf 1964; *Jürgen Hohmeyer*, Thomas Manns Roman »Joseph und seine Brüder«. Studien zu einer gemischten Erzählsituation (Marburger Beiträge zur Germanistik, 2), Marburg 1965

L 142 *Käte Hamburger*, Thomas Manns biblisches Werk. Der Joseph-Roman. Die Moses-Erzählung »Das Gesetz«, München 1981 (als Taschenbuch Frankfurt/M. 1984); nach einer Einführung (1945) wurde die erweiterte Ausgabe unter dem Titel »Der Humor bei Thomas Mann. Zum Joseph-Roman« (1965, 2. Aufl. 1971) bekannt.

L 143 *Dietmar Mieth*, Epik und Ethik. Eine theologisch-ethische Interpretation der Josephromane Thomas Manns, Tübingen 1976

L 144 *Klaus Borchers*, Mythos und Gnosis im Werk Thomas Manns. Eine religionswissenschaftliche Untersuchung (Hochschulsammlung Theologie; Religionswissenschaft, 1), Freiburg/Br. 1980

L 145 *Manfred Dierks*, Studien zu Mythos und Psychologie bei Thomas Mann (Thomas-Mann-Studien, 2), Bern u. München 1972

L 145a *Willy R. Berger*, Die mythologischen Motive in Thomas Manns Roman »Joseph und seine Brüder«, Köln u. Wien 1971

L 146 *Klaus Bock*, Geschichtsbegriff und Geschichtsbild bei Thomas Mann, Diss. masch. Kiel 1959

L 147 *Sigrid Mannesmann*, Thomas Manns Romantetralogie »Joseph und seine Brüder« als Geschichtsdichtung (Göppinger Arbeiten zur Germanistik, 32), Göppingen 1971

L 148 *Oskar Seidlin*, Von Goethe zu Thomas Mann. Zwölf Versuche, Göttingen 1963; S. 162 ff.: Pikareske Züge im Werke Thomas

Manns; S. 185 ff.: Ironische Brüderschaft. Thomas Manns »Joseph der Ernährer« und Lawrence Sternes »Tristram Shandy«

L 149 *Tim Schramm,* Joseph-Christus-Typologie in Thomas Manns Josephsromanen. In: Antike und Abendland 14 (1968), S. 142 ff.

L 150 *Gisela Wickert-Micknat,* Goethe und Karl August in Thomas Manns Josephsroman. In: Jb. d. dt. Schillergesellschaft 21 (1977), S. 452 ff.

L 151 *Joachim Schulze,* Traumdeutung und Mythos. Über den Einfluß der Psychoanalyse auf Thomas Manns Josephsromane. In: Poetica 2 (1968), H. 4, S. 501 ff.

L 152 *Klaus Schröter,* Vom Roman der Seele zum Staatsroman. Zu Thomas Manns »Joseph«-Tetralogie. In: L 43, S. 94 ff.

L 153 *Helmut Koopmann,* Der Untergang des Abendlandes und der Aufgang des Morgenlandes. Thomas Mann, die Josphsromane und Spengler. In: Jb. d. dt. Schillergesellschaft 24 (1980), S. 300 ff.

L 154 *Hanne Weill Holesorsky,* Goethes »Hegire«. Das geheime Motto zu Thomas Manns Josephs-Roman? In: Archiv f. d. Studium der neueren Sprachen und Literaturen 133 (1981), S. 112 ff.

L 155 *Gerhard Lange,* Struktur- und Quellenuntersuchungen zur »Lotte in Weimar«, Bayreuth 1970 (Diss. 1954); vgl. L 247.

L 156 *Helga Collett,* Das Konvolut zu Thomas Manns Roman »Lotte in Weimar«. Eine Untersuchung, M. A. (masch.) Kingston/Ontario 1971

L 157 Zuletzt zu diesem Topos der Forschung: *Tamotsu Yanagiya,* »Joseph und seine Brüder«. Der doppelte Segen und das Spiel oder der Spaß. In: Doitsu Bungaku H. 68 (1982), S. 113 ff.

L 158 *Peter Szondi,* Thomas Manns Gnadenmär von Narziß. In: P. S., Satz und Gegensatz. Sechs Essays, Frankfurt/M. 1964, S. 71 ff.

L 159 *Monika Carbe,* Thomas Mann: Die Vertauschten Köpfe. Eine Interpretation der Erzählung, Diss. Marburg 1970

L 160 *Friedrich Wilhelm,* Thomas Mann über die indische Legende. In: Euphorion 64 (1970), S. 399 ff.

L 161 *Walter Weiss,* Thomas Manns Kunst der sprachlichen und thematischen Interpretation (Beihefte Wirkendes Wort), Düsseldorf 1964

L 162 *Hartmut Böhme,* Mario und der Zauberer. Positionen des Erzählers und Psychologie der Herrschaft. In: Orbis Litterarum 30 (1975), S. 286 ff.; *Alfred Hartwig,* Problemhafte Gedanken zu Thomas Mann in Klasse 10. In: Deutschunterricht 28 (1975), H. 3, S. 165 ff.; *Dieter Wuckel,* »Mario und der Zauberer« in der zeitgenössischen Presseresonanz. In: Helmut Brandt u. Hans Kaufmann, Werk und Wirkung Thomas Manns in unserer Epoche. Ein internationaler Dialog [Mann-Kongreß 1975], Berlin u. Weimar 1978, S. 346 ff.; *Egon Schwarz,* Fascism and Society: Remarks on Thomas Mann's Novella »Mario und der Zauberer«. In: Michigan Germanic Studies 2 (1976), S. 47 ff.; *Wolfgang Freese,* Zum Verhältnis von Antifaschismus und Leseerwartung

in »Mario und der Zauberer«. In: DVjs 51 (1977), S. 659 ff.;
Allan J. McIntyre, Determmism in Mario and the Magican. In:
GR 52 (1977), S. 205 ff.; L 13 (*K. Pörnbacher*); *James V. Wehner,*
The Nature of Evil in Melvilles »Billy Budd« and Mann's »Mario
und der Zauberer«. In: The Comparatist 1980, S. 31 ff.; *R. C.
Speiers,* Some psychological observations on domination,
acquiescience and revolt in Thomas Mann's »Mario und der
Zauberer«. In: Forum for Modern Language Studies 16 (1980),
S. 319 ff.; *Siegfried Mandel,* Mann's »Mario and the Magican« or
Who is Silvestra. In: Modern Fiction Studies 25 (1979/80), H. 4,
S. 593 ff.; *Gert Sautermeister,* Thomas Mann: »Mario und der
Zauberer« (Text und Geschichte, 5), München 1981; *Klaus
Müller-Salget,* Der Tod in Torre di Venere. Spiegelung und Deu-
tung des italienischen Faschismus in Thomas Manns »Mario und
der Zauberer«. In: Arcadia 18 (1983), S. 50 ff.

L 163 *J. H. W. Rosteutscher,* Die Wiederkunft des Dionysos. Der
naturmystische Irrationalismus in Deutschland, Bern 1947,
S. 254 ff.

L 164 *Hans Blumenberg,* Arbeit am Mythos, Frankfurt/M. 1979,
S. 560 ff.

L 165 *Antal Madl,* Thomas Manns Humanismus. Werden und Wandel
einer Welt- und Menschenauffassung, Berlin 1980; s. *Hans Wysling,* Thomas Manns Rede vor der Europa-Union gehalten am
11. November 1934 im Großen Festsaal der Mustermesse. In:
BTMG 20 (1983/84), S. 5 ff.

L 166 Faksimile in: *Thomas Mann.* 1875–1955. Das Werk [. . .] aus der
Sammlung Hans Waldmüller. Ausstellungskatalog der Hessi-
schen Landes- und Hochschulbibliothek Darmstadt (1981,
S. 54 f.)

L 167 *Kurt Pätzold,* Zur politischen Biographie Thomas Manns (1933).
In: L 162 (Mann-Kongreß 1975), S. 339 ff.

L 168 *Paul Egon Hübinger,* Thomas Mann, die Universität Bonn und
die Zeitgeschichte. Drei Kapitel deutscher Vergangenheit aus dem
Leben des Dichters 1905–1955, München u. Wien 1974, S. 101 ff.

L 169 In: Klassiker in finsteren Zeiten 1933–1945. Eine Ausstellung des
Dt. Literaturarchivs im Schiller-Nationalmuseum Marbach am
Neckar (Marbacher Kataloge, 38), Marbach 1983; Bd. II, S. 187 f.

L 170 *Hinrich Siefken,* Thomas Mann's Essay »Bruder Hitler«. In:
GLL, N. S. 35 (1982), Nr. 2, S. 165 ff.

L 171 *Erich Frey,* Thomas Mann. In: John M. Spalek u. Joseph Strelka
(Hrsg.), Deutsche Exilliteratur seit 1933, Bd. I: Kalifornien,
Bern u. München 1976, S. 473 ff.

L 172 *Christopher Hampton,* Geschichten aus Hollywood. Deutsch
von Alissa und Martin Walser, Frankfurt/M. 1982 (Manuskript-
druck für Theater und Vereine)

L 173 *Sam-Huan Ahn,* Exilliterarische Aspekte in Thomas Manns Roman »Doktor Faustus«, Diss. Bonn 1975; *Harold Skulsky,* Metamorphosis. The Mind in Exile, Cambridge/Mass. u. London 1981

Der letzte Ton der Faustus-Kantate Leverkühns gibt dem Werk
der unendlichen Klage eine verhaltene, zurückgehaltene Hoffnung, ohne zu dem Befreiungsjubel von Beethovens »Fidelio«
zurückkehren zu können:

»Nein, dies dunkle Tongedicht läßt bis zuletzt keine Vertröstung, Versöhnung, Verklärung zu. Aber wie, wenn der künstlerischen Paradoxie,
daß aus der totalen Konstruktion sich der Ausdruck – der Ausdruck als
Klage – gebiert, das religiöse Paradoxon entspräche, daß aus tiefster
Heillosigkeit, wenn auch als leiseste Frage nur, die Hoffnung keimte?
Es wäre die Hoffnung jenseits der Hoffnungslosigkeit, die Transzen-
denz der Verzweiflung, – nicht der Verrat an ihr, sondern das Wunder,
das über den Glauben geht. Hört nur den Schluß, hört ihn mit mir: Eine
Instrumentengruppe nach der anderen tritt zurück, und was übrig-
bleibt, womit das Werk verklingt, ist das hohe g eines Cellos, das letzte
Wort, der letzte verschwebende Laut, in Pianissimo-Fermate langsam
vergehend. Dann ist nichts mehr, – Schweigen und Nacht. Aber der
nachschwingend im Schweigen hängende Ton, der nicht mehr ist, dem
nur die Seele noch nachlauscht, und der Ausklang der Trauer war, ist es
nicht mehr, wandelt den Sinn, steht als ein Licht in der Nacht .« (GW
VI, 651).

Mit diesen Worten, die nach dem Erscheinen des »Doktor Faustus« eine so große Rolle spielten, zu beginnen, um das geistige
Zentrum Manns in den Jahren 1943–1950 zu beschreiben, heißt,
zwei Thesen zu verfechten: der Roman ist ein Deutschland-Ro-
man und er strukturiert zugleich die Gesamtheit der Arbeiten
dieses Zeitraums. Wenige Wochen vor dem Ende der Niederschrift schreibt Mann an Agnes E. Meyer: »Ich stehe im End-
kampf um den Roman, dieses mir so nahe gehende, ganz aus den
Spannungen dieser Zeit geborene, tief traurige Buch, das im
Grunde Deutschland gewidmet ist. Die letzte Verzweiflung, die
in Hoffnung transzendiert, – das möge sein Endklang sein«
(17. 12. 1946). Die Forschung hat sich daher auch nicht beirren
lassen und einige spätere Äußerungen Manns, die die Zeitalter-
problematik betonen, als Isolierung eines wesentlichen Bezie-
hungsgeflechts, aber zugleich als taktische Anpassung an die
Zeitsituation oder Anlässe, wie die Vorstellung von Übersetzungen, verstanden. Der briefliche Seufzer gegenüber Erika am
6. 11. 1948 macht deutlich, wie sehr ihn aber die stete Repetition
oder gar Reduzierung auf das Grundmuster ermüdete. Aufgehoben ist in dem Roman die naive Rückbindung der »Betrachtungen eines Unpolitischen« an die deutsche Ideologie, die ins

Kritische geführt wird (L 174). Ein Sündenfall wird in Leverkühns Fall beschrieben, und ihm ist die Erzählung von der menschlichen Gesittung, die Moses-Erzählung »Das Gesetz«, vorgeschaltet; als dialektischer Schlußstein folgt ihm das Gnaden-Thema des »Erwählten«.

Als Vorspiel, nicht als Nachspiel (vgl. L. 80 a) ist daher die Sinai-Erzählung von der Konstituierung der Zehn Gebote in den ersten Monaten des Jahres 1943 zu interpretieren, obwohl in einem buchstäblichen Sinn der Materialfundus des »Joseph« noch nicht beiseitegeräumt ist. Der abschließende Fluch gegen die Verletzer des »ABCs des Menschenbenehmens« verläßt – ganz ähnlich den Hoffnungsworten am Schluß von Chaplins »The Great Dictators« – den erzählerischen Spielraum und wendet sich in quasi-direkter Form an den Leser. Mann hat diesen Fluch sogar unmittelbar in eine seiner Propagandareden »Deutsche Hörer« übernommen (25. 4. 1943). Käte Hamburger hat, geschult durch ihre Beobachtungen zur Erzähltheorie, auf den neuen, nicht nur »voltairisierenden« Ton gegenüber der »Joseph«-Sprache hingewiesen und von dem geschichtsträchtigen »chronikalischen Berichtstil« in der Art der Bibel selbst gesprochen, in dem selbst Szenisch-Dialogisches aufgeht (L 142). Die verschleierte nationalsozialistische Ablehnung des Dekalogs wird durch das weitverbreitete Exilbuch von Hermann Rauschning dokumentiert, das in einer dort wiedergegebenen Unterhaltung mit Hitler und Goebbels offen ausgesprochen wird – der fragwürdige Quellenwert des Buchs muß hier nicht berücksichtigt werden (»Die Revolution des Nihilismus«, Zürich 1938). Manns Paraphrase der Bücher Exodus, Leviticus, Numeri, Deuteronomium des Pentateuch ist unter dem Aspekt der Sprachmittel intensiv von Erich Mater untersucht worden (L 175). Untergründig findet in der Erzählung eine Assimilation preußisch-deutscher Denktopoi statt (L 176), die verständlich machen, weshalb die Entscheidung für den »Doktor Faustus«-Beginn (und nicht die »Krull«-Fortsetzung) für Mann zwingend wurde. Dies bestätigen die Tagebücher, deren Lektüre-Notate schon in die neue Richtung verweisen. Am 14. März 1943, als er alles »Joseph«-Material weggeräumt hat, notiert er: »Gedanken an den alten Novellenplan ›Dr. Faust‹«.

Als »Drei-Zeilen-Plan des Doktor Faust vom Jahre 1901« ist das frühe Projekt von Mann selbst bezeichnet worden (GW XI, 155), doch das trifft nur grob zu. Das siebte Notizbuch, 1901 begonnen, enthält eine Eintragung, die etwa 1904 niedergeschrieben sein dürfte: »Figur des syphilitischen Künstlers: als

Dr. Faust und dem Teufel Verschriebener. Das Gift wirkt als Rausch, Stimulanz, Inspiration; er darf in verzückter Begeisterung geniale, wunderbare Werke schaffen, der Teufel führt ihm die Hand. Schließlich aber holt ihn der Teufel: Paralyse. Die Sache mit dem reinen jungen Mädchen, mit dem er es bis hin zur Hochzeit treibt, geht vorher«. Die Überschrift »Novelle oder zu Maja« hält einen Verselbständigungsgedanken fest, der in einer kurz zuvor erfolgten Eintragung noch gefehlt hatte: »Der syphilitische Künstler nähert sich von Sehnsucht getrieben einem reinen, süßen, jungen Mädchen, betreibt die Verlobung mit der Ahnungslosen und erschießt sich dicht vor der Hochzeit«. Zwei Monate benötigte Mann im Frühjahr 1943 nur, um sich ein umfangreiches Material zu erarbeiten. In diesem Konvolut, das Lieselotte Voss der Forschung vorgestellt und Manns Gebrauch für die einzelnen Partien nachgewiesen hat (L 177), fließt eine Fülle von unterschiedlichen Quellen zusammen: Lexikonartikel, Sachbücher, Ratschläge Befreundeter, Kuriosa, Briefe, Memoiren, Biographien, Dichtungen. Es zeigt sich dabei, daß in der Materialphase der Vorarbeiten sich die Konzeption selbst weiterentwickelt (also nicht auf Ausstaffierung beschränkt bleibt), aber zu Beginn der Niederschrift, am 23. Mai, im wesentlichen feststeht. Bis etwa zur Romanmitte, bis zum Teufelsgespräch, reicht der angesammelte Stoff, während der zweite Teil (im Frühjahr 1945 begonnen) stärker auf zufällig sich anbietende Quellen angewiesen ist und stärker auf die Zeitgeschichte (Tafeln sind im Arbeitsmaterial) zurückgreift. Indem Voss ebenfalls die Manuskripte und ausgeschiedenen Seiten zum Roman und zur Entstehungsgeschichte heranziehen kann, kommt sie erheblich über die Quellenuntersuchungen von Gunilla Bergsten hinaus, die vor allem aufgrund der Lektürespuren in Manns Privatbibliothek 1963 zum erstenmal einen gesicherten Überblick über die wichtigsten Materialien und ihre Benutzung geben konnte (L 178).

Zeitroman ist der »Doktor Faustus« in einem Sinn, der sich deutlich vom »Zauberberg« unterscheidet – weniger die Reflexion des Zeiterlebnisses als die Verwendung von Zeitebenen und der geschichtlichen Zeit bestimmen die Struktur. Die erzählerischen Zeitebenen sind durch die Gestalt des Biographen Serenus Zeitblom vorgegeben, der seine Niederschrift im Mai 1943 beginnt und zwei Jahre später beendet. Er erzählt das Leben seines »verewigten Freundes« Adrian Leverkühn (1885–1940) in einer Art, die beide Stränge der Autobiographie, den auf die innere Entwicklung abzielenden Confessionentypus und den auf die Darstellung der Handlungen gerichteten Denkwürdigkeitentypus, vereinigt. Zeitbloms Biographie des »Tonsetzers«, dessen Lebensweg er begleitet – ohne Zweifel das bedeutendste Werk der inneren Emigration – ist dadurch auch ein Gesellschaftsroman, der die Jugendjahre in Kaisersaschern (Naumburg ähnlich), Studienjahre der Theologie in Halle (für die Paul Tillich den Stoff bereitstellte, L 179) mit umfangreichen politischen Debatten (L 180), Studienjahre der Musik in Leipzig und im Anschluß die Gesellschaft Münchens schildert, unter der sich, im Kridwiß-Kreis der stammesorientierte Literaturgeschichtler Josef Nadler (alias Vogler), befindet. Für die Zeit des Ausbruchs des Ersten Weltkriegs benutzte Mann noch seine eigenen Tagebücher, um sie kurz danach zu vernichten. Zeitbloms Jahre der Niederschrift der Biographie geben den Blick auf die Endphase des Zweiten Weltkriegs frei. Doch so sehr sich Biograph und Komponist voneinander abheben, sei es vor einer literarhistorischen Folie (L 181) oder einer genauen Betrachtung als Biographie (L 182), so sehr sind sie miteinander verbunden. Das erste Kapitel mit seinen Eckermann-Anklängen ruft schon den Reflex der Doppelung hervor, und Manns Betonung des Geheimnisses ihrer Identität ist unter beiden Perspektiven, der inneren wie der äußeren, gültig. Von der inneren her, weil Mann autobiographische Elemente an beide verteilt (zuletzt L 183), von der äußern der Nationalgeschichte her, weil katholischer Humanismus und protestantische Dynamik im Sinn Max Webers (kritisch: »zölibatäre Maschine«) zusammengeführt werden (L 184).

Auch eine zweite Schicht, die der Faustsage, führt nicht vom Deutschland-Thema ab: als nationale Allegorie steht Faust im 19. Jh. neben der Selbstinterpretation als Hamlet, und Goethes »Faust« war während des Ersten Weltkriegs im Tornister vieler Soldaten anzutreffen. Doch das Kennzeichen von Manns Roman ist, bei allen Anklängen an Goethe (L 140), der Rückgriff auf das Volksbuch, und schon im Titel deutet sich das Thema Faustus versus Faust an (L 178, S. 55 ff.). Zahlreiche wörtliche Anklänge stellen ausdrücklich die Beziehung im Roman her, und unter Manns Arbeitsmaterialien befanden sich u. a. Scheibles Volksbuch-Sammlung von 1847, Marlowes Faustdichtung und Heines Erläuterungen zur Faustsage (L 184 a). Zusätzlich entwickelte Mann als wichtigste historische Ebene das Zeitalter der Reformation, wobei Wittenberg als Ort der Reformation und Wirkungsstätte Fausts schon im Volksbuch vorgegeben ist. Die archaisierende Sprachschicht knüpft an das Luther-Deutsch an (Mann benutzte die Briefe und Tischreden), und in dem Lutherepigonen Prof. Kumpf wird sie durch die Neubildungen im 19. Jh., die als Luthers Kraftsprüche ausgegeben werden, angereichert. Mann ergänzte diese Epoche durch die Einbeziehung Dürers, dessen »Apokalypse« und »Ritter, Tod und Teufel« schon in den »Betrachtungen eines Unpolitischen« eine wichtige Rolle persönlicher und nationaler Identität gespielt hatten (L 185). In zeitlicher Parallele zu Brechts »Galileo Galilei« entsteht dadurch ein spezifisch deutschnationalstaatlicher Horizont der Neuzeit, wobei Mann in diesen Jahren den Einheitsgedanken des Mittelalters ebenso wie die nationbildende Wirkung der Übersetzung Luthers erwähnt hat. Die Archaisierungstendenz geht in dieser Deutung auf, auch wenn Sprachformen aus dem »Simplizissimus« (L 140) oder Benjamins Trauerspiel-Buch (L 186) zusätzlich aufgenommen werden.

Eines der auffälligsten Merkmale des Romans ist seine Anlehnung an die Biographie Nietzsches, dessen Sturz in den Wahnsinn als Parallele schon in den ersten Rezensionen bemerkt wurde. Sowohl die Szene des Bordell-Besuchs (Kap. 16) wie die Aussendung eines Brautwerbers (Marie-Godeau-Kapitel, 39 ff.) sind an Nietzsche angelehnt, und neben zahlreichen kleineren Details ist die Übernahme zu Beginn aus Georges Nietzsche-Gedicht (»aus tiefer Nacht in die tiefste gegangen«), auf die Heftrich hingewiesen hat (L 200), von Signalwert. Die Doppelung Zeitblom/Leverkühn könnte durchaus auch auf Nietzsches »Der Wanderer und sein Schatten« zurückgehen, aus dem Mann schon früher auf den »Tanz in Ketten« hingewiesen hatte. Mittels dieser Ebene bot sich eine Diskussion der Frage der Schuldhaftigkeit besonders an, für Deutschland, für Leverkühn.

Als musikalische Variante des Künstlerromans konnte Mann an die von Wilhelm Heinse begründete Tradition von »Ardinghello« und »Hildegard von Hohenthal« anknüpfen, und so ist es nicht verwunderlich, daß eine Vielzahl von Arbeiten dem Thema der Musik und vor allem der Brechung der Schönberg-Interpretation durch Adornos Deutung nachgegangen sind (L 187). Die einzigartige Leistung Mann, nicht – wie noch bei Aschenbachs Werken – bei der Nennung von Werken stehenzubleiben, sondern selbst welche zu erfinden, bedurfte natürlich außerordentlich vieler privater Helfer. Mann widmete Schönberg zunächst ein Exemplar mit der Bemerkung »Dem Eigentlichen« und Adorno hat er in den Roman selbst integriert, als Gestalt des Teufelgesprächs und mit dem Namen seines Vaters (»Wiesengrund«). Ihm verdanken wird die Anregung zum Schluß der Faustus-Kantate in seiner heutigen Gestalt (L 188). Andere musikalische Berater, Bruno Walter, der Sohn Michael und Hanns Eisler vor allem mußten hinzukommen. Briefe des ebenfalls an syphilitischem Wahnsinn gestorbenen Hugo Wolf und Strawinskys »Erinnerungen« gehören weiterhin zum Quellenmaterial. Für den kurzfristigen Konflikt mit Schönberg, den Mann mit der Nachbemerkung aus der Welt schaffte, ist nach dem Bekunden ihrer Autobiographie Alma Mahler-Werfel verantwortlich.

Schönbergs Befürchtung, in ferner Zukunft einmal als Erfinder der Zwölftonmusik neben Leverkühn verkannt zu werden, ist durch einen Entwurf des Komponisten bekannt (L 189). Die Bedeutung von Willi Reichs »Alban Berg«-Monographie betrifft nur Randfragen (L 190). Auch die Musik führt aus Manns zentraler Thematik nicht heraus, denn in den »Betrachtungen eines Unpolitischen« ist Deutschland einfach »das Land der Musik«.

Neuere Arbeiten bestätigen diese Zuordnung. Agnes Schlee baut auf Jonathan Leverkühns Experimenten (Kap. 3) ihre These von der Dialektik der Naturferne und -nähe durch die Ableitung aus einer Grundreihe auf, um der Frage der Schuldfähigkeit nachzugehen (L 191). Rosemarie Puschmann geht von dem magischen Quadrat und der Melancholiedarstellung bei Dürer und Keats aus, um den »Komplex übergeordneter Beziehungen« zu untersuchen und durch erneute Beschäftigung mit Manns Konvolut die »Grundstimmung« von »Kreuz, Tod und Gruft« (Nietzsche) herauszuschälen (L 192).

Zu den wichtigsten Themen des Romans zählt seine Frage nach dem Durchbruch aus dem Bewußtsein einer Endzeit heraus, die sowohl für Lukács (»Die Tragödie der modernen Kunst«) als auch für Hans Mayer im Zentrum steht und in den sozialistischen Ländern der dominante Interpretationszugang zum Roman ist. Manns parallele Äußerungen zur Endzeit bürgerlicher Vereinzelung, zur Möglichkeit der Entstehung einer Welt des gemeinsamen neuen, sozialen Glaubens lassen sich in dieser Interpretation einbeziehen, ohne daß notwendigerweise ein Absehen von der Deutschland-Thematik damit verbunden ist. Die Formel von der Humanisierung des Mythos, die schon in der »Meerfahrt mit Don Quijote« verwendet wurde, wird von Mann jetzt wiederholt gebraucht, und so konnte der Roman von dem Anfang der achtziger Jahre neuerwachten Interesse am Mythos profitieren; hier ist vor allem die Monographie von Uwe Wolff und eine kleinere Arbeit von Manfred Frank zu nennen (L 193).

Manche Einzeluntersuchung führt ebenfalls zu den zentralen Fragen des Romans, wie etwa die Überlegungen zur Rolle Kierkegaards aufgrund von Archivmaterialien (L 194). Selbst ein Staubkorn, Manns Zuschreibung des Librettos des »Freischütz« an einen Johann Balhorn von Lübeck im Teufelsgespräch, erweist sich als bedeutsam (L 195). Lea Ritter-Santini konnte die Dante-Beziehung erhellen und besonders auf Karl Voßlers Dante-Buch als Quelle hinweisen (L 196). Walter Pache konnte Blake- und Ibsen-Verwendungen belegen (L 197), Vaget auf Beziehungen zu Oskar Panizza hinweisen (L 198). Immer wieder hat Nepomuk Schneidewein, Kind von Leverkühns Schwester Ursula, zur Identifikation von neuen Beziehungsfeldern angeregt (Kap. 44 f.). Manns »letzte Liebe« (Briefe II, 233), sein ältester Enkel Frido, hat als Vorbild gedient. Ausstaffiert mit Sprachmontagen aus Freidanks »Bescheidenheit« und Singers Sammlung mittelalterlicher Sprichwörter, haben Shakespeares Ariel, Goethes Mignon und Euphorion als intertextuelles Zitat erkannt werden können; jüngst ist noch Hesses »Roßhalde« dazugekommen (L 199). Bereits zur Druckgeschichte des Romans gehört, daß Mann nach langen Verhandlungen zunächst eine begrenzte Typoskriptauflage in den Vereinigten Staaten (New York) erscheinen lassen mußte, weil er sonst als amerikanischer Staatsbürger den Schutz des Urheberrechts dort nicht genießen konnte.

Etwas ganz Seltsames geschieht im »Roman eines Romans«, der »Entstehung des Doktor Faustus«: Mann, der sich zuvor gehütet hatte, die Montage-Technik seiner Romane offenzulegen, präsentiert darin in aller Breite eine umfassende, wenn auch auswählende Darstellung. Allein Eckhard Heftrich hat sich nicht mit den erleichterten Aufatmen der Kritik zufrieden gegeben, die endlich wußte, »woher« Mann etwas hatte, sondern mit dem Schrecken, den Mann vor seiner eigenen Radikalität der Bloßstellung empfand (L 200). So ist die Szene von Pfeiffering das autobiographische Polling, wie Manns Bruder Victor berichtet hat, die Senatorenwitwe Rodde mit ihren Töchtern Clarissa und Ines eine Spiegelung der eigenen Mutter und Geschwister, Schwerdtfeger mit Zügen des Münchener Freunds Paul Ehrenberg ausgestattet, Schildknapp ein Porträt des befreundeten Schriftstellers Reisiger, Jeanette Scheurl erhielt Ähnlichkeit mit Annette Kolb (zu ihrem Leidwesen) und selbst eine weiter entfernte Gestalt wie der Impressario Fitelberg ist noch einem Agenten, Saul Colin in New York, nachgebildet. Der Hinweis auf das formale Vorbild Gides, der auf »Les Faux Monnayeurs« (1926) das »Journal des Faux-Monnayeurs« (1927) folgen ließ (L 201), ist für die kaum verschleierte Praxis im Roman und erst recht die präzise Enthüllung in der »Entstehung« keine befriedigende Erklärung. Der Wille zum biographischen Porträt ist zu deutlich, und so sehr sich gerade mit dem Roman die Technik der Montage verbindet, so bedarf sie der weiteren Präzisierung. Mann montierte auch hier, wie zuvor, in den Erzählfluß ein, aber gerade im Gegensatz zu früher nicht nur integrierend, sondern zugleich auch in zentrifugaler Vielheit, oder um einen Begriff zu gebrauchen, der wohl zu eng mit der Vorstellung des Dadaismus verknüpft ist, als Collage. Die Eigenart von Manns Collage, im Gegensatz zu heute gebräuchlichen Verfahren der Verwendung von entindividualisierenden, statistisch-paradigmatischen Stoffen, ist die Angleichung an die gewählte Stilebene und die Benutzung gerade autobiographischer Elemente – getreu seiner Devise, daß er nur sein Persönlichstes auszusprechen brauche, um die Zeit zum Reden zu bringen.

Mitten aus der Arbeit am »Doktor Faustus« entstand der Plan, es nicht bei Leverkühns Puppenoper nach den »Gesta Romanorum« zu belassen, sondern nach Hartmann von Aue selbst die Gnaden-Thematik des guten Sünders Gregorius zu erzählen (1948–1950). Der »Geist der Erzählung«, der die mittelalterliche Verstrickung in Inzest und Ödipus-Motiv zu schildern hat, benutzt eine Vielzahl von Quellen, unter denen eine auf Wunsch angefertigte Prosaübersetzung des »Gregorius« von Samuel Singer und Marga Bauer, eine gedruckte Übersetzung von R. Benz (1920), Übersetzungen des Nibelungenlieds, des »Parzival«, von »Tristan und Isolde«, Auerbachs »Mimesis« und die Rom-Geschichte von Gregorovius wichtig werden (L 202). Der Papst-Roman des Protestanten ist zugleich ein Stück der Doppelheit von »Einst« als Vergangenheit und Zukunft in der flandrischen Sprachvielfalt. Ins Mittelalter zurückgreifend – man denke nur an die berühmte Feierworte des Novalis –, sucht sie den Weg zu einer neuen europäischen Gemeinsamkeit.

In der »Entstehung des Doktor Faustus« spricht Mann davon, daß er sich mit dem Vortrag »Deutschland und die Deutschen« (Frühjahr 1945) gar nicht so sehr von dem Roman entferne, und ein genauer Vergleich kann zeigen, daß – bis hin zur wörtlichen Übernahme – zahlreiche enge Parallelen zwischen Vortrag und Roman bestehen. Dies gilt in etwas eingeschränktem Maß auch für den Vortrag »Nietzsches Philosophie im Lichte unserer Erfahrung« (Frühjahr 1947), der zunächst ›Nietzsche und das deutsche Schicksal‹ heißen sollte und an eine Unterscheidung Manns aus der Schlußzeit der »Betrachtungen eines Unpolitischen« anknüpfen kann: »Es sind in geistig-dichterischer Hinsicht zwei brüderliche Möglichkeiten, die das Erlebnis Nietzsches zeitigt. Die eine ist jener Ruchlosigkeits- und

Renaissance-Ästhetizismus, jener hysterische Macht-, Schönheits- und Lebenskult, worin eine gewisse Dichtung sich eine Weile gefiel. Die andere heißt Ironie, – und ich spreche damit von meinem Fall« (GW XII, 25). Selbst die Einleitung »Dostojewski – mit Maßen« bleibt in der Dialektik des »Doktor Faustus« eingeschlossen: hatte doch Moeller van den Brucks Dostojewski-Buch (1923) die chiliastische Hoffnung des »Dritten Reichs« so verkürzt, daß sie zum Schibboleth der Nationalsozialisten werden konnte. Die Essays aus Anlaß der 200. Wiederkehr von Goethes Geburtstag speisen sich ganz aus dem für »Lotte in Weimar« angesammelten Material. »Die Erotik Michelangelos« (Sommer 1950) huldigt einem Künstler, dessen Spuren sich in allen drei Erzählwerken dieser Jahre finden. Aus »Schicksal und Aufgabe« (Sommer 1943) ist die Formel vom »Antibolschewismus« als der »Grundtorheit unserer Epoche« gebildet, die als Schlagwort noch heute in politischen Diskussionen geläufig ist. Am Ende der Faustus-Zeit steht die Autobiographie »Meine Zeit« (Frühjahr 1950), die in ihrem Abschied vom 19. Jh. etwas von der Trauer annimmt, die aus Attinghausens Worten im »Wilhelm Tell« spricht, als er über den Sohn erschrickt:

»Das Neue bricht herein mit Macht, das Alte,
Das Würdge scheidet, andre Zeiten kommen,
Es lebt ein andersdenkendes Geschlecht!
Was tu ich hier? Sie sind begraben alle,
Mit denen ich gewaltet und gelebt.
Unter der Erde schon liegt meine Zeit;
Wohl dem, der mit der neuen nicht mehr braucht zu leben!«
(V. 951 ff.).

Literatur

L 174 *Bernhard Böschenstein*, Ernst Bertrams »Nietzsche« – eine Quelle für Thomas Manns »Doktor Faustus«. In: Euphorion 72 (1978), H. 1, S. 68 ff.
L 175 *Erich Mater*, Thomas Manns Erzählung »Das Gesetz«. Untersuchung über poetische Ausdrucksmittel, Diss. masch. Berlin 1960
L 176 *Volkmar Hansen*, Thomas Manns Erzählung »Das Gesetz« und Heines Moses-Bild. In R. Wolff (Hrsg.), Thomas Manns Erzählungen und Novellen (Sammlung Profile 8), Bonn 1984, S. 68 ff.; zuerst in: Heine-Jahrbuch 13 (1974), S. 132 ff.
L 177 *Lieselotte Voss*, Die Entstehung von Thomas Manns Roman »Doktor Faustus«. Dargestellt anhand von unveröffentlichten

Vorarbeiten (Studien zur deutschen Literatur, 39), Tübingen 1975; Zeittafeln S. 164 ff.

L 178 *Gunilla Bergsten,* Thomas Manns Doktor Faustus. Untersuchungen zu den Quellen und zur Struktur des Romans, 2. Aufl. Tübingen 1974

L 179 BTMG 5 (1965), S. 48 ff. (Abdruck des Briefs)

L 180 *Hans-Joachim Schoeps,* Bemerkungen zu einer Quelle des Romans »Doktor Faustus« von Thomas Mann. In: Zeitschrift für Religions- und Geistesgeschichte 22 (1970), S. 324 ff.

L 181 *Dagmar von Gersdorff,* Thomas Mann und E. T. A. Hoffmann. Die Funktion des Künstlers und der Kunst in den Romanen »Doktor Faustus« und »Lebens-Ansichten des Katers Murr«, Frankfurt/M. u. Bern 1979

L 182 *Hermann J. Weigand,* Zu Thomas Manns Anteil an Serenus Zeitbloms Biographie. In: DVjs 51 (1977), S. 476 ff.

L 183 *Helmut Koopmann,* Doktor Faustus und sein Biograph. Zu einer Exilerfahrung sui generis. In: R. Wolff (Hrsg.), Thomas Manns Dr. Faustus und die Wirkung, Bonn 1983, Bd. II, S. 8 ff.

L 184 *Donna R. Baker,* The Confrontation with Nazism in »Doktor Faustus«, »Die Blechtrommel« und »Billard um halb zehn«, Diss. Cambridge 1974; *J. P. Stern,* History and Allegory by Thomas Mann's »Doktor Faustus«, London 1975; *Hans Rudolf Vaget,* Kaisersaschern als geistige Lebensform. Zur Konzeption der deutschen Geschichte in Thomas Manns »Doktor Faustus«. In: Wolfgang Paulsen (Hrsg.), Der deutsche Roman und seine historischen und politischen Bedingungen, Bern u. München 1977, S. 200 ff.; *T. E. Apter,* Thomas Mann: The devil's advocate, New York 1979; *Helmut Wiegand,* Thomas Manns »Doktor Faustus« als zeitgeschichtlicher Roman. Eine Studie über die historischen Dimensionen in Thomas Manns Spätwerk (Frankfurter Beiträge zur neueren deutschen Literaturgeschichte, 1), Frankfurt/M. 1982; *Sam-Huan Ahn,* »Die Zeit des Erzählers« in Thomas Manns Roman »Doktor Faustus« (koreanisch). In: Koreanische Zeitschrift für Germanistik, 1983, H. 29, S. 41 ff.

L 184a *Dietrich Assmann,* Thomas Manns Roman »Doktor Faustus« und seine Beziehungen zur Faust-Tradition, Diss. Helsinki 1975

L 185 *Walther Rehm,* Thomas Mann und Dürer. In: W. R., Späte Studien, Bern u. München 1964, S. 344 ff.; *Hans J. Elema,* Thomas Mann, Dürer und »Doktor Faustus«. In: Euphorion 95 (1965), S. 97 ff.; *Ulrich Finke,* Dürer und Thomas Mann. In: U. F., Essays on Dürer, Manchester 1973, S. 121 ff.; *Michael Palencia-Roth,* Albrecht Dürers »Melencolia I« und Thomas Manns »Doktor Faustus«. In: German Studies Review 3 (1980), S. 361 ff.

L 186 *Martin Müller,* Walter Benjamin und Thomas Manns Dr. Faustus. In: Archiv, N. F. 125 (1973), S. 327 ff. u. L. 192

L 187 *Erich Doflein,* Leverkühns Inspirator. Eine Philosophie der Neuen Musik. In: Die Gegenwart 4 (1949), N. 22, S. 22 ff.; *Ute*

Jung, Die Musikphilosophie Thomas Manns, Regensburg 1969; *Bodo Heimann,* Thomas Manns »Doktor Faustus« und die Musikphilosophie Adornos. In: DVjs 38 (1969), S. 112 ff.; *Hansjörg Dörr,* Thomas Mann und Adorno. Ein Beitrag zur Entstehung des »Doktor Faustus«. In: Lit. wiss. Jb. d. Görres-Gesellschaft, N. F. 11 (1970), S. 285 ff.; *Wolf-Dietrich Förster,* Leverkühn, Schönberg und Thomas Mann. Musikalische Strukturen und Kunstreflexionen im »Doktor Faustus«. In: DVjs 49 (1975), S. 694 ff.; *Jürgen Mainka,* Thomas Mann und die Musikphilosophie des XX. Jahrhunderts. In: L 130 Wiecker, S. 197 ff.; *Carl Dahlhaus,* Fiktive Zwölftonmusik. Thomas Mann u. Theodor W. Adorno. In: Jb. d. dt. Akademie für Sprache u. Dichtung 1982, S. 33 ff.

L 188 *Karol Sauerland,* »Er wußte noch mehr« – Zum Konzeptionsbruch in Thomas Manns »Doktor Faustus« unter dem Einfluß Adornos. In: Orbis Litterarum 34 (1979), S. 130 ff.

L 189 *Hans H. Stuckenschmidt,* Schönberg. Leben, Umwelt, Werk, Zürich 1974, S. 502 f.; vgl. L 261

L 190 *Hanspeter Brode,* Musik- und Zeitgeschichte im Roman. Thomas Manns »Doktor Faustus«. In: Jb. d. dt. Schillergesellschaft 17 (1973), S. 455 ff.

L 191 *Agnes Schlee,* Wandlungen musikalischer Strukturen im Werke Thomas Manns. Vom Leitmotiv zur Zwölftonreihe, Frankfurt/ M. u. Bern 1981

L 192 *Rosemarie Puschmann,* Magisches Quadrat und Melancholie in Thomas Manns »Doktor Faustus«. Von der musikalischen Struktur zum semantischen Beziehungsnetz. Mit Notenbeispielen, Zeichnungen und Abbildungen, Bielefeld 1983

L 193 *Uwe Wolff,* Thomas Mann. Der erste Kreis der Hölle. Der Mythos in Thomas Manns »Doktor Faustus«, Stuttgart 1979; *Manfred Frank,* Die alte und die neue Mythologie in Thomas Manns »Doktor Faustus«. In: Herbert Anton (Hrsg.), Invaliden des Apoll. Motive und Mythen des Dichterleidens, München 1982, S. 78 ff.

L 194 L 251, S. 280 f.; *Hans-Joachim Sandberg,* Der Kierkegaard-Komplex in Thomas Manns Roman »Doktor Faustus«. Zur Adaption einer beziehungsreichen Thematik. In: L 130 Wiecker, S. 257 ff.; *H.-J. Sandberg,* Kierkegaard und Leverkühn. Zum Problem der Verzweiflung in Thomas Manns Roman »Doktor Faustus«. In: Nerthus 4 (1979), S. 93 ff.; *Heinz Gockel,* Thomas Manns Faustus und Kierkegaards Don Juan. In: Mitteilungsblatt des Arbeitskreises Heinrich Mann (Lübeck), Sonderheft für S. Sudhof, 1981, S. 87 ff.

L 195 *Oskar Seidlin,* And who, if we may ask, is Johann Balhorn von Lübeck? In: Euphorion 77 (1983), S. 230 ff.

L 196 *Lea Ritter-Santini,* Das Licht im Rücken. Notizen zu Thomas Manns Dante-Rezeption. In: L 131 Vorträge, S. 349 ff.

L 197 *Walter Pache*, Blake's seltsame Poesien: Bildzitat und Bildwir-
kung in Thomas Manns »Doktor Faustus«. In: Arcadia 8 (1973),
Nr. 2, S. 138 ff.; *W. Pache*, Ein Ibsen-Gedicht im »Doktor Faustus«. In: Comparative Literature 25 (1973), Nr. 3, S. 212 ff.

L 198 *Hans Rudolf Vaget*, Thomas Mann und Oskar Panizza: Zwei
Splitter zu »Buddenbrooks« und »Doktor Faustus«. In: GRM,
N. F. 25 (1975), S. 231 ff.

L 199 *Osman Durrani*, Echo's Reverbations: Notes on a painful inci-
dent in Thomas Mann's »Doktor Faustus«. In: GLL 37 (1984),
H. 2, S. 125 ff.; zu Echo vgl. 177, S. 120 ff.

L 200 *Eckhard Heftrich*, Von Verfall zur Apokalypse. Über Thomas
Mann. Band II (Das Abendland, N. F. 14), Frankfurt/M. 1982,
S. 173 ff.; vgl. *Michael Mann*, Thomas Mann: Wahrheit und
Dichtung. In: L 304, S. 106 ff.

L 201 *Margaret Klare*, Studien zu Thomas Manns »Doktor Faustus«,
Diss. Bonn 1973

L 202 *Hans Wysling*, Thomas Manns Verhältnis zu den Quellen. Beob-
achtungen am »Erwählten«. In: L 8, S. 258 ff./342 ff.; *Hermann
J. Weigand*, Thomas Manns »Gregorius«. In: GR 27 (1952),
S. 10 ff. u. 83 ff.; *Karl Stackmann*, »Der Erwählte«. Thomas
Manns Mittelalter-Parodie. In: Euphorion 53 (1959), S. 61 ff.;
Gertraude Wilhelm, Sprachimitation in Thomas Manns Roman
»Der Erwählte«, Diss. München 1961; *Alois Wolf*, Gregorius bei
Hartmann von Aue und Thomas Mann. Interpretation, Mün-
chen 1964 (Schulgebrauch); *Konrad Gaier*, Figur und Rolle des
Erzählers im Spätwerk Thomas Manns, Bruchsal 1966; *Joa-
chim Schulze*, Joseph, Gregorius und der Mythos vom Sonnen-
helden. Zum psychologischen Hintergrund eines Handlungs-
schemas bei Thomas Mann. In: Jb. d. dt. Schillergesellschaft 15
(1971), S. 465 ff.

Erotik und soziale Verpflichtung der Kunst
(1951–1955)

In der Kennzeichnung als Alterswerk, ohnehin ein sehr relativer
Begriff, schwingt meist ein Ton des Abgelebt-Ausgebrannten
mit, und wenn man sich vor Augen führt, daß Mann in den letzten Lebensjahren zu den Themen seines Frühwerks zurück-
kehrt und der Abbruch der »Krull«-Fortsetzung dem Unternehmen einen Verlegenheitscharakter gibt, so ist man geneigt,
auch den Unterton zu akzeptieren. Doch schnell stellt sich ein
Unbehagen ein: beruht der große Erfolg des Romans nicht doch
auf neuen Reizen seiner Prosa, ist der Abbruch nicht doch eher
der Einsicht Manns zuzuschreiben, daß er nicht mehr die Kraft
habe die ganze Konzeption, immerhin fünf Teile, auszuführen?

Mit einer gewissen Ratlosigkeit stehen wir alle vor dieser Phase, und die Betonung der Erotik möchte ein behutsamer Versuch sein, sie aus dem Verdikt als Nachhall oder Ausklang herauszunehmen. Es ist vielleicht die monumentale Geschlossenheit der Faustus-Zeit, die uns den offeneren Blick auf die Entwicklung von Neuansätzen versperrt.

Hauptbeschäftigung, jedoch nicht einziger Schwerpunkt jener Jahre, sind die »Bekenntnisse des Hochstaplers Felix Krull«, deren Entstehungsgeschichte zu den komplizierten Entwicklungen in Manns Werk gehört. Ich folge hier Wyslings Darstellung (L 203), benütze aber zugleich seine späteren Präzisierungen und Ergänzungen. Nach dem Erscheinen der deutschen Übersetzung der Memoiren des rumänischen Hochstaplers Georges Manolescu setzt schon 1905 eine stille Konzeptionsphase ein, die bis 1909 reicht. Sie spiegelt sich in den Notizen aus diesem Zeitraum, die erkennen lassen, daß Mann in diesem Zeitraum tatsächlich die Gesamtstruktur des Romans festgelegt hat und später nur geringfügig variiert. In der ersten Phase bis hin zum Ersten Weltkrieg lassen sich zwei unterschiedliche Ansätze voneinander abheben: 1910/11 entsteht der Textteil, der 1922 als »Buch der Kindheit« veröffentlicht wurde und mit dem Selbstmord des Vaters abschließt. Nach der Unterbrechung durch den »Tod in Venedig« entstehen 1912/13 weitere Teile bis hin zur Rosza-Episode (2. Buch, 6. Kap.). Danach wird die eigentliche Arbeit für beinahe vierzig Jahre trotz einer ungeheueren Materialfülle, die sich schon angesammelt hat, unterbrochen. Die erweiterten Publikationen in diesen Zwischenjahren kommen also aus vorhandenem Manuskript: So wird das fünfte Kapitel noch in den zwanziger Jahren veröffentlicht (L 204), und 1937 erscheint im Amsterdamer Querido-Verlag eine Ausgabe, die bis zum vierten Kapitel des zweiten Teils reicht. Eine zweite Auflage dieser Ausgabe aus dem Jahr 1948 macht Mann zur ersten Arbeitsgrundlage, als er, nach folgenlosen Überlegungen nach dem Abschluß des »Zauberberg« und des »Joseph«, 1951 mit der Fortsetzung beginnt. Eine Unterbrechung von zehn Monaten (»Die Betrogene«) trennt auch hier zwei Ansätze (1951/52 u. 1953/54). Um keine Nahtstelle sichtbar zu machen, arbeitet er zunächst die Kapitel 4–6 um. Zu den neuen Materialien, die er jetzt einbringt, zählen etwa ein Besuch des naturkundlichen Museums von Chicago und eine Zeitschrift mit einem Stierkampfartikel. Ein Absprengsel vom Kuckuck-Gespräch ist das »Lob der Vergänglichkeit« (Anfang 1952). In der Schlußphase griff Erika noch in die Textredaktion ein, indem sie Anfang 1954 nicht nur Druckfehler verbesserte, sondern dem Vater vorschlug die Twentyman-Episode herauszunehmen (abgedruckt L 205) und durch eine Aufsplitterung auf Miß Twentyman und Lord Kilmarnock zu ersetzen. Wie Wysling in seiner grundlegenden Monographie zum illusioniert-illusionierenden göttlichen Schelm zeigt, verschiebt sich dabei der Akzent von der Darstellung einer Seite des Künstlerproblems zu einer gültigen Hermesgestaltung (L 206). Zu den beispielhaften methodischen Ansätzen von Wyslings Buch zählt u. a. die Einbeziehung der literarischen Zeitgenossen Manns. Die überzeugend vorgetragene Hinführung zur Hermesgestalt innerhalb einer Schicht griechischer Mythologie verweist den Roman aber zugleich auf einen geringeren Rang im Werkkosmos Manns, denn zu den skeptischen Äußerungen, mit denen Mann immer seine Arbeit begleitete, zählt in diesem Fall auch die Abwertung gegenüber der Hermes-Konfiguration Joseph. Zu einer positiveren Einschätzung kommt Benno von Wiese, der auf die innere Notwendigkeit Krulls hinweist (L 207), und damit läßt sich das Einsamkeitsmotiv des Hochstaplers, das Mann als komisches Gegenstück zu Leverkühn aufgegangen war, besser verbinden. Die List des Helden Krull ist der Ausgangs- und der Endpunkt einer Monographie von Klaus Hermsdorf zu Manns Schelmen, und so fällt von dem Urvater Odysseus her das Licht einer bedeutenden Tradition auf den Nachfahren (L 208). Den Klassenkampf hat Michael Nerlich unter den Schelmen eingeführt und den »Krull« aus der Tradition des Picaro-Romans, der von einem gesellschaftlichen Unten aus blickt, ausgegrenzt (L 209). Der Zauber, der von Krull ausgeht, die Zweckrationalität seines Vorgehens und die Tiefendimension seiner All-Liebe haben dem Buch zu seinem außerordentlichen Erfolg verholfen, und in seiner Mischung aus (»parodierter«) Selbstbildungsfähigkeit und sexueller Freizügigkeit spricht der Roman jugendliche Leser unmittelbar an.

Wysling wiederum verdanken wir die Informationen über die geplante Fortführung der Krull-Abenteuer (L 210), die zeigen, daß Mann erst ein Fünftel seiner Pläne verwirklicht hatte. Der zweite Teil hätte eine Seereise nach Buenos Aires angeschlossen (hier war das Reisetagbuch der Schwiegermutter von 1907/08 schon exzerpiert), eine Liebesepisode mit argentinischen Meyer/Novaro-Geschwistern auf einer Estancia bei Bahia Blanca war vorgesehen. Weitere Reiseetappen wären New York, San Francisco, Honolulu und Hawaii, Kobe in Japan, China, eine Schiffsreise durch den Indischen Ozean und das Rote Meer in den Mittelmeerraum gewesen, mit Ägypten, Marokko, Konstantinopel, dem

Orient-Expreß als Stationen. Auch die drei weiteren Teile, als Hoteldieb an mondänen Beadeorten, in einer Ehe, memoirenschreibend im Zuchthaus sind schon durch umfangreiche Stoffsammlungen vorbereitet. Das Glückskind sollte nach gelungener Flucht seinen Paten beerben können.

Die zwischen den zwei »Krull«-Arbeitsphasen 1952/53 entstandene Erzählung »Die Betrogene« gilt der Geschichte von einem Naturbetrug an einer Frau jenseits des Klimakteriums, deren Liebe zu einem jungen Amerikaner scheinbar die Menstruation erneuert, in Wirklichkeit aber die Schlußphase eines tödlichen Gebärmutterkrebses ankündigt. Auch hier ging es ohne zusätzliche Informationsquellen nicht ab: ein emigrierter Arzt unterrichtete Mann über den medizinischen Wissensstand, ein Aufsatz von Emil Barth aus einem ›Merian‹-Heft 1951 über das zwischen Rokoko und Klassizismus stehende Schlößchen Benrath (Schloß Holterhof), ein Düsseldorfer Anwalt über Anreisemöglichkeiten dorthin. Das Bändchen wurde von der Kritik schlecht aufgenommen, noch Jahre später konnte man die liegengebliebene Erstauflage beim Verlag erwerben. Adorno hat in einer spontanen Reaktion wesentliche Züge der Novelle beschrieben, auf den Schopenhauer-Hintergrund hingewiesen und die Gestalt des Amerikaners als leichten Anachronismus moniert (L 211). Von Titus Heydenreich liegt eine eindringliche Untersuchung zu »Eros in der Unterwelt« als charakteristischer Färbung einer Szene vor, die in dem englischen Titel »Black Swan« gut zum Ausdruck kommt (L 212). Margot Ulrich ist den Beziehungen zu Düsseldorf weiter nachgegangen (L 213), ohne über die Tagebuchkenntnis schon zu verfügen, daß Mann sich in den zwanziger Jahren in den Düsseldorfer Klaus Heuser verliebt hatte.

In den Vorträgen und Einleitungen jener Jahre – »Der Künstler und die Gesellschaft« (Frühjahr 1952), Gerhart Hauptmann (Herbst 1952), Heinrich von Kleist (Frühjahr 1954), dem »Versuch über Tschechow« (Sommer 1954) und dem »Versuch über Schiller« (1954/55) – steht der Aspekt der sozialen Verpflichtung des Künstlers im Vordergrund und bildet damit einen Gegenpol zum »Krull«. In einem Vorwort zu »Briefen Todgeweihter« ruft er die Gemeinsamkeit des Kampfes gegen den Faschismus noch einmal wach. Bemerkenswert seine »Ansprache in Lübeck« im Mai 1955, weil Manns anklagende Worte nach der Bombardierung der Stadt noch keineswegs vergessen waren. Über die Vorarbeiten zu »Luthers Hochzeit«, die mit dem Januar 1955 einsetzen, und den Übergang von einem Novellen-

zu einem Dramenplan dokumentieren, sind wir durch die vorzügliche Arbeit eines Theologen unterrichtet, der Notizen (u. a. zum Bauernkrieg) mitteilt. Das Geleitwort zu »Die schönsten Erzählungen der Welt«, 1957 in die »Nachlese« aufgenommen, rekapituliert noch einmal den Gedanken der Weltliteratur als Aufgabe der Zeit.

Literatur

L 203 *Hans Wysling,* Archivalisches Gewühle. Zur Entstehungsgeschichte der »Bekenntnisse des Hochstaplers Felix Krull«. In: L 8, S. 234 ff./339 ff.

L 204 Neue Freie Presse, Wien, 7. Juni 1927

L 205 Neue Rundschau, 1957, S. 181 ff.

L 206 *Hans Wysling,* Narzißmuß und Illusionäre Existenzform. Zu den Bekenntnissen des Hochstaplers Felix Krull (Thomas-Mann-Studien, 5), Bern u. München 1982

L 207 *Benno v. Wiese,* Die »Bekenntnisse des Hochstaplers Felix Krull« als utopischer Roman. In: L 131, Vorträge, S. 189 ff.

L 208 *Klaus Hermsdorf,* Thomas Manns Schelme. Figuren und Strukturen des Komischen, Berlin 1968

L 209 *Michael Nerlich,* Kunst, Politik und Schelmerei. Die Rückkehr des Künstlers und des Intellektuellen in die Gesellschaft des zwanzigsten Jahrhunderts dargestellt an Werken von Charles de Coster, Romain Rolland, André Gide, Heinrich Mann und Thomas Mann, Frankfurt/M. 1969

L 210 *Hans Wysling,* Thomas Manns Pläne zur Fortsetzung des »Krull«. In: L 9, S. 149 ff./214 f.

L 211 *Theodor W. Adorno,* Aus einem Brief über die »Betrogene« von Thomas Mann (18. 1. 1954). In: Akzente 2 (1955), S. 284 ff.

L 212 *Titus Heydenreich,* Eros in der Unterwelt. Der Holterhof-Ausflug in Thomas Manns Erzählung »Die Betrogene«. In: Eberhard Leube u. Ludwig Schrader (Hrsg.), Interpretation und Vergleich. Festschrift für Walter Pabst, Berlin 1972, S. 72 ff.

L 213 *Margot Ulrich,* Thomas Mann und Düsseldorf. Biographische und literarische Beziehungen. In: L 38, S. 55 ff.

L 214 *Kurt Aland,* Thomas Manns Schauspiel »Luthers Hochzeit«. In: K. A., Martin Luther in der modernen Literatur: Ein kritischer Dokumentarbericht, Witten u. Berlin 1973, S. 369 ff.

Ästhetik, Poetik, Sprache

In dem Vorwort zur »Geburt der Tragödie« formuliert Nietzsche seine Überzeugung vom Rang der »Kunst als der höchsten Aufgabe und der eigentlich metaphysischen Tätigkeit dieses Lebens« und rehabilitiert sie damit als höchste Form des Geistes. Der klassische Philologe widmet das Vorwort Wagner und plakatiert damit zweierlei: eine Distanzierung vom wissenschaftlichen Fortschrittsdenken seiner Zeit und die Würdigung der Kunst überhaupt, nicht primär in ihrer Besonderheit als »Künste«. Dieses Im-Gespräch-sein mit Wagner ist zugleich ein Anspruch, der Anspruch eines Kunst-Kritikers im Sinne von Heidegger »dasselbe« zu sein wie der Künstler.

Nietzsche, Manns Ausgangspunkt, bleibt das Zentrum seines Kunstverständnisses, und seine Begrifflichkeit läßt sich als Abschattierung und Fortentwicklung dieser Überlegungen begreifen. Seine zusammenfassenden Texte, »Die Kunst des Romans« (1939) und »Humor und Ironie« (1952), betreffen die Theorie des Romans und betonen seine Modernität als Kunstform, weil dort die beiden Elemente der Plastik und Intellektualität, »Kunst und Kritik« vereinigt sind (L 215). In zunehmendem Maße – und die Darstellung der Entwicklung der Begrifflichkeit ist gefordert worden (L 216) – verbindet sich damit das Bewußtsein der Überlegenheit des Romans, der durch seine soziale Komponente zur führenden Form aufgestiegen sei und damit das Drama, Manns steten Widerpart, überflügelt habe. Das Lachen als gewünschten Effekt seiner Komik hebt Mann in den späten Bemerkungen hervor, deren Ironie-Bestimmung in die Schulbücher eingedrungen ist:

»Man könnte die Ironie gleichsetzen mit dem Kunstprinzip des Apollinischen, wie der ästhetische Terminus lautet, denn Apollo, der Fernhintreffende, ist der Gott der Ferne, der Gott der Distanz, der Objektivität, der Gott der Ironie – Objektivität ist Ironie – und der epische Kunstgeist; man könnte ihn als den Geist der Ironie ansprechen« (GW XI, 802).

Die Wirkung der Ironie bezieht er auf das Lächeln, das Lachen sieht er dagegen durch den Humor begründet. Nun wissen wir, vor allem durch Reinhard Baumgarts Untersuchung (L 217), daß Ironie im Werk Manns in weit vielfältigerer Gestalt zu Wort kommt, wissen zugleich, daß Ironie schon seit den frühen

Zeichnungen durch die Nähe zur Satire, zur Negation im Sinn Voltaires, in der Lage ist, eine andere Art des Lachens hervorzurufen. Die Betonung des humoristischen Elements seines Erzählens ist einer der zahlreichen Versuche, das Bild des »kalten Künstlers« abzuwehren, das seit 1904 (mit einer Formulierung aus Körners Brief an Schiller vom 4. März 1789 für Goethe) zu den Klischees der Mann-Kritik zählt.

Wollte man sich auf diese wenigen direkten Äußerungen beschränken, um Manns Kunstverständnis nachzuzeichnen, so würde allein schon von der Dimension her ein falscher Eindruck entstehen: die Frage nach dem Wesen der Kunst und der seltsamen Beschaffenheit des Künstlers ist die immer offene Wunde in diesem Leben (L 218), von der Künstlerpsychologie der Frühzeit über den Traumdeuter Joseph und den Komponisten Leverkühn bis zum »schwebenden Angebot« der Kunst und jenem »Je ne sais pas quoi« in den letzten Jahren. Einige wesentliche Elemente seien daher hier angeführt. Zum Phänomen einer Kunst, die intellektuell ernstgenommen werden möchte, zählt die Distanzierung von einer »Sphäre der Schönen Literatur«, weil »nicht Kunst, nicht Kultur in einem irgend geschmäcklerischen oder selbst auch ›innerweltlich asketischen‹ Sinn es sein mag, um was es heute geht, sondern Probleme der Koexistenz, Probleme also der politischen Sittlichkeit und der Menschenordnung« (GW XIII, 297). Das Gegenstück zu dieser Distanzierung ist die Ausweitung des Themenfelds, z. B. 1920 die Krönung seiner Überlegungen zum Bayerischen Staatstheater mit der Definition seines »humanitären Individualismus« als eines Sozialismus der »Brüderlichkeit im Dienst eines Höheren« (GW XIII, 566). Die Bewahrung des Kunstrangs verändert Manns Werkbegriff, der Abstufungen kennt und vom Zentrum zu den Randzonen, von der Spitze des Erzählwerks zu der Basis des Gelegenheitsgedichts oder des Interviews reicht. Die Berufsbezeichnung Schriftsteller, nicht nur bei Tonio Kröger ein Anlaß zu Verdächtigungen, entspricht dieser Neubestimmung, insofern dem Dichterischen nur noch der Kernbereich einer Künstlerexistenz zugesprochen wird. Manns Wortgebrauch von »Interesse«, das aller landläufig-beiläufigen Benutzung entgegengestellt wird (L 219), zielt auf diesen Kernbereich. Nietzsches Kritik antiquarischen Geschichtsinteresses dürfte für Manns Betonung der Gegenwärtigkeit, z. B. im Kleist-Essay ausschlaggebend gewesen sein. Manns vielbelächelte, diplomatisch abgestufte Lobsprüche für Kollegen in der Zeit der Weimarer Republik sind ebenfalls Ausdruck dieser Ge-

genwärtigkeit, und erst recht die zeitraubenden Unterstüt-
zungsaktionen im Exil hängen mit seinem Kunstverständnis zusammen. Spielte Mann bald virtuos als poeta doctus mit den To-
poi dichterischen Selbstverständnisses, tönte etwa das Lügen
der Dichter zum »Flunkern« ab, so verbinden sich individuelle
Kennzeichen wie die Entwicklung der Kunst aus dem Verfall
vitaler Antriebe (bei Hanno Buddenbrook) mit seinem Namen.
Die Nähe der psychischen Struktur des Künstlers zum Verbre-
cher, sei es Bruder Manolescu oder Bruder Hitler, ist ebenfalls
ein solch ungewöhnlicher Eingrenzungsversuch (L 220), der
durch das apollinische Werkzeug von Bogen und Leier, seit
1922 Manns Signet auf den Ausgaben des Fischer-Verlags
(L 221), konventionell aufgefangen wird.

Struktur- und Stiluntersuchungen zu Mann sind meist werk-
bezogen, seltener das ganze Werk umgreifend (L 222), häufiger
jedoch unter den vergleichenden Arbeiten zu finden, gleichgül-
tig ob sie mehr auf die deutsche Tradition Jean Paul, Heyse, Ricarda Huch, Musil (L 223), Broch, Böll, Grass eingehen, oder
Melville, Henry James, Joyce oder Gide heranziehen. Zusammenfassend hat Ulrich Dittmann die Erzählersprache in den
Werken Manns untersucht und als Ausdruck einer stufenhaften
Entwicklung des Sprachbewußtseins von Skepsis über Beglau-
bigung zur neuen Wörtlichkeit entwickelt (L 224). Ein doppel-
schichtiger Prozeß spiegelt sich in der Untersuchung zur »Allegorisierung« im Gesamtwerk durch Gunter Reiss: die wissen-
schaftsgeschichtliche Abwendung vom Symbolbegriff und die
Nutzbarmachung des Allegoriebegriffs für die Moderne (L
224a). Die Montagetechnik von der Seite des Bildlichen haben
in einer Auswahl für das ganze Werk Wysling und Yvonne
Schmidlin vorgestellt (L 225). Mit welchem Selbstbewußtsein
Mann die Voraussetzung der Montagetechnik handhabe, geht
schon 1910 aus einer Verteidigung der Korrektheit in der Schilderung einer höfischen Szene hervor. Er spricht von den »seltenen und guten Dingen, die man Intuition oder Beobachtung«
nennt: »Wenn ich zwanzig Minuten lang einem Wittelsbacher
zugesehen habe, wie er in einem Ballsaale Cercle hält, oder Wilhelm dem Zweiten, wie er eine Grundsteinlegung vornimmt, so
habe ich intensivere, wesentlichere, mitteilenswertere Eindrük-
ke von Fürstentum und Repräsentation gewonnen, als irgend-
ein Hofmarschall in zwanzig Dienstjahren gewinnt« (GW XI,
569). Von ähnlicher Bedeutung wie das Montageverfahren (vgl.
L 177 ff.) ist für Mann die Verwendung von Zitaten (L 226), von
Leitmotiven (L 227) und von musikalischen Strukturen (vor

allem im »Doktor Faustus«). Zu seinen einheitsstiftenden Mitteln zählt – seit dem »Tod in Venedig« mit seiner verdeckten Dramenstruktur und deutlicher im »Zauberberg« – die Zahlenspielerei (L 228). Sie verführt zu Suchen nach esoterischen Mustern, und freie Spekulationen möchte ich in Arbeiten sehen, die z. B. den Tierkreis im »Zauberberg« verwirklicht sehen (L 229). Meist im Bereich des Nachvollziehbaren bewegen sich dagegen Studien zur Namensgebung bei Mann, die auf seinem Prinzip der Doppelten Optik (vgl. L 86) aufbauen und Archaisch-Kindliches mobilisieren. Eine dieser Arbeiten ist stärker theoretisch geprägt (L 230), eine weitere behandelt kursorisch das Gesamtwerk (L 231), während sich zwei neuere Dissertationen ergänzen, die von Doris Rümmele (L 232) und Siegmar Tyroff (L 233). Die Namengebung schafft den leichtesten Zugang zur Komik mancher Passagen (L 234), die sich selbst für Studenten häufig erst beim Vorlesen erschließt. Eins der Mittel dazu hat Mann in einem Brief an James Fellows White (durch den Sekretär Meisel) charakterisiert:

»das Fremdwort gebrauchte er im wesentlichen nur als Essayist, auf dem Gebiet des Analytischen und Intellektuellen, da bringt das Fremdwort eine kritische Nuance zum Ausdruck, dagegen erscheint dem Dichter in seinem poetischen Werk das entsprechende deutsche Wort als das stilistisch höhere – mit den von Ihnen bereits beobachteten Ausnahmen: wenn es gilt, etwa das halbgebildete Gerede törichter Menschen zu charakterisieren, also komische Wirkungen zu erzielen« (25. 5. 1939).

Erst aus der Fülle dieser Kunstmittel entsteht das Selbstbewußtsein, daß sich im Exil sogar vom deutschen Sprachraum lösen kann: »In den Arbeiten, die ich mit mir führe, ist meine Heimat! Vertieft in sie, erfahre ich alle Traulichkeit des zuhause Seins. Sie sind Sprache, deutsche Sprache und Gedankenform, persönlich entwickeltes Ueberlieferungsgut meines Landes und Volkes. Wo ich bin, ist Deutschland« (nach L 170).

Literatur

L 215 *Samuel Szemere*, Kunst und Humanität. Eine Studie über Thomas Manns ästhetische Ansichten, Berlin 1966; 2. Aufl. 1967; *Volkmar Hansen*, Goethe und Heine als Paradigmen des Klassischen und Modernen im Denken Thomas Manns. In: L 38, S. 40 ff.
L 216 *Hartmut Steinecke*, Die »repräsentative Kunstform der Epoche«. Bemerkungen zu Thomas Manns Romanverständnis. In: L 131, Vorträge, S. 250 ff.

L 217 *Reinhard Baumgart*, Das Ironische und die Ironie in den Werken Thomas Manns, 2. Aufl. München 1966; *Bela Allemann*, Thomas Mann. In: B. A., Ironie und Dichtung, Pfullingen 1956, S. 137 ff.; *Martin Walser*, Ironie als höchstes Lebensmittel oder: Lebensmittel der Höchsten. In: L 113, Sauereßig, S. 183 ff. (u. ö.); zuletzt *Peter-André Alt*, Ironie und Krise: ironisches Erzählen als Form ästhetischer Wahrnehmung in Thomas Manns »Der Zauberberg« und Robert Musils »Mann ohne Eigenschaften«, Frankfurt/M.; Bern; New York 1983 [1984]

L 218 *Erich Heller*, Von Hanno Buddenbrook zu Adrian Leverkühn. In: E. H., Enterbter Geist, Frankfurt/M. 1981, S. 247 ff.

L 219 Vgl. *Wolfgang Sucharowski*, Interessant. Beschreibungsversuche zum Gebrauch. In: Sprachwissenschaft 4 (1979), H. 4, S. 370 ff.

L 220 *Cecil Arthur M. Noble*, Krankheit, Verbrechen und künstlerisches Schaffen bei Thomas Mann, Bern 1970

L 221 *Georg Potempa*, Bogen und Leier, eine Symbolfigur bei Thomas Mann, Odenburg 1968

L 222 *Walter Flämig*, Zum Konjunktiv in der deutschen Sprache der Gegenwart. Inhalte und Gebrauchsweisen, Diss. Leipzig 1959; *Jürgen Stenzel*, Thomas Mann: »Tristan«. In: J. S., Zeichensetzung. Stiluntersuchungen an deutscher Prosadichtung (Palaestra, 241), Göttingen 1966, S. 106 ff.; *Werner Betz*, Syntax und Semantik im Deutschen und bei Thomas Mann. Anmerkungen zu Wortstellung und Satzbedeutung. In: L 131, Vorträge, S. 469 ff. [»Krull«-Beispiele]; *Angelika Bartsch*, Zur Stellung der Adverbiale in den Werken von Thomas Mann, Frankfurt/M. u. Bern 1982

L 223 *Werner Georg Hoffmeister*, Studien zur erlebten Rede bei Thomas Mann und Robert Musil, London, The Hague, Paris 1965

L 224 *Ulrich Dittmann*, Sprachbewußtsein und Redeformen im Werk Thomas Manns. Untersuchungen zum Verhältnis des Schriftstellers zur Sprachkrise (Studien zur Poetik und Geschichte der Literatur, 10), Stuttgart/Berlin/Köln/Mainz 1969

L 224a *Gunter Reiss*, »Allegorisierung« und moderne Erzählkunst. Eine Studie zum Werk Thomas Manns, München 1970

L 225 *Hans Wysling*, unter Mitarbeit von *Yvonne Schmidlin* (Hrsg.), Bild und Text bei Thomas Mann. Eine Dokumentation. München 1975; *Ernest M. Wolf*, Der falsche Saraceni. Eine Anmerkung zu Thomas Manns Erzählung »Der Wille zum Glück«. In: BTMG 16 (1977/78), S. 21 ff.

L 226 *Erika A. Wirtz*, Zitat und Leitmotiv bei Thomas Mann. In: GLL, N. S. 7 (1954), S. 126 ff.; *Herman Meyer*, Thomas Mann »Der Zauberberg« und »Lotte in Weimar«. In: H. M., Das Zitat in der Erzählkunst. Zur Geschichte und Poetik des europäischen Romans, 2. Aufl. Stuttgart 1967, S. 207 ff.

L 227 Vgl. L 126; als bedeutungtragende Wortketten mit Varianz bei

Paul Gerhard Klussmann, Die Struktur des Leitmotivs in Thomas Manns Erzählprosa. In: L 176, Wolff, S. 8 ff.

L 228 *Christiane Pritzlaff,* Zahlensymbolik bei Thomas Mann (Hamburger Philologische Studien, 25), Hamburg 1972; vgl. L 132

L 229 *Helmut Rehder,* Planetenkinder: Some Problems of Character Portrayal in Literature. In: The Graduate Journal 8 (1968), Nr. 1, S. 69 ff.; *Mark V. Felker,* Minor Characters and the Zodiac in Thomas Mann's »Der Zauberberg«. In: GR 58 (1983), S. 148 ff.

L 230 *Manfred Link,* Namen im Werk Thomas Manns. Deutung, Bedeutung, Funktion, University of Tokyo 1966

L 231 *Walter Langridge Robinson,* Name Characterization in the Works of Thomas Mann, Diss. masch. Austin 1959

L 232 *Doris Rümmele,* Mikrokosmos im Wort. Zur Ästhetik der Namensgebung bei Thomas Mann, Diss. Bamberg 1969

L 233 *Siegmar Tyroff,* Namen bei Thomas Mann in den Erzählungen und Romanen Buddenbrooks, Königliche Hoheit, Der Zauberberg, Bern u. Frankfurt/M. 1975

L 234 *Ronald Peacock,* Much is Comic in Thomas Mann (Inaugural Lecture), University of London 1963

Politik und Gesellschaft

Bei einem Schriftsteller, dessen Leitmetapher in politischen Fragen das Schiff war, das nach einer Seite schlägt und ihn dadurch instinktiv auf die andere Seite treibt, ist die Umstrittenheit selbstverständlich, so daß die Verschiedenartigkeit der Deutungsperspektiven (vgl. L 108 ff.) Ausdruck eines spannungsreichen Verhältnisses ist. Diese Globaldeutungen dominieren noch immer so sehr, daß präzise Detailuntersuchungen trotz bereitliegender Materialien viel zu selten sind. Unentbehrlich sind so noch immer die einführenden Essays von Max Rychner (L 235) und Alfred Andersch (L 236). Dies gilt selbst für Martin Flinkers Untersuchung (L 237) oder für die Studie des Politologen Kurt Sontheimer zu Manns Verhältnis zu den Deutschen (L 238), obwohl der begriffliche Klärungsprozeß eines Liberalen sich dabei vordrängt. Der biographische Zugriff durch Kontroversen ist insgesamt noch am besten entwickelt. Die Gesamtübersicht ist durch Klaus Schröter dokumentiert (L 305), während für viele Detailfragen oft noch die ursprünglichen Zeitungsartikel zurate gezogen werden müssen. Die Berliner ›Staatsbürgerzeitung‹ hat im Dezember 1912 eine Kontroverse ausgelöst, indem sie Mann zu den »Semiten« zählte (vgl. L 3, Bd. I, S. 428 ff.). Als Vaterlandsverräter erscheint Mann im Frühjahr 1928 der ›Berliner Nachtausgabe‹, und im Sommer erreicht die Auseinandersetzung um die Neuauflage der »Betrachtungen eines Unpolitischen« mitsamt der Distanzierung von Fliegerhelden ihren Höhepunkt (L 239). Nach seinen Äußerungen zum Nationalsozialismus (L 240), seinen Propaganda-Reden (L 241) und der Frage der Behandlung Deutschlands im Zweiten Weltkrieg (L 242) entwickelt sich 1945 aus Manns Weigerung, nach Deutschland zurückzukehren, mit Walter von Molo und Frank Thieß eine öffentliche Debatte um die innere Emigration (L 243), an die sich die Auseinandersetzung mit Manfred Hausmann 1947 anschloß. Dort ging es um Manns Brief vom 23. April 1934 an den Reichsinnenminister Frick (abgedruckt L 168, S. 419 ff.), der dazu herhalten sollte, Mann als charakterlosen Anpasser zu entlarven (und der für die extreme Rechte noch heute diese Funktion hat). Die »unamerikanischen Aktivitäten«, deren Eugene Tillinger im Frühjahr 1951 Mann bezichtigte, waren einer der Gründe der Rückkehr Manns nach Europa, doch bislang begnügt sich die Forschung mit der Formel Kalter Krieg. Ist das Buch ›Mann und die Politik‹ noch nicht einmal in seinen engen biographischen Aspekten geschrieben, so fehlen erst recht grundlegende Studien zu Ländern, Parteien und Konstellationen. Ansätze gibt es zu einer Geschichte des Verhältnisses zum Judentum. Der Antisemitismusvorwurf ist gegenüber seinem Verhalten ungerechtfertigt (vgl. GW XIII, 459 ff.), aber vereinzelte Tagebucheintragungen lassen eine leichte Ambivalenz gegenüber Juden erkennen, obwohl er ihre geistig-sinnlichen Qualitäten zu loben wußte. Mark H. Gelber hat Manns Verhältnis zum Zionismus genauer dargestellt (L 244). Obwohl Mann schon 1907 das befruchtende Element des Judentums für die europäische Kultur betont, äußert er, verstärkt in den zwanziger Jahren, Sympathien für den Zionismus, fordert zugleich aber eine Berücksichtigung des Heimatrechts der Palästinenser. Erst die ›Holocaust‹-Erfahrung der vierziger Jahre machte ihn 1948 zum entschiedenen Vertreter einer jüdischen Staatsgründung in Palästina durch die UN. Nur durch Detailstudien dieser Art wird wissenschaftlicher Fortschritt auf diesem Gebiet möglich sein.

Literatur

L 235 *Max Rychner*, Thomas Mann und die Politik. In: M. R., Aufsätze zur Literatur, Zürich 1966, S. 251 ff.
L 236 *Alfred Andersch*, Thomas Mann als Politiker. In: A. A., Die Blindheit des Kunstwerks und andere Aufsätze, Frankfurt/M. 1965, S. 41 ff. (u. ö.)

L 237 *Martin Flinker,* Thomas Mann's politische Betrachtungen im Lichte der heutigen Zeit, The Hague 1959

L 238 *Kurt Sontheimer,* Thomas Mann und die Deutschen, München 1961; als Taschenbuch 2. Aufl. Frankfurt/M. 1965

L 239 [*Arthur Hübscher,* Hrsg.], Der Streit um Thomas Manns Betrachtungen. Als Handschrift gedruckt, Süddeutsche Monatshefte, München [1928]

L 240 *Urs Bitterli,* Thomas Manns politische Schriften zum Nationalsozialismus 1918–1939, Aarau 1964

L 241 *Günther Wirth,* Bekenntnisse eines Politischen. Thomas Manns Radioreden. In: Weimarer Beiträge 16 (1970), H. 1, S. 70 ff.

L 242 *Herbert Lehnert,* Bert Brecht und Thomas Mann im Streit über Deutschland. In: L 171, Kalifornien, S. 62 ff.

L 243 *J. F. G. Grosser,* Die große Kontroverse. Ein Briefwechsel um Deutschland, Hamburg/Genf/Paris 1963; *Hans-Albert Walter,* »Als ich wiederkam, da – kam ich nicht wieder.« Vorläufige Bemerkungen zu Rückkehr und Reintegration von Exilierten 1945–1949. In: Jb. 1983 der Deutschen Akademie für Sprache und Dichtung Darmstadt, Heidelberg 1983, S. 23 ff.

L 244 *Kurt Loewenstein,* Thomas Mann zur jüdischen Frage. In: Bulletin des Leo Baeck Instituts 10 (1967), S. 1 ff.; *Mark H. Gelber,* Thomas Mann and Zionism. In: GLL, N. S. 37 (1984), H. 2, S. 118 ff.

Traditionshorizont und Orientierungsmodelle

Vom Dreigestirn Schopenhauer, Wagner, Nietzsche zu Goethe – so nimmt sich in der älteren Mann-Forschung die Entwicklungslinie der großen Vorbilder aus. Editionen und Forschungen der letzten Jahre haben diese Überzeugung erschüttert, plazieren Goethe mitten hinein in die Leitbilder und lassen das dahinterstehende Modell – vom ›bösen‹ zum ›guten‹ Thomas Mann – fragwürdig erscheinen.

Was konnte Mann von Wagner lernen? In »On Myself« spricht er von »Richard Wagners Motivtechnik und symphonischer Dialektik«, die in den »Buddenbrooks« zur Geltung komme (GW XIII, 141). Beides überträgt grundlegende Kunstmittel aus Wagners Musikdrama ins Epische, einmal »das Motiv, das Selbstzitat, die symphonische Formel, die wörtliche und bedeutsame Rückbeziehung über weite Strecken hin« (GW X, 840); zum andern, wie er in einem Brief an Schickele 1934 schreibt: »Ausgezeichnet – Ihr Wort vom Roman als Gesamtkunstwerk! Es ist eine alte Lieblingsidee von mir. Der Wagner'sche Begriff davon war lächerlich mechanisch« (Briefe I, 360). Mit der Bestätigung des eigenen Wunschs Künstler zu sein, der von einer Kunst ausgehen mußte, die gerade auf ihrem Siegeszug um die Welt war, verband sich aber schon für den jungen Thomas Mann unlösbar Nietzsches Kritik »Der Fall Wagner«. Nietzsche deutet Wagners »Versteckspielen unter hundert Symbolen«, seine »Polychromie des Ideals« als Beginn einer kritisierten Moderne: »Man greift es mit Händen: der große Erfolg, der Massen-Erfolg ist nicht mehr auf der Seite der Echten – man muß Schauspieler sein, ihn zu haben!« Befreit von dem negativen Vorzeichen begreift Mann immer bewußter Literatur als Praxis zu einer Theorie, als Mittel, das etwas bedeutet, als Kommentar einer Idee. Es ist – unfreiwillig – Nietzsches Interpretation, die Wagner zum Vorbild, zum Modernen par excellence für Mann macht. Neben den direkten Übernahmen ist seit dem ersten Lektüreschub 1894–96, der durch Notizbucheintragungen und zumindest die Erzählung »Der Wille zum Glück« dokumentiert ist, in zahlreichen weiteren Bereichen der Psychologie, Kunst- und Kulturkritik mit Nietzsches Mittlerrolle zu rechnen (L 245). Zahlreiche Nietzsche-Ausgaben, seine Rolle bei der Nietzsche-Gesellschaft und die Lektüre vieler Werke sogar aus dem Freundeskreis und über ihn machen Mann zum »sehr guten Nietzsche-Kenner« (P. Pütz). Nietzsches Formulierungen wie »Alles Politisieren ist Improvisieren auf gut Glück« mußten dem angehenden Schriftsteller, der an der Kunst und einer spät durchbrechenden Pubertät litt, dieses Gebiet für noch nicht einmal des »Durchschauens« Wert halten. In weiten Bereichen ergänzte die Lektüre Schopenhauers, dessen Werk sich ja erst mit dem Realismus durchgesetzt hatte, diese grundlegende Begegnung; so konnte der Begriff der Rolle, der in beider System eine zentrale Funktion hat, nur legitimierend den Künstler bestätigen. Schwieriger ist die Frage nach dem Zeitpunkt der ersten Schopenhauer-Rezeption zu beantworten. Seit Manns Darstellung im Kapitel »Einkehr« der »Betrachtungen eines Unpolitischen« angefochten ist, die eigene Lektüre der »Welt als Wille und Vorstellung« sei kurz vor der Niederschrift des Leserauschs von Thomas Buddenbrook erfolgt, haben sich drei Positionen in dieser Frage ausgebildet: die eine deutet frühe Eintragungen in den Notizbüchern als einzig auf direkte Lektüre zurückzuführende Eindrücke (1895), so daß z. B. schon das »Nirwana« des kleinen Herrn Friedemann darauf beruhe (L 128, Frizen, S. 38 ff.); eine zweite hält entschlossen an Manns eigener Version fest (Ende 1899) und interpretiert die frühen Eintragungen als Übernahmen aus fremden Quellen (L 66, S. 367 ff.); Lehnerts dritte, vermittelnde Auffassung hält Manns Version aufrecht, (1898/99 u. 1895), modifiziert sie aber durch die These, Schopenhauers Philosophie sei Mann durch die Zeitatmosphäre schon »nahe« gewesen (L 52, S. 36 ff.). Eine mehr als akademische Bedeutung kommt diesem Daten-Streit zu, weil Mann mehrfach vehement eine Beeinflussung der Gesamtkonzeption der »Buddenbrooks« durch Schopenhauers Pessimismus verneint hat. Immerhin erscheint »Griechentum und Pessimismus« schon als Untertitel von Nietzsches »Geburt der Tragödie«. Der illusionäre, vom »Schleier der Maja« verstellte Blick auf die metaphysische Welt des Willens, die Aufhebung des principii individuationis, die Thomas Buddenbrook in dem Kapitel »Über den Tod und sein Verhältnis zur Unzerstörbarkeit unseres Wesens an sich« erfährt, das nunc stans der einzig psychologischen Wirklichkeit der Zeit innerhalb ewiger Wiederkehr zählen zu den prägenden Elementen als Ausgangsbasis wie als wiederholte Lektüre und künstlerische Formung (L 245 a). Zu den Desideraten der Mann-Forschung gehören grundlegende neuere Monographien zu dem gesamten Dreigestirn.

Literatur, und erst recht die Klassiker Goethe und Schiller, waren um die Jahrhundertwende im Alltagleben in einem Maß lebendig, das heute schon schwer nachzuvollziehen ist. Nur ein geringes eigenes Interesse war notwendig, um zu einer Vertiefung zu gelangen. Von dem üblichen Wissen zeugt schon die Schülerzeitschrift des jungen Mann, 1894 kennt er beide Teile des »Faust« und notiert sich Sprüche Goethes. Im Sommer 1897 liest er das »beste deutsche Buch« (Nietzsche):

»Augenblicklich bewundere ich Eckermanns ›Gespräche mit Goethe‹ – welch ein beschämender Genuß, diesen großen, königlichen, sicheren und klaren Menschen beständig vor sich zu haben, ihn sprechen zu hören, seine Bewegungen zu sehen! Ich werde gar nicht satt davon, und ich werde traurig sein, wenn ich zu Ende bin« (21. 7. an Grautoff).

Eine geheime Vorbildrolle deutet sich hier an, verstärkt sich bei den Vorarbeiten zur Schiller-Erzählung »Schwere Stunde«, dem Plan »Goethe in Marienbad« und mündet in der Zeit der »Betrachtungen eines Unpolitischen« in die Repräsentanz als – natürlich unpolitisch-konservativer – »deutscher Mensch«. Mit dem Fallen der Scheuklappen vollzieht sich ein offen sichtbarer Neudeutungsprozeß, der das kritische Element eines »Ideals der Deutschheit« nicht ausklammert. Von den älteren Arbeiten zu dem Thema hat Bernhard Blumes »Thomas Mann und Goethe« noch immer nichts von ihrem Glanz verloren (L 246).

Neuere Arbeiten differenzieren den Amalgamierungsprozeß stärker, sehen die Frührezeption (L 247). Durch eine methodisch breit gefächerte Arbeitsweise kommt Hinrich Siefken zu der bisher komplexesten Darstellung (L 248).

War die Schule, wie man aus den Biographien und der Schilderung der »Buddenbrooks« weiß, für Mann nur eine Qual, so ist sie immerhin der Ort der Vermittlung Schillers. Der Deutschlehrer Baethcke wurde von ihm dankbar von dem allgemeinen Verdikt ausgenommen, und man wird dabei an solche populären Gedichte wie das Reiterlied aus dem »Wallenstein« zu denken haben, das Mann z. B. in dem verworfenen Anfang der »Königlichen Hoheit« für eine der einleitenden Szenen benutzen wollte. Schillers »Über naive und sentimentalische Dichtung« ist für Mann der Inbegriff des Essays gewesen, und Schiller-Spuren zeigen sich bis in die letzte Rede (L 249).

Das eigentliche Feld des Lernens war dagegen das Zuhause, in dem das Puppenspiel und die griechische und römische Mythologie eine große Rolle spielten, die Mutter Märchen von den Grimms und Andersen vorlas und vor allem mit »Ut mine Stromtid«, der plattdeutschen Humoristik Fritz Reuters und damit dem ersten Roman bekanntmachte. Auch die Kenntnis Storms dürfte aus dieser Sphäre kommen (L 250). An den Bruder Heinrich wird man als Vermittler für die Begegnung mit Heine denken müssen, wobei nicht die frühe Lyrik-Epigonalität, sondern die kritische Prosa, z. B. seine Auseinandersetzung mit Börne, zu einem konstitutiven Faktor von Manns Bildung werden (L 251). Eine auffällige Polarisierung der Brüder ist schon zu erkennen: Heinrich folgt den sozialkritisch-sensualistischen Spuren, Thomas orientiert sich am Künstlerproblem. Heines Polemik dürfte auch für die Anschaffung von Börnes Werken verantwortlich gewesen sein. Zu Nietzsche und Heine kommt – damit zusammenhängend – noch der Kritiker Georg Brandes, dessen »Hauptströmungen« die »Bibel des jungen intellektuellen Europa« werden (L 252). Die Erzählwerke E. T. A. Hoffmanns vermitteln aber schon früh ein anderes Bild von der Romantik als durch die Liedtradition der Mutter (vgl. L 181, Gersdorff). Hat Käte Hamburger zunächst behauptet, man müsse die Frühromantik Friedrich Schlegels und Hardenbergs als Hintergrund sehen (L 253), so wird die neuere Forschung, durch Hans Eichner auf die Spur gebracht (L 254), nach einer späteren systematischen Lektüre fragen und vor allem Kleist, Brentano und Tieck heranziehen. Heines ideologiekritische Perspektive in der »Romantischen Schule« wird Mann erst später, z. B. in Partien von »Lotte in Weimar«, aufgreifen. Heines Vorwürfe gegen Platen gar prallten völlig an Mann ab, und Platen wird zum Lebensbesitz; eine umfassende Untersuchung für diesen Autor fehlt völlig. Greifbarer ist die Rolle Fontanes, dessen Briefe und späten Romane mehrfach im Erzählduktus Spuren hinterlassen haben (L 255). In die Entwicklungsjahre gehört die Aneignung der Dramen Tschechows, Hauptmanns und Ibsens, werden Hermann Bahr und Knut Hamsun imitierte Stilorientierungen. Der skandinavische (L 256) und der russische Roman (L 257) zählt zu den Voraussetzungen der »Buddenbrooks«. Ungeklärt ist noch die Bedeutung von Flaubert, Zola und Dickens. Von dem Kreis der Schriftsteller, die erst in späteren Jahren für Mann von Bedeutung werden (Meyer, Stifter, Keller, Walt Whitman), ist der Kritiker Mereschkowski spät entdeckt worden (L 258). Von der deutschen Philosophiegeschichte sind Kant mit den »Träumen eines Geistersehers« und Hegel, der Reflexionen am Beginn der »Logik« an Riemer abgibt (GW II, 439 ff.), von einer gewissen Bedeutung. Eine Gesamteinführung in die Thematik der Orientierungen gibt 1971 mit auch unüblichen Fragestellungen der Sammelband »Thomas Mann und die Tradition« von Peter Pütz (L 101). Die gewichtigste Spätrezeption liegt zu Freud vor. Die erste intensive Auseinandersetzung mit seinem Werk erfolgt 1925/26 und relativiert binnen kürzester Zeit das noch etwas abschätzige Bild der Psychoanalyse, das er in der Gestalt Krokowskis im »Zauberberg« entwickelt hatte. Zum siebzigsten Geburtstag Freuds am 6. Mai 1926 schreibt er einen huldigenden Brief, der neben positiven Äußerungen von Stefan Zweig und Döblin abgedruckt wird: »Ich sehe in dieser Bewegung, weit über alles Medizinische hinaus, eine geistige Erschütterung, deren Wellen heute überall hinreichen, und ein Hauptelement jener allgemeinen Revolution, die im Begriff ist, das Weltbild und Lebensgefühl des europäischen Menschen bis in den Grund zu ändern« (Regesten 26/62). Daneben gibt es Zeugnisse, die darauf hindeuten, daß Mann nicht nur der Freud-Schule, sondern seinem Werk schon früher begegnet ist. Zu den »gelehrten Büchern«, die Imma Spoelmann in der »Königlichen Hoheit« sich binden läßt, zählen »solche, die sich mit wissenschaftlicher Seelenkunde, scharfsinnigen Zergliederungen der inneren Vorgänge befaßten« (GW II, 282). Zwei weitere Spuren weisen in die Zeit vor dem Ersten Weltkrieg und gehen über das übliche psychopathologische Interesse der Zeit hinaus. In einem Interview mit Aldo Sorani erläutert Mann zum »Tod in Venedig«, daß er unter dem »unmittelbaren Einfluß Freuds« entstanden sei: »Ich hätte ohne Freud niemals daran gedacht, dieses erotische Motiv zu gestalten oder hätte es wenigstens ganz anders gestaltet« (Interview 25. 2). Möchte man zunächst an eine Rückprojektion glauben, so korrespondiert damit eine Eintragung im zehnten Notizbuch aus der Zeit der Erzählung: »Freud hat in hohem Grade recht, wenn er das Gewissen als ›soziale Angst‹ definiert«. An den Germanisten Witkop schreibt Mann 1920, als das Versteckspiel um Hesses Autorschaft des »Demian« ein Ende hat: »Daß er dem Freudianismus so zugänglich war, sollte mich wundern« (Briefe I, 175). Krokowski kann demnach nur für die krisenhafte Verblendung jener Jahre stehen, nicht für die erste Begegnung mit der Psychoanalyse (L 259). Zur »Joseph«-Zeit ist ihm das Interesse an der psychoanalytischen Literatur eine Selbstverständlichkeit, um »vermittelst einer mythischen Psychologie eine Psychologie des Mythos« (GW XIII, 164) zu unternehmen.

Literatur

L 245 *Roger A. Nicholls,* Nietzsche in the Early Works of Thomas Mann, Berkeley 1955; *Peter Pütz,* Kunst und Künstlerexistenz bei Nietzsche und Thomas Mann. Zum Problem des ästhetischen Perspektivismus in der Moderne, Bonn 1963, 2. Aufl. 1975; *Peter Pütz,* Thomas Mann und Nietzsche. In: Hans Steffen (Hrsg.), Nietzsche. Werk und Wirkungen, Göttingen 1974, S. 91 ff., hier S. 92

L 245a L 48; L 145; L 128; *Arthur Hübscher,* Thomas Manns Schopenhauer-Essay. In: Schopenhauer-Jahrbuch 63 (1982), S. 117 ff.

L 246 *Bernhard Blume,* Thomas Mann und Goethe, Bern 1949

L 247 *Ernst Cassirer,* Thomas Mann Goethe-Bild. Eine Studie über »Lotte in Weimar« (1945). In: Helmut Koopmann (Hrsg.), Thomas Mann (WdF I, 335), Darmstadt 1975, S. 1 ff.; *Werner Betz,* Lateinisches, Goethisches und Paragoethisches in Thomas Manns »Lotte in Weimar«. In: Klaus W. Jonas (Hrsg.), Deutsche Weltliteratur von Goethe zu Ingeborg Bachmann. Festgabe J. A. Pfeffer, Tübingen 1972, S. 189 ff.; *Hans Rudolf Vaget,* »Goethe oder Wagner«. Studien zu Thomas Manns Goethe-Rezeption 1905–1912. In: H. R. V. u. Dagmar Barnouw, Thomas Mann. Studien zu Fragen der Rezeption (New York University Ottendorfer Series, N. F. 7), Bern u. Frankfurt/M. 1975, S. 1 ff.; *Hans Wysling,* Thomas Manns Goethe-Nachfolge. In: Jb. d. freien deutschen Hochstifts 1978, S. 498 ff.; *Hubert Ohl,* Riemers Goethe. Zu Thomas Manns Goethe-Bild. In: Jb. d. dt. Schillergesellschaft 27 (1983), S. 381 ff.

L 248 *Hinrich Siefken*, Thomas Mann. Goethe – »Ideal der Deutsch-heit«. Wiederholte Spiegelungen 1893–1949, München 1981; H. S., Thomas Mann edits Goethe: »The permanent Goethe«. In: MLR 77 (1982), S. 876 ff.

L 249 *Hans-Joachim Sandberg*, Thomas Manns Schiller-Studien. Eine quellenkritische Untersuchung (Germ. Schriftenreihe der nor-wegischen Universitäten und Hochschulen, 3), Oslo 1965

L 250 *Willy Schumann*, Theodor Storm und Thomas Mann. Gemeinsa-mes und Unterschiedliches. In: Monatshefte 55 (1963), H. 2, S. 49 ff.; *Günther Weydt*, Umwertungen des Stormbildes durch Thomas Mann. In: Schriften der Theodor-Storm-Gesellschaft 17 (1968), S. 94 ff.; *Günther Weydt*, Thomas Mann und Storm. In: Renate von Heydebrand u. Klaus Günther Just (Hrsg.), Wissen-schaft als Dialog. Studien zur Literatur und Kunst seit der Jahr-hundertwende. Fs. Wolfgang Rasch, Stuttgart 1969, S. 174 ff./ 496 f.

L 251 *Volkmar Hansen*, Thomas Manns Heine-Rezeption (Heine-Stu-dien), Hamburg 1975; ein Brief für die Gründung einer Heine-Gesellschaft im Jahr 1908, s. L 38, S. 49

L 252 *Hans-Joachim Sandberg*, Suggestibilität und Widerspruch. Tho-mas Manns Auseinandersetzung mit Brandes. In: Nerthus 3 (1972), S. 119 ff.; *Hans-Joachim Sandberg*, Thomas Mann und Georg Brandes. Quellenkritische Beobachtungen zur Rezeption (un-)politischer Einsichten und zu deren Integration in Essay und Erzählkunst. In: L 131, Vorträge, S. 285 ff.; *Stefen Cerf*, Georg Brandes' View of Novalis . . . A Current within Thomas Mann's »Der Zauberberg«. In: Colloquia Germanica 14 (1981), H. 2, S. 114 ff.

L 253 *Käte Hamburger*, Thomas Mann und die Romantik. Eine problemgeschichtliche Studie (Neue Forschungen, 15), Berlin 1932

L 254 *Hans Eichner*, Thomas Mann und die deutsche Romantik. In: Wolfgang Paulsen (Hrsg.), Das Nachleben der Romantik in der modernen deutschen Literatur, Heidelberg 1969, S. 152 ff.; *Hel-mut Brandt*, Thomas Mann und die deutsche Romantik. In: L 162 (Mann-Kongreß), S. 117 ff.

L 255 *Karl Diedenhofen*, Theodor Fontane und Thomas Mann. Eine vergleichende Untersuchung als Beitrag zu den Problemen der Ironie und der Bedeutung des intellektuellen Elements in der Li-teratur, Diss. masch. Bonn 1951; *Ronald Schweizer*, Thomas Mann und Theodor Fontane. Eine vergleichende Untersuchung zu Stil und Geist ihrer Werke, Zürich 1971; *Katharina Momm-sen*, Gesellschaftskritik bei Fontane und Thomas Mann, Heidel-berg 1973; *Hubert Ohl*, »Verantwortungsvolle Ungebunden-heit«: Thomas Mann und Fontane. In: L 131, Vorträge, S. 331 ff. *Gertrude Michielsen*, The preparation of the future. Technics of anticipation in the novels of Theodor Fontane und Thomas Mann, Bern u. a. 1978

L 256 *Walter Grüters,* Der Einfluß der norwegischen Literatur auf Thomas Manns »Buddenbrooks«, Düsseldorf 1961; *Uwe Ebel,* Rezeption und Integration skandinavischer Literatur in Thomas Manns »Buddenbrooks« (Skandinavische Studien, 2), Neumünster 1974

L 257 *Alois Hofmann,* Thomas Mann und die Welt der russischen Literatur. Ein Beitrag zur literaturwissenschaftlichen Komparatistik, Berlin 1967; *Christian Schmidt,* Bedeutung und Funktion der Gestalten der europäisch-östlichen Welt im dichterischen Werk Thomas Manns. Untersuchungen zur deutschen Literatur und zur Wirkungsgeschichte der russischen Literatur in Deutschland, München 1971; *André Banuls,* Thomas Mann und die russische Literatur. In: L 131, Vorträge, S. 398 ff.

L 258 *Lilli Venohr,* Thomas Manns Verhältnis zur russischen Literatur, Meisenheim/Glan 1959; vgl. L 251, S. 134 f.

L 259 *Peter Dettmering,* Dichtung und Psychoanalyse. Thomas Mann – Rainer Maria Rilke – Richard Wagner, München 1969; L 145, S. 127 ff./253 ff.; *Jean Finck,* Thomas Mann und die Psychoanalyse (Bibliothèque de la Faculté de Philosophie et Lettres de l'Université de Liège, 204), Paris 1973

Thematologie

In den letzten Jahren hat sich ein bemerkenswerter Wandel in der Beschäftigung mit den Themen, die Mann in seinem Werk anspricht, vollzogen. Die traditionellen Themen Krankheit, Tod, Musik treten hinter Fragestellungen zur familiären Bindung, zu autorübergreifenden Motiven, zur Erotik zurück.

Musik spielt auf mehreren Ebenen im Werk Manns eine wichtige Rolle. Zunächst erhält sie metaphysische Qualitäten durch die Parallelisierung zum Schlaf und zum Meer als dem anderen Sein des Menschen (L 260). Sie kann ein ganzes Werk strukturieren, wie im »Doktor Faustus« oder durch die Leitmotivik dem Einzelwerk das einheitliche Gepräge geben. Thematisch reiht sich die Kette von Darstellungen des Musikerlebnisses (z. B. im »Tristan« oder »Wälsungenblut«) über die Werkcharakteristik in europäischem Zusammenhang (»Fülle des Wohllauts« im »Zauberberg«) bis hin zu erfundenen eigenen Kompositionen im »Doktor Faustus«. In seiner Generation noch selbstverständlich, verbinden sich mit zahlreichen Texten noch unlösbar Vertonungen, und seine Heraushebung von Eichendorffs »Zwielicht« wäre ohne Schumann gar nicht denkbar. Es ist daher nicht erstaunlich, daß eine breite Palette an Sekundärliteratur zu diesem Thema entstanden ist (L 261).

»Aber ist Ihnen in aller Kunst- und Literaturgeschichte wohl einmal der Versuch vorgekommen, den Tod zur komischen Figur zu machen?«, so fragt Mann im Februar 1925 in einem Brief zum »Zauberberg« und öffnet damit den Blick für das Bewußtsein der neuen Sehweise, mit dem er sich dem Thema nähert. Zurückgenommen wird die Gleichung von der Krankheit als einfaches Verfeinerungs- und Steigerungselement, die z. B. in Kafkas »Schloß«, im Ankunft-Kapitel, präsent ist. Wie im Fall des Todes scheint auch bei Krankheit der Weg zu weiterführenden Einsichten nur über die Entwicklung einer Gesamtzeitperspektive möglich zu sein (L 262).

Man muß nur an Tony Buddenbrook denken, oder an die Josephsromane mit Rahel, Mut-em-enet oder Thamar, um der Bedeutung der Frauengestalten bei Mann gewahr zu werden. Auch hier sind die produktivsten Arbeiten in vergleichenden Studien zu suchen (L 263). In einer Dissertation ist Michael Zeller dem Thema der Väter und Söhne im Werk Manns nachgegangen, ohne letztlich überzeugen zu können, daß damit ein geheimes Zentrum der Fixierung Manns getroffen sei (L 264). Inge Vielhauer hat in größerem Rahmen auch die Rolle der Geschwister (Geschwisterliebe, Geschwisterehe, Wahlgeschwister) bei Mann dargestellt (L 265). Als H. Kohtz 1953 in einer Berliner Dissertation, »Das Problem der Dekadenz im Werk Thomas Manns«, das Thema der Homoerotik anschnitt, hat Mann mit »überzogen« abgewehrt. Neuere Arbeiten können durch die Publikation der Tagebücher zur persönlichen Tiefendimension vordringen und von der Grundlegung des Eros bei Mann – Art und Grad der Sexualität sind noch in der höchsten Form der Geistigkeit zu finden (Nietzsche) – einen Bogen zur Werkthematik schlagen und die Variationsvielfalt des Liebesverhaltens sichtbar machen (L 266). Welch eine Gratwanderung des »Möglichen« Mann z. B. mit dem »Tod in Venedig« unternahm, könnte man an einem Vergleich der abgelehnten und der bejubelten Fassung von Puccinis »Madame Butterfly« zeigen, oder am Schicksal seines Sohnes Klaus. Originelle Ansätze zu weiteren Einzelthemen finden sich oft in den vergleichenden Dissertationen (L 267). Mit dem Wandel der Schule wandelt sich Thomas Manns Auffassung von der Schulerziehung, löst Serenus Zeitblom den Direktor Wulicke der »Buddenbrooks« ab (L 267 a).

Mit dem Durchbruch des Eifelturms hat Delaunay dieses Jahrhundert begrüßt, haben die Futuristen mit Marinettis Manifest die neue Welt der Technik gefeiert. Manns weniger überschwengliche Technikfreundlichkeit, die sich in der Distanz zum Fliegerkult der zwanziger Jahre manifestiert oder in seiner Mahnung in der »Meerfahrt mit Don Quijote«, doch ja nicht hinter der Technik zurückzubleiben, sollte in einer Zeit der Fortschrittsskepsis, mit dem Untergang der ›Titanic‹ als gängiger Metapher, auf Interesse stoßen. Bezeichnenderweise hat Mann sehr früh auf die Leistungen Heisenbergs hingewiesen (vgl. L 35, S. 144), den Schrecken der Atombombe aber noch erlebt. Der Weg zu Kipphardt »Oppenheimer« oder Dürrenmatts »Physikern« könnte so sichtbar werden. In seiner grundlegenden Bedeutung ist das Kapitel »Forschungen« des »Zauberbergs« noch nicht erkannt, denn hier nimmt Mann schon Ansätze der Molekularbiologie auf, die erst in den fünfziger Jahren zum entscheidenden Durchbruch ansetzen und z. B. in Jacques Monods »Le hazard et la nécessité« (1970) greifbar sind.

Mit dem weniger gebrochenen Verhältnis Lübecks zu Mann hängt es zusammen, daß neben der wissenschaftlichen Beschäftigung mit dem schwierigen Sohn der Stadt auch panegyrische Schriften, aber immerhin mit einiger Aussagekraft, entstehen (L 268).

Literatur

L 260 *Ursula Kuhlmann,* Das Meer in Thomas Manns Leben und Werk. Diss. Univ. of Pennsylvania 1973.
L 261 *David Charles Caddis,* Exploitation of affinity: a critical evaluation of literature dealing with the theme ›Thomas Mann and music‹, Diss. New York University 1973; *Karl Heim,* Thomas Mann und die Musik, Diss. masch. Freiburg 1952; *Victor Zmegac,* Die Musik im Schaffen Thomas Manns (Zagreber germanistische Studien, 1) Zagreb 1959; vgl. L 187 ff.
L 262 *Ludwig Uhlig,* Der Todesgenius in der deutschen Literatur von Winckelmann bis Thomas Mann, Tübingen 1975; *Thomas Anz,* Der schöne und der häßliche Tod. Klassische und moderne Normen literarischer Diskurse über den Tod. In: Karl Richter u. Jörg Schönert (Hrsg.), Klassik und Moderne [. . .] Walter Müller-Seidel zum 65. Geburtstag, Stuttgart 1983, S. 409 ff.
L 263 *Mario Praz,* Liebe, Tod und Teufel. Die schwarze Romantik, München 1970; *Barbara Gehrts,* Die Bedeutung der Frauengestalten im Romanwerk Thomas Manns, Diss. masch. Freiburg 1958; *Ariane Thomalla,* Die ›femme fragile‹. Ein literarischer Frauentypus der Jahrhundertwende (Literatur in der Gesellschaft; 15); Düsseldorf 1972; *Christine Schneider,* Darstellung und Funktion der Frauengestalten in Thomas Manns Roman »Buddenbrooks« und »Der Zauberberg«, Staatsarbeit masch. Köln 1979

L 264 *Michael Zeller,* »Väter und Söhne« bei Thomas Mann. Der Generationsschritt als geschichtlicher Prozeß (Bonner Arbeiten zur deutschen Literatur, 27), Bonn 1974

L 265 *Inge Vielhauer,* Bruder und Schwester, Bonn 1979

L 266 *Gustav Struebel,* Liebe und Geschlecht im Werk Thomas Manns, Diss. Freiburg 1982; *Claus Sommerhage,* Eros und Poesis. Über das Erotische im Werk Thomas Manns (Bonner Arbeiten zur deutschen Literatur, 40), Bonn 1983, [mündet in den »Doktor Faustus«]; *Mechthild Curtius,* Erotische Phantasien bei Thomas Mann. »Wälsungenblut«, »Bekenntnisse des Hochstaplers Felix Krull«, »Der Erwählte« [Inzest] – »Die vertauschten Köpfe«, »Joseph in Ägypten« [Mut-em-enet], Königstein 1984

L 267 *Drusilla Ice,* The Zelos: a study of Thomas Mann's compositional technique, Diss. University of Pennsylvania 1978; *Nils Erik Ekfelt,* The narration of dream in the prose works of Thomas Mann and Schnitzler, Indiana University 1979; *Marion Faber,* Angels of Daring. Tighttrope walker and acrobat in Nietzsche, Kafka, Rilke and Thomas Mann, Stuttgart 1979; *Susan Elisabeth Peabody,* Rigidity and Metamorphosis: versions of the fall in Euripides, Kleist, Mann and others, Diss. Berkeley 1981

L 267a *Thomas Bertschinger,* Das Bild der Schule in der dt. Literatur zwischen 1890 und 1914 (Zürcher Beiträge zur Pädagogik 9), Zürich 1969

L 268 *Klaus Matthias,* »Lübeck ist mein Faubourg St. Germain«. Über die Bindungen Thomas Manns an seine Vaterstadt. In: Jahrbuch des Freien Deutschen Hochstifts 1975, S. 431 ff.; *Jan Herschenröder* u. *Ulrich Thoemmes* (Hrsg.), Thomas Mann, geboren in Lübeck, Lübeck 1975; Museum für Kunst und Kulturgeschichte der Hansestadt Lübeck (Hrsg.), Kunst und Kultur Lübecks im 19. Jahrhundert, Lübeck 1981; *Björn R. Kommer,* Das Buddenbrookhaus. Wirklichkeit und Dichtung (Hefte zur Kunst und Kulturgeschichte der Hansestadt Lübeck, 6) Lübeck 1983

Zeitgenossen

Vielleicht ist dies bei einem Schriftsteller, der beinahe noch zur Gegenwartsliteratur zählt, nicht anders zu erwarten: es dominiert die persönliche Ebene bei der Darstellung der Beziehungen zu Zeitgenossen, selbst wenn diese Schriftsteller sind. Charakteristisch ist daher, daß in den Ausgaben der Briefwechsel (vgl. L 19 ff.) zugleich die intensivsten Auseinandersetzungen mit den schriftstellerischen Positionen zu finden sind. Dieses Defizit an literarhistorischer Dimension allein der Mann-Forschung anzulasten wäre falsch. So war z. B. geschichtliche Distanz nötig, um unbefangen die Literatur im NS-Reich anzugehen, und wir stehen erst am Anfang eines vollständigen, Exil, innere Emigration und affirmative Literatur einschließenden Bilds der deutschen Literatur in den Jahren nach 1933. Wie sehr persönliche Leidenschaften zudem noch immer die Diskussion färben, mögen zwei Beispiele zeigen. 1978 hat der Regisseur George Tabori, der 1949 an einem Drehbuch für eine »Zauberberg«-Verfilmung mitgearbeitet hat, bei der Greta Garbo mitspielen sollte, aus seinem Leben geplaudert und von einem gemeinsamen Abend in Feuchtwangers Villa in Kalifornien berichtet und als Äußerung Manns auf dem Rückweg festgehalten:

»›Junger Mann‹, sagte er, ›haben sie die Perfektion der Einrichtung bemerkt, die 18 000 ledergebundenen Bücher, alle von ihm nicht nur gelesen, sondern auch verstanden und im Gedächtnis behalten; die abwechslungsreichen Schreibtische, einer, um im Liegen zu schreiben, ein anderer, um sitzend zu schreiben, ein dritter zum Stehen, und die prächtigen Schreibutensilien, die verschiedenen Schreibmaschinen, die Batterie von Federn, Bleistiften, Radiergummis, die erlesene Qualität des Papiers, die raffinierte kleine Nische für die Sekretärin, immer zur Hand, der Blick über den Pazifischen Ozean, der Duft der exotischen Flora, diese riesige, diskrete, immer hilfsbereite Frau, die mich an einen Indianerhäuptling erinnert, und was kommt bei all der Vollkommenheit heraus? Reine Scheiße‹« (L 269).

Die Folge: der Feuilletonchef der ›Zeit‹, Fritz J. Raddatz, ging mit diesem Text zu einem Interview mit Marta Feuchtwanger, die entsprechend reagierte und auch in ihrer inzwischen erschienenen Autobiographie, die insgesamt die Exilzeit zu kurz behandelt, nicht zu einem sachlichen Ton findet (L 270). Ein zweites Beispiel für den emotionalisierenden Gebrauch von Äußerungen Manns. Im Sommer 1982 versuchten die Parteien Grüne und SPD die Verleihung des Goethe-Preises der Stadt Frankfurt, den Mann selbst 1949 erhalten hat, an Ernst Jünger zu verhindern, indem Zitate zusammengestellt wurden. Zu den Unterstellungen der Grünen zählte die Behauptung, Jünger habe im Oktober 1930 Manns »Deutsche Ansprache« gestört (L 271). In einem Interview mit dem ›Spiegel‹ hat Jünger sich nur mit Maßen provozieren lassen:

»Aber ich habe mich immer geärgert, wenn ich den englischen Sender hörte, eine deutsche Stadt war wieder in Flammen aufgegangen, und Thomas Mann hielt seine Reden dazu. Im übrigen bewundere ich Thomas Mann als außerordentlichen Stilisten. Er ist einer der wenigen, der Verantwortung für die Sprache zeigte« (L 272).

Der kulturpolitische »Kampfwert« fördert vorläufig noch personengebundene Sehweisen, der sich z. B. Lehnert mit einer

Untersuchung zum Aktivismus (L 273) und Vaget mit einer Studie zur Neuklassik (L 274) entziehen konnten.

Die wichtigste der Beziehungen, die zu dem älteren Bruder Heinrich, ist zugleich am besten dokumentiert (vgl. L 24). Auf die Worte Thomas Buddenbrooks gegenüber seinem Bruder Christian deutet André Banuls in seiner Studie zum Bruderzwist während der Zeit der »Betrachtungen eines Unpolitischen« hin: »Ich bin geworden wie ich bin, weil ich nicht werden wollte wie du. Wenn ich dich innerlich gemieden habe, so geschah es, weil ich mich vor dir hüten muß, weil dein Sein und Wesen eine Gefahr für mich ist«. Gegenüber den neueren Arbeiten zum jungen Heinrich Mann von Renate Werner und Lea Ritter-Santini, die in der Nachfolge von Hermann J. Weigand (L 97) die Parallelen der Probleme, Motive und Arbeitsweise der Brüder betonen, weist Banuls auf den gegensätzlichen Typus der beiden hin, der sich in den frühen Werken bis hin zu »Goethe und Tolstoi« nur am stärksten auspräge. Sein besonderes Interesse gilt den »Betrachtungen eines Unpolitischen« als »Porträt, lebendiger Dialog, ideologische Debatte«. Das Hauptthema der Antithese Kultur/Zivilisation führt er bis in das »unerschöpfliche Onomastikon, Litaneien des Zorns und der Bitternis« aus, mit dem Mann den »Zivilisationsliteraten« überschüttet (L 273). In Banuls ausgewogener Studie, die den Nachweis führt, daß Heinrich Mann tatsächlich am Grabe Wedekinds dessen Wendung zum Glauben mit der »hohen Verpflichtung zum Geist, die man Religion nennt« bemäntelte, wird ausdrücklich der Familienzusammenhalt hervorgehoben, der später bei Manns Kindern Klaus und Erika bis hin zu ernsten Konflikten mit der Gönnerin Agnes E. Meyer gehen wird. Heinrich Manns Autobiographie »Ein Zeitalter wird besichtigt« gehört zu den unverzichtbaren Teilen einer Mann-Bibliothek. Fällt durch die Veröffentlichung des Briefwechsels zwischen Heinrich Mann und Ludwig Ewers neues Licht auf die Jugendjahre und das Elternhaus (L 276), so gibt es ein ungebrochenes Interesse an dem Brudergegensatz, zuletzt durch ein Dialogstück Rolf Schneiders (L 277).

In der ersten Werkphase Manns muß Dehmel besonders berücksichtigt werden, der von »Gefallen« ab ein Bezugspunkt ist und Manns spätere Interpretation der Stimmung bei Kriegsausbruch als »Schicksalsbegeisterung« ist in Anlehnung an den heute vergessenen, damals populären Lyriker gewählt (GW XIII, 567). Zu Paul Heyse, 1910 der erste Nobelpreisträger, entwickelte sich keine persönliche Beziehung (L 278). Knut

Hamsun, den Mann in den Jugendjahren nachahmte und dessen Schriften er verfolgen wird, hat durch das »Siste Kapitel« (1923; dt. »Das letzte Kapitel«, 1924) zu Vergleichen mit dem »Zauberberg« herausgefordert (L 278a). 1903 kam es im Hause des Verlegers S. Fischer zur ersten Begegnung mit Hauptmann, dessen Werk er schon in den neunziger Jahren gesehen hatte (L 279). Im folgenden Jahr setzte die »Lebenskameradschaft« Hesses mit »Thomas von der Trave« (so das »Glasperlenspiel«) ein (L 280). Der Sommer 1908 brachte für Mann die geschlossene Lektüre Kellers und die Begegnungen mit Schnitzler (L 281) und Hofmannsthal. Die Freundschaft mit Bruno Frank, die 1910 einsetzt, bedürfte einer eingehenden Untersuchung, denn Frank hat z. B. am »Zauberberg« und dem späten Filmskript mitgearbeitet. 1913 verfehlten sich Rilke und Mann bei einem Besuch der Festspiele in Hellerau, damals bei, heute in Dresden (L 282). Mit wenigen Worten umreißt Mann in einem Brief vom 26. August 1927 seine Beziehung zu George und seinem Kreis:

»Aber ich sage Ihnen gern ein Wort über mein Verhältnis zu George. Ich hätte mich nie entschließen können, mich dem Kreise, der Sphäre um diesen großen Dichter mit Haut und Haar zu verschreiben. George ist für mich zu katholisch, nicht im kirchlichen, aber im geistigen Sinne, und ich bin nicht nur dem Kirchenbuch nach Protestant. George ist mir lange recht fern und fremd geblieben; sein Platz war gewissermaßen besetzt: durch Platen, bei dem ich früh die schöne platonische und geistleibliche Liebe gefunden hatte, die den Kern von George's dichterischer Prophetie bildet. Später kam ich ihm viel näher, hauptsächlich zur Zeit des ›Tod in Venedig‹, und nicht ohne Zutun Ernst Bertram's, den ein Scherz den Bindestrich zwischen George und mir genannt hat. Die Bewunderung für George's stolze, reine und herrische Gestalt werde ich nie verlernen. Trotz eines Einschlags von eher spätorientalischer als griechischer Mystik sehe ich in ihm einen echten Meister des Menschtums und den Künder einer neuen religiösen Humanität, die, an Nietzsche und Goethe anknüpfend, zu hoch und geistig sein mag, um wirklich die Lebensbasis moderner Völker zu bilden, die aber als Idee und pädagogische Forderung in die Kultur eingehen wird«.

In einer Monographie hat Hans Albert Maier den »kritisch-ironischen Naturalismus Thomas Manns« und den »pathetisch-lyrischen Symbolismus Stefan Georges« als Ausdruck einer außerordentlichen Gunst der dichterischen Konstellation gedeutet (L 283). In dem Wuppertaler Teil des Bertram-Nachlasses ist sein Leseexemplar der Stockholmer Ausgabe des »Doktor Faustus« von 1947 zu finden; nach dem Vorsatzblatt erhielt er sie am 9. September 1948 von fremder Seite. Das Ergebnis seiner

Lektüre, die durch Anstreichungen, Unterstreichungen und gelegentliche Notizen zu fassen ist, hält er auf einem zweiten Vorsatzblatt fest: »*Hauptbeispiel für die Entwicklung der deutschen Sprache* in dem ›europäischen‹ Jargon, seit 1900. Vgl. auch ›Zauberberg‹ und Josefsromane; ›Lotte in Weimar‹, ›Der Erwählte‹ u. anderen«.

Sind die direkten Äußerungen Manns zu Lukács, dem er zweimal, 1922 in Wien und 1955 in Weimar, persönlich begegnete, spärlich, so heißt das nicht, er habe seine geistige Arbeit, die ihm die des bedeutendsten Literaturkritikers seiner Zeit war, nicht verfolgt. Schon in den »Betrachtungen eines Unpolitischen« reklamierte er gegenüber einem Satz in Lukács' Storm-Essay aus dem frühen Essayband »Die Seele und die Formen« (1911) Vaterrechte und zitiert den Sohn:

»Bürgerlicher Beruf als Form des Lebens bedeutet in erster Linie das Primat der Ethik im Leben; daß das Leben durch das beherrscht wird, was sich systematisch, regelmäßig wiederholt, durch das, was pflichtgemäß wiederkehrt, durch das, was getan werden muß ohne Rücksicht auf Lust oder Unlust. Mit anderen Worten: die Herrschaft der Ordnung über die Stimmung, des Dauernden über das Momentane, der ruhigen Arbeit über die Genialität, die von Sensationen gespeist wird« (L 284).

Von der Seite Lukács sind wir viel genauer informiert; der fünften Auflage seines Mann-Buchs hat Lukács die Fülle von verstreuten Äußerungen beigegeben, mit denen er seit 1909 Manns Werk begleitete, und durch die Auffindung der frühen Briefwechsel von Lukács läßt sich z. B. die briefliche Diskussion um die »Buddenbrooks« mit seinem Jugendfreund Leo Popper verfolgen (L 285). Als Vorurteil konnte Lukács in einem späten Interview Manns Äußerung korrigieren, er habe aus ideologischen Gründen die Josephsromane nicht in seine Gesamtwürdigung einbezogen (»ausgelassen, umgangen«; GW XI, 240), denn Lukács hatte schlicht den vierten Band des »Joseph«, der in den Staaten erschienen war, noch nicht in Händen (L 286).

In den zwanziger Jahren mußte der Blick Manns konsequenterweise auf Gide (L 287) und Joyce (L 288) fallen. Vom »Haifischmagen« des »Zauberberg« hat Robert Musil im März 1931 zutreffend in einem Brief gesprochen, doch seine späteren bitteren Bemerkungen gegenüber Mann, der für eine Unterstützung im Exil gesorgt hatte, können weniger Wahrheitsgehalt für sich beanspruchen. Karl Corino hat ein facettenreiches Bild der Beziehung entworfen (L 289). Im zehnten Heft der Tagebücher Musils (1918–21) steht die Notiz: »T Mann über Expr: Pol. p.

192« (L 290); sie bezieht sich auf die erste Auflage der »Betrachtungen eines Unpolitischen«, wo es auf der S. 192 heißt:

»Eine Kunstschule (›Expressionismus‹) von heftig aktivischen Bedürfnissen, der Ruhe, der Betrachtung, dem epischen Behagen, der Sachlichkeit und Heiterkeit verächtlich abgeneigt, ganz auf das Rapide, Vehement-Bewegte, Kraß-Ausdrucksvolle gestellt, – verlangt eines Tages, daß ›der Geistige handle‹. Das könnte gut werden. Was mich betrifft, so denke ich mit Interesse und Dankbarkeit an wertvolle, im Goetheschen Sinn ›bedeutende‹ Eindrücke der knallenden Wut, Grausamkeit, Wildbuntheit, Härte, Unheiterkeit, Unerbittlichkeit, Bösartigkeit, Inhumanität, mit der gewisse neueste Geschichten erzählt sind, und ich sage mir: Ob die politische Lehrmeinung dieser Herren Kollegen nun pazifistisch ist oder nicht, tut wenig zur Sache, – hier ist der Krieg! Sie sangen ihn in jeder Zeile, bevor er da war, und nie gab es ein besseres Beispiel dafür, wie wenig das Meinen das Sein verkündigt«.

Mit Brods Publikation der nachgelassenen Romane Kafkas – und später Klaus Manns Übersetzungen ins Englische – konnte das keineswegs ungewöhnlich frühe Interesse Manns zu einer grundlegenden geistigen Begegnung werden (L 291), so wie dem »Tonio Kröger« die ganze Liebe Kafkas gehörte. In der Mitte der zwanziger Jahre wird Klaus Mann zur öffentlichen Gestalt als Sprecher einer Generation, doch gelingt, nicht ohne Schuld, die Lösung aus dem Schatten des Vaters nicht. »Der fromme Tanz« (1926) z. B. porträtiert wie der Vater, doch viel direkter und kann das Versprechen der Repräsentativität im Untertitel (»Das Abenteuerbuch einer Jugend«) nicht einlösen. Es ist aber schwer vorstellbar, daß die Lektüre der Werke des Sohns nicht auch in Manns eigenen Werken Spuren hinterlassen haben sollte. In einer kleinen, aber informativen Broschüre hat Golo Mann seine Beziehungen zu dem Vater dargestellt (L 292). Ununterscheidbar fließen eigene Beobachtung und vielfältig gebrochene sekundäre Informationen in Katia Manns lebhafter Schilderung zusammen (L 293). Einen Ansatz zu einer vollständigen Beschreibung der Familienbeziehungen hat Walter A. Berendsohn unternommen (L 294). Wie stark das persönliche Geschmacksurteil von Frederik Böök die Art der Nobelpreiswürdigung beeinflußt hat, ist übersichtlich gezeigt worden (L 295). Unter den amerikanischen Schriftstellern hat er Upton Sinclair geschätzt (L 296). Die intimste persönliche Feindschaft verband Brecht und Mann – von der Seite Brechts mit offenem Haß, von der Seite Manns mit versteckter Ablehnung (vgl. L 35, 110 ff. u. 342). Zu denen, die Mann ablehnten, zählt auch Döblin, der in der Nachkriegszeit offen gegen Mann arbeitet (L 297). Technische Mittel Manns griff Doderer auf (L 297a). Bis zur Panegyrik ging das Verhältnis Johannes R. Bechers gegenüber Mann, dem er zusammen mit Stefan Hermlin am 6. Juni 1955 die letzte Gesamtausgabe, die »Ausgabe letzter Hand«, überreichen konnte (L 298).

Literatur

L 269 *George Tabori*, Unterammergau oder die guten Deutschen. Geschichten aus meinem Leben. In: Theater 1978 (Sonderheft von Theater heute), S. 67 ff.; hier S. 70

L 270 *Marta Feuchtwanger*, Nur eine Frau. Erinnerungen aus neunzig Jahren. Aufgezeichnet und dokumentiert von Reinhart Hoffmeister, München 1983

L 271 Vgl. zu dem Sachverhalt: *Arnold Bronnen* gibt zu Protokoll, Reinbek b. Hamburg 1954, S. 247 ff.; *Wilhelm Herzog*, Menschen, denen ich begegnete, Bern 1959, S. 275; Leserbrief *Hans Waldmüllers* in der ›Frankfurter Allgemeinen Zeitung‹ vom 11. August 1982, S. 7

L 272 »Ein Brüderschafttrinken mit dem Tod«. Der 87jährige Schriftsteller *Ernst Jünger* über Geschichte, Politik und die Bundesrepublik. In: Der Spiegel, Nr. 33 vom 16. August 1982, S. 154 ff.; hier S. 158

L 273 *Herbert Lehnert*, Der Taugenichts, der Geist und die Macht: Thomas Mann in der Krise des Bildungsbürgertums. In: L 131, Vorträge, S. 75 ff.

L 274 *Hans Rudolf Vaget*, Thomas Mann und die Neuklassik. »Der Tod in Venedig« und Samuel Lublinskis Literaturauffassung. In: Jb. d. dt. Schillergesellschaft 17 (1973), S. 432 ff.

L 275 *André Banuls*, Thomas Mann und sein Bruder Heinrich, »eine repräsentative Gegensätzlichkeit«, Stuttgart u. a. 1968; hier S. 162, 33, 29 f.

L 276 *Ulrich Dietzel* u. *Rosemarie Eggert* (Hrsg.), Heinrich Mann. Briefe an Ludwig Ewers 1889–1913 (Veröffentlichungen der Akademie der Künste der DDR), Berlin u. Weimar 1980

L 277 *Norbert Schöll*, Vom Bürger zum Untertan. Zum Gesellschaftsbild im bürgerlichen Roman (Literatur in der Gesellschaft, 17), Düsseldorf 1973 [vor allem Fontane und die Brüder Mann]; *Nigel Hamilton*, The Brothers Mann. The Life of Heinrich and Thomas Mann 1871–1950 and 1875–1955, London 1978; *Rolf Schneider*, »Mein Bruder«. Die Correspondence zwischen Thomas und Heinrich Mann, 1984

L 278 *Kurt Meyer*, Die Novellen Paul Heyses und Thomas Manns. Eine vergleichende Stiluntersuchung, Diss. Leizpig 1933

L 278a Zuletzt: *Heiko Hecker*, Knut Hamsuns »Siste Kapitel« und Thomas Manns »Der Zauberberg«. In: Edda 80 (1980), H. 4, S. 205 ff.

L 279 *Eberhard Hilscher,* Thomas Mann und Gerhart Hauptmann. In: Sinn und Form, Sonderheft Thomas Mann 1965, S. 278 ff.

L 280 *Joachim Müller,* Hermann Hesse und Thomas Mann – ihr Lebenswerk, ihre Begegnung und ihre Verwandtschaft. In: Universitas 19 (1964), H. 11, S. 1157 ff.

L 281 *Oswald Brüll,* Thomas Mann. Variationen über ein Thema, Wien 1923, S. 129 ff.; vgl. GW X, 406 f.

L 282 *Eudo C. Mason,* Thomas Mann und Rilke. In: E. C. Mason, Exzentrische Bahnen. Studien zum Dichterbewußtsein der Neuzeit, Göttingen 1963, S. 250 ff.; *Wolfgang F. Michael,* Thomas Mann und Rilke. In: Archiv 117 (1965), H. 2, S. 112 ff.; *Klaus W. Jonas,* Lorbeer und gepfefferte Kritik. Eine Begegnung, die nicht stattfand: Rilke und Thomas Mann. In: Modern Austrian Literature 2 (1969), H. 2, S. 16 ff.

L 283 *Hans Albert Maier,* Stefan George und Thomas Mann. Zwei Formen des dritten Humanismus in kritischem Vergleich, 2. Aufl. Zürich 1947; von der Vorzugslektüre der »Buddenbrooks« durch seinen Vater berichtet *Michael Landmann,* Erinnerungen an Stefan George. Seine Freundschaft mit Julius und Edith Landmann. In: Castrum Peregrini, H. 141/2 (1980), S. 5 ff.; hier S. 84

L 284 GW XII, 103; *Georg Lukács,* Die Seele und die Formen, Neuwied 1971, S. 84 f.; *A. Heller, F. Féher, G. Márkus, S. Radnóti,* Die Seele und das Leben. Studien zum frühen Lukács, Frankfurt/M. 1977

L 285 *Georg Lukács,* Thomas Mann, 5. Aufl. 1957 (1967 in frz. Sprache); *G. L.,* Briefwechsel 1902–1917, hrsg. von Éva Karádi u. Eva Fekéte, Stuttgart 1982

L 286 *Judith Marcus-Tar,* Thomas Mann und Georg Lukács. Beziehung, Einfluß und »repräsentative Gegensätzlichkeit« (Literatur und Leben, N. F. 24), Köln u. Wien 1982

L 287 *Kenneth Burke,* Thomas Mann and André Gide. In: *Charles Neider,* The Stature of Thomas Mann, New York 1947, S. 253 ff.

L 288 *Lilian R. Furst,* Thomas Mann's Interest in James Joyce. In: MLR 64 (1969), Nr. 3, S. 605 ff.

L 289 *Karl Corino,* Robert Musil – Thomas Mann. Ein Dialog, Pfullingen 1971

L 290 *Robert Musil,* Tagebücher, hrsg. von Adolf Frisé, Reinbek b. Hamburg 1976, Bd. I, S. 475

L 291 *Frederick J. Hoffmann,* Kafka und Mann. In: F. J. H., Freudianism and the Literary Mind, Baton Rouge 1945, S. 181 ff.; 2. Aufl. 1957. S. 177 ff.; *Jürgen Born,* Thomas Mann's Homage to Franz Kafka. In: Oxford German Studies 7 (1972/73), S. 109 ff.; *Hans Mayer,* Nachwort zu einem Jubiläum: Thomas Mann oder die Ehre der deutschen Sprache. Im Krankenzimmer verlangte Kafka nach Kleist und Mann. In: Stuttgarter Zeitung, Nr. 211 vom 13. September 1975

L 292 *Golo Mann,* Mein Vater Thomas Mann, Lübeck 1975

L 293 *Katia Mann*, Meine ungeschriebenen Memoiren, hrsg. von Elisabeth Plessen und Michael Mann, Frankfurt/M. 1974; mit verändertem Bildmaterial die Ausgabe für die Deutsche Buchgemeinschaft; *Ilsedore B. Jonas*, »Ich sah ein kleines Wunder...«. In: Philobiblon 26 (1982), H. 4, S. 318 ff.

L 294 *Walter A. Berendsohn*, Thomas Mann und die Seinen, Bern u. München 1973

L 295 *Kjell Strömberg*, Kleine Geschichte der Zuerkennung des Nobelpreises an Thomas Mann. In: Thomas Mann, Buddenbrooks, Stuttgart u. Zürich 1969, S. 7 ff.; *George C. Schoolfield*, Thomas Mann und Frederik Böök. In: L 247 Jonas, S. 158 ff.

L 296 *Upton Sinclair*, Thomas Mann. In: U. S., My Lifetime in Letters, Columbia/Miss. 1960, S. 376 ff.

L 297 *Anthony W. Riley*, The Professing Christian and the Ironic Humanist: A comment on the Relationship of Alfred Döblin and Thomas Mann after 1933. In: Michael S. Batts u. M. G. Stankiewicz (Hrsg.), Essays on German Literature in Honour of G. Joyce Hallamore, Toronto 1968, S. 177 ff.

L 297a *Gabriele Kucher*, Thomas Mann und Heimito von Doderer, Nürnberg 1981

L 298 *Georg Wenzel*, Johannes R. Becher und Thomas Mann. Einige Bemerkungen zum Bündnis zwischen sozialistischer und bürgerlich-humanistischer Literatur. In: Johannes R. Becher als sozialistischer Kulturpolitiker, Berlin 1972, S. 143; vgl. den Bd. II von *Hans Mayers* Autorbiographie (L 64).

Film und Verfilmung

Mehrere Faktoren mußten seit etwa Mitte der siebziger Jahre zusammenkommen, um aus dem Film durch vervielfältigte Forschungsinitiativen ein weniger heikles Thema zu machen: der hohe Bild-Konsum moderner Industriegesellschaften löste das Phänomen aus seiner Randstellung, das Aufgreifen der sozialgeschichtlichen Dimension der Literatur innerhalb der Germanistik, und – bei Mann – die Entdeckung engerer Berührungspunkte als zuvor angenommen. Die Tagebücher weisen Mann als überraschend eifrigen Kinogänger aus, und seine emotionale, bis zu Tränen gehende Reaktion ist mehrfach festgehalten. Bis zur Farbfilmzeit bewahrte Mann eine reservierte, aber nicht unaufgeschlossene Haltung gegenüber dem neuen Medium, auch wenn man ihn schon im Dezember 1918 in einen »Lichtspiel-Censur-Beirat« (Tagebuch) berufen hat. An welche Art von Film man dabei zu denken hat, schildert eine »Zauberberg«-Szene:

»Es war eine aufgeregte Liebes- und Mordgeschichte, die sie sahen, stumm sich abhaspelnd am Hofe eines orientalischen Despoten, gejagte Vorgänge voll Pracht und Nacktheit, voll Herrscherbrunst und religiöser Wut der Unterwürfigkeit, voll Grausamkeit, Begierde, tödlicher Lust und von verweilender Anschaulichkeit, wenn es die Muskulatur von Henkersarmen zu besichtigen galt, – kurz, hergestellt aus sympathetischer Vertrautheit mit den geheimen Wünschen der zuschauenden internationalen Zivilisation« (GW III, 440 f.).

Eine Verfilmung der »Buddenbrooks«, 1923 unter der Regie von Gerhard Lamprecht, im September in Berlin uraufgeführt, (L 299), dürfte der Anstoß für Mann gewesen sein, konstant auf die parallele Grundbedingung des Erzählens (»geschaute Erzählung«, GW X, 936 f.) hinzuweisen und zu fordern, die dramatische Komponente müsse zurückgedrängt werden. Trotz seiner Kritik an der Verfilmung übernahm er in Zusammenarbeit mit seinem Bruder Victor die Arbeit an einem Filmmanuskript »Tristan und Isolde« (L 300). In den Äußerungen der kommenden Jahre, in Interviews oder »Über Film« (GW X, 900) wird gegenüber den »musikalisch gewürzten Schauvergnügen« noch Reserve neben der Liebe spürbar, mit zunehmender technischer Vervollkommnung aber generelle Kritik an der Mechanisierung der Kunst als »Pharisäismus« abgewehrt. Im Zürcher Archiv liegt ein weiteres Filmmanuskript aus dem Jahr 1945, »The Woman of the Hundred Faces«. Es wurde in Zusammenarbeit mit Louis Bromfield entwickelt, doch Mann hat es in einem Brief ausdrücklich als nicht zu seinem Werk gehörig desavouiert (B. Frank übernahm seinen Part).

Die »Buddenbrooks« spielten unter den Verfilmungen weiterhin eine führende Rolle. 1954 unternahm die ostdeutsche DEFA einen Vorstoß, der aber, trotz Kompromißforderungen Manns (vgl. L 304 Seitz, S. 625 ff.), an politischem Einspruch aus Bonn scheiterte und erst 1958 endgültig aufgegeben wurde. Die Göttinger Filmaufbau trat 1959 mit einer zweiteiligen, aber dennoch stark raffenden Version an ihre Stelle (Regie Alfred Weidenmann). Eine siebenteilige Fernsehdramatisierung von Jack Pullmann strahlte 1965 die BBC aus. 1979 folgte der Hessische Rundfunk bundesweit mit einer elfteiligen Fernsehserie (Regie Franz Peter Wirth), die ein insgesamt erstaunliches Echo hervorrief (L 301) und der Vielschichtigkeit der Personenbezeichnung Manns durchaus gerecht wurde – ein Eindruck, der sich bei einer zusammenhängenden Aufführung noch verstärkt. »Königliche Hoheit«, schon in den zwanziger Jahren diskutiert, erlebte 1953 unter der Regie von Harald Braun einen glänzenden Erfolg, wobei die gesellschaftskritischen Momente des Romans zurückgedrängt wurden (vgl. L 35, S. 375 ff.). »Der Zauberberg« wurde, nach Erwägungen schon 1949, erst 1982 unter der Regie von Hans Geissendörfer realisiert (L 302). Doch während die anderthalbstündige Kinofassung zu dem Kommentar des ›Monde‹ anregte: »Comment connaître l'oeuvre de Thomas Mann sans le lire« (12. 8. 1983), fand die fünfstündige Fernsehfassung in der Karwoche 1984 auch positive Resonanz. Erst die Vollfassung läßt den Entwicklungsprozeß der Personen greifbarer werden. 1934 tauchten in den Briefen Überlegungen zur Verfilmung des ersten »Joseph«-Bandes auf, und trotz mancher weiterer Anläufe gibt von keinem der Teile eine Filmversion. Die Verfilmung von »Lotte in Weimar«, 1974 unter Egon Günther, entkommt nicht immer der Gefahr der Werktreue als Sterilität. Ein international, besonders in der Sowjetunion beachteter Kino-Film des »Doktor Faustus« ist Franz Seitz gelungen, ohne aber über eine Inhaltsangabe wesentlich hinauszukommen und epigonale Mittel der Filmsprache (Schwarzweiß für historische Szenen) zu repetieren. Bedenklich der Schluß, in dem Manns Züge auf Zeitblom übertragen werden. Rolf Wilhelm, der zu einigen Beschreibungen Leverkühns Musik erfindet, hat über die Wege der Vertonung berichtet (L 303). Die populärsten Romanverfilmungen liegen zu den »Bekenntnissen des Hochstaplers Felix Krull« vor. Die Version von 1957 lebt durch die schauspielerische Leistung von Horst Buchholz (vor allem in der Musterungsszene) und durch die Komik des Hochstaplerischen. Bernhard Sinkels fünfteilige Fernsehfassung vom Jahresbeginn 1982 hebt auf das naturaristokratische Element ab. Sie reicht am nächsten an Mann heran, lebt nicht nur von der glänzenden Besetzung, sondern von einer Werktreue ohne Schematismus. Sinkel hat sogar die Fortsetzungspläne benutzt und läßt die Schlußszene in Südamerika spielen. In der Tagespresse kam es zu einem einhellig vernichtenden Urteil, ausgerechnet mit der Begründung der zu großen Distanz zu Mann. Eine Untersuchung dieses Phänomens müßte Mechanismen dieser Sparte der Kritik bloßlegen. In einem Brief vom 1. November 1934 erscheint zum erstenmal der Plan einer Erzählungsverfilmung (»Der Tod in Venedig«). Doch erst Rolf Thiele verfilmte 1964 »Tonio Kröger« mit Nadja Tiller als Lisaweta und Gerd Fröbe als Polizist, im folgenden Jahr »Wälsungenblut«, wobei die ersten beiden Sequenzen aus »Ein Glück« entnommen sind. Ein Film, der auf Filmemacher elektrisierend wirkte, war Viscontis »Tod in Venedig«. Die Auflösung der

Struktur der Erzählung, die Hineinnahme von Szenen aus dem »Doktor Faustus«, die Ineinsetzung Aschenbachs mit Mahler haben strenge Kritik (L 12, S. 173 f.), doch auch viel Zustimmung als eigenständige Art der Auseinandersetzung gefunden. Grundlegend sind die filmischen Mittel der Erzählverfilmungen von Gabriele Seitz beschrieben worden (L 304). »Tristan« lief in der Regie von Herbert Ballmann im Juni 1975 im ZDF. 1976 ist eine Verfilmung mit Ruth Leuwerik und Martin Held von »Unordnung und frühes Leid« im Fernsehen erfolgreich ausgestrahlt worden (Regie Franz Seitz). Erst nach Abschluß der Tagebuchedition wird ein vollständiger Zugang zu allen Filmen, die Mann gesehen hat, möglich sein, und eine umfassende Geschichte der produktiven Aneignung kann einsetzen. Für eine vollständige Darstellung der Rezeption Manns im Film müßten aber ausgesprochene Cineasten gewonnen werden, die auch ein Zitat wie im Nachspann der »Warnung vor einer heiligen Nutte« (1970), Tonio Krögers »Ich sage Ihnen, daß ich es oft sterbensmüde bin, das Menschliche darzustellen, ohne am Menschlichen teilzuhaben«, benutzen können.

Teilweise sind Drehbücher, Bildmaterial, Tageskritik und Sekundärliteratur schon in den führenden Archiven vorhanden, doch eine systematische Ausdehnung der Sammeltätigkeit auf Filmrollen, Videokassetten (für die zahlreichen Dokumentarsendungen zu Mann und seiner Familie), Tonbändern (z. B. für das 1954 ausgestrahlte Hörspiel »Königliche Hoheit«) und Schallplatten mit Lesungen Manns scheint mir dringend geboten.

Literatur

L 299 Eine Kopie soll sich im Deutschen Filminstitut, Wiesbaden, befinden

L 300 *Ludwig Greve/ Margot Pehle/Heidi Westhoff,* Hätte ich das Kino! Der Schriftsteller und der Stummfilm (Katalog der Ausstellung des Deutschen Literaturarchivs im Schiller-Nationalmuseum Marbach a. N., Nr. 27), München 1976, S. 206 ff.

L 301 *Silvio Vietta,* Der geschäftstüchtige Tom. Die Problematik von Literatur-Verfilmungen: Eine Umfrage zu den Fernseh-»Buddenbrooks«. In: Frankfurter Allgemeine Zeitung, 19. September 1980

L 302 *Gabriele Seitz* (Hrsg.), Der Zauberberg. Ein Film von Hans W. Geißendörfer nach dem Roman von Thomas Mann, Frankfurt/M. 1982

L 303 *Rolf Wilhelm,* Musik von Kaisersaschern. In: Gabriele Seitz (Hrsg.), Doktor Faustus. Ein Film von Franz Seitz nach dem Roman von Thomas Mann, Frankfurt/M. 1982, S. 132 ff.;

Rudi Kost, Dr. Fäustchen oder die (De-)Montage der Attraktionen. Gedanken zur »Doktor Faustus«-Verfilmung von Franz Seitz und zu Literaturverfilmungen überhaupt. In: L 183 Wolff, S. 27 ff.

L 304 *Gabriele Seitz*, Film als Rezeptionsform von Literatur. Zum Problem der Verfilmung von Thomas Manns Erzählungen »Tonio Kröger«, »Wälsungenblut« und »Der Tod in Venedig«, München 1979, 2. Aufl. 1981; *Lino Miccichè* (Hrsg.), Morte e Venezia di Luchino Visconti (Dal sogetto al film, 42), Bologna 1971; *Michael Mann*, Erinnerungen an meinen Vaterr [Interview 7. 10. 1975]. In: M. M., Fragmente eines Lebens. Lebensbericht und Auswahl seiner Schriften, hrsg. v. Frederick C. und Sally Tubach, München 1983, S. 148 ff.; *Thomas Bleicher*, Zur Adaption der Literatur durch den Film: Viscontis Metamorphose der Thomas Mann-Novelle »Tod in Venedig«. In: Neophilologus 64 (1980), S. 479 ff.

Aufnahme und Wirkung

Die Wirkungsgeschichte Manns aufgrund der Forschungslage zu skizzieren, heißt in Ausdehnung und Methodik im wesentlichen Desiderate zu beschreiben. Umfassende Länderstudien sind selten und sozialgeschichtlich gestufte Rezeptionsmodelle fehlen ganz. Die Differenzierung nach der Lesermasse, die Text in verschiedenen Formen kauft, ausleiht oder mit ihnen in Schulen konfrontiert wird, nach der sondierenden Kritik, nach den »confrères« und dem intendierten Leser ist systematisch neben den jeweils berührten Themen mitzudenken. Aufnahme und Wirkung bezeichnen dabei dieselbe Sache, auf die einmal von der Seite dessen, der aufnimmt oder ein andermal von der Seite dessen, was wirkt, Licht fällt. Daß eine einfache Unterscheidung nach quantitativen oder qualitativen Kriterien nicht ausreicht, sollen zwei Beispiele zeigen. Im Frühjahr 1926 startete die ›Literarische Welt‹ eine Umfrage, wer der würdigste sei, um in die Sektion für Dichtkunst der Berliner Akademie der Künste aufgenommen zu werden. Mit weitem Abstand der Stimmen entschieden sich die etwa 20.000 Stammleser der Zeitschrift für Mann (1421), vor Werfel (628), Hauptmann (594), Rudolf Borchardt, Stefan George, Döblin, Rilke und Hesse. Dieses klare Ergebnis spricht für eine besonders strukturierte Leserschaft, die also noch genauer zu beschreiben wäre, denn an Hauptmanns damals größerer Popularität kann kein Zweifel bestehen. Dagegen müßten auf eine so individuelle Äußerung wie die im »Stiller« Max Frischs: »Gestern in Davos. Es ist genauso, wie

Thomas Mann es beschrieben hat« aus der Rezeptionsperspektive Fragen nach der besonderen Rolle der Schweiz und der sozialen Geltung der Aussage gestellt werden.

Unentbehrlich für Rezeptionszusammenhänge ist Klaus Schröters Sammlung von Stimmen der Wertung aus den Jahren 1891–1955 (L 305). Mit außerordentlichem Sinn für Rang und Relevanz sind hier wichtige Wirkungszeugnisse zusammengetragen, und es bleibt zu hoffen, daß ein weiterer Band die Zeit nach Manns Tod darstellen wird. Innerhalb des deutschen Sprachraums war das Jubiläumsjahr 1975 der erste Anlaß für eine Sichtung, die auch die neuen Schriftstellergenerationen einbezog: Einem kleinen Bändchen des Fischer-Verlags ist die beste, auch Emotionen der beteiligten Zeitgenossen und Nachgeborenen preisgebende Sammlung gelungen (L 306), und ich möchte besonders Manfred Hausmanns Schilderung eines Vortrags von 1920 aus »Herr und Hund« hervorheben, weil er, obwohl 1958 wegen eines Mann-Konflikts aus der Deutschen Akademie für Sprache und Dichtung in Darmstadt ausgetreten, von jedem Ressentiment frei ist und »Kühnheit und Männlichkeit«, »Empfindlichkeit und Verletzlichkeit« Manns zu rühmen weiß. Er unterscheidet sich damit deutlich von den Stimmen vieler Autoren in diesem Jahr. Von Manns »Verteidigern« sei Gerhard Zwerenz herangezogen, der von den »grotesken Vorwürfen« spricht, die von dem »Unbehagen heutiger Autoren an Thomas Mann« herrührten und ein unfreiwilliges Beispiel gleich selbst liefert: »In Thomas Mann inkarnieren alle Untugenden seiner bürgerlichen Klasse« – es ist, als hätte Lukács nie gelebt (L 307). Auf einer Umfrage des Norddeutschen Rundfunks beruht die Sammlung »Deutsche Schriftsteller über Thomas Mann«, die in dem Mann-Band von ›Text + Kritik‹ abgedruckt sind (L 43, S. 195 ff.). In Ablehnung und Huldigung ein Bild jener Jahre und zugleich des Einflusses von Mann.

In dieses Jahr fallen auch die meisten Beiträge der wissenschaftlichen Beschäftigung mit dem Thema (L 308). So zeigt sich, daß Louis Fürnbergs »Der Urlaub« in den Spuren von Manns »Zauberberg« geht (L 309). Punktuell zeichnet sich schon eine größere Bedeutung ab, als man von einem Schriftsteller erwarten sollte, der sich gegen Schulzugehörigkeit und Schulbildung immer gesperrt hat. Neben dem beinahe in jeder Feuilletonausgabe der großen Blätter anzutreffenden Benutzung Mannschen Sprachtons ist seine Beliebtheit bei Parodien (z. B. 1961 Robert Neumanns »Olympia«) noch immer ungebrochen, zuletzt durch eine Tagebuchparodie (L 310). Zahlreiche Einzelspuren sind noch zu verfolgen, ehe ein weniger bruchstückhaftes Bild zu zeichnen ist. So wird man sich schwer vorstellen können, daß Wolfgang Koeppens Lektüre des »ganzen Goethe und Thomas Mann« ungefähr 1934 im holländischen Exil ohne Folgen für sein Werk geblieben ist. Seltener ist ein offenes Anknüpfen wie das des Schweizers Hermann Burger in »Einfahrt in den Zauberberg«, aus dem Band »Ein Mann aus Wörtern« (1983). Quasi-offen, Parodie im Mannschen Sinn, ist die Prosa des »Doktor Faustus«-Kenners Uwe Wolff. In seiner 1980 erschienenen Erzählung »Thomas Mann auf der Meerfahrt nach Oslo« stellen sich beinahe auf jeder Seite Mann-Assoziationen ein, und der Anfang ist unschwer als Repetition des »Joseph«-Beginns zu lesen. In seinem Zeitroman »›Papa Faust‹. Eine Idylle aus deutschen Landen«, der alternative Lebensformen und den Feminismus satirisiert, ist der Zusammenbruch des Redakteurs Ebbe nach Manns Schema der durchbrechenden Sexualität gestaltet (1982, S. 143 ff.). Versteckter sind die Anklänge bei Erich Fried, der Manns Sonderrolle verkleinern möchte, aber sie noch in der Abgrenzung bestätigt. So muß in »Ein veraltetes Thema« Manns »Tod in Venedig« als Beispiel für einen veralteten Beschreibungsstil herhalten (L 311); selbst eine kluge Interview-Äußerung zur Notwendigkeit für die Exilierten, bei der Rückkehr sich der veränderten Sprachsituation stellen zu müssen, und nicht an die reingebliebene Sprache zu glauben, hebt Fried von der Folie Mann ab. Und ließe sich nicht noch Martin Walsers Eckermann-Stück »In Goethes Hand« als Kontrafaktur zu »Lotte in Weimar« lesen? Heiner Kipphardts »Bruder Eichmann« (1983 uraufgeführt) nimmt nicht nur Manns Titel »Bruder Hitler« auf, der wie Hannah Arendts Wort von der Banalität des Bösen geläufig geworden ist. Das Stück schildert den Eichmann der Verhöre von 1960 bis zur Zerstreuung seiner Asche ins offene Meer und betont dadurch den Brudergedanken. Der zweite Strang, die Darstellung gegenwärtiger Befehlsausführungen als Verbrechen, ist in den ersten eingebettet. In Alfred Anderschs Roman »Efraim« wird erzählt, daß auf einer westdeutschen Thomas-Mann-Ausstellung in Rom ein Mitglied des Zentralkommitees der Kommunistischen Partei Italiens erscheint, und wie ein Journalist sich damit brüstet, daß man ihm seinen Bericht darüber zensiert habe (L 312). Von einem Werk der Germanistin Natascha Bleibtreu in Rolf Schneiders Roman »November« (1979) heißt es: »Die Veröffentlichung unter dem Titel ›Melancholische Wirklichkeit‹, in der ein Roman des Titels ›Radetzkymarsch‹ als österreichisches

Gegenstück zu Thomas Manns ›Buddenbrooks‹ gerühmt wurde, war sehr viel später gedruckt als verfaßt worden« (S. 19). In Hans Wollschlägers »Herzgewächse oder Der Fall Adams« (1982) schaltet sich in die Aufzeichnungen Michael Adams nach der Rückkehr aus dem Exil 1950 eine Korrespondenz mit Mann ein. Selbst das Hauptmann-Porträt im vierten Band von Horst Bieneks Gleiwitzer Tetralogie, »Erde und Feuer« (1982), in dessen Mittelpunkt Hauptmanns Rede vom 29. März 1945 zur Zerstörung Dresdens steht, scheint mir ohne den »Zauberberg«-Hauptmann schlecht denkbar. In Thomas Bernhards Stück »Über allen Gipfeln ist Ruh. . .« spukt bei der Kennzeichnung von Großverleger und Großschriftsteller durch einen Tetralogie-Plan Mann hinter der Szene. Eine politische Verwendung steht in einem Bericht von Jürgen Fuchs nach seiner Ausbürgerung aus der DDR (L 313). Sein Gedicht beschreibt die Situation des Verhaftetseins:

»Warten /
vielleicht eine Stunde, vielleicht zwei /
sie lassen dich warten /
du sollst flattern, wenn sie kommen /
›Mario und der Zauberer‹ /
der kam auch immer zu spät /
er stand hinter dem Vorhang und beobachtete das Publikum«.

Die Lektüre von Hanno Buddenbrooks Tod im Dezember 1972 hat Horst Janssen zu einem eindringlichen Zyklus von radierten Selbstbildnissen angeregt (L 314).

Nicht allzuviel wissen wir von Manns Wirkung in der Tschechoslowakei, obwohl Mann von 1936–1944 ihr Staatsbürger war, Masaryk und Beneš schätzte und von Prag, das er seit 1922 kannte, als Stadt Meyrinks und Kafkas besonders angezogen wurde. Die Besuche von 1935 und 1937 waren von politischem Gewicht, so daß die Würdigung als Antifaschist heute geläufig ist (L 315). Die Vereinigten Staaten, deren Bürger er im letzten Jahrzehnt war, sind unter rezeptionsgeschichtlicher Perspektive noch terra incognita. Zwar kennen wir den großen Erfolg seiner politischen Reden, des »Joseph« und des »Erwählten«, aber auf der Ebene der Dokumentation klaffen noch erhebliche Lücken. Einzig eine Vortragsreise in Südkalifornien im Frühjahr 1938 ist bibliographisch gut faßbar (L 42 Jonas, S. 556 ff.) und läßt auf das Ausmaß der Lücken schließen. Von der amerikanischen Literatur hat Mann, nach Whitman, zunächst Stücke von O'Neill, Hemingways »A Farewell to Arms«, die Prosa von Sinclair Lewis und Steinbeck wahrgenommen, ehe er in den vierziger Jahren auch Beiläufiges liest. Norman Mailers Schilderung des Pazifischen Kriegs in »The Naked and the Dead« hat ihn später angezogen. Faulkner hat ihn 1942 in einem Brief als bedeutendsten Schriftsteller der Zeit gesehen. Umfragen der letzten Zeit zeigen, daß Mann zu den großen Gast-Amerikanern dieses Jahrhunderts gezählt wird, und dies wird bestätigt durch eine Rede des amerikanischen Präsidenten Reagan in Berlin, in der er Mann zitiert (11. 6. 1982). Die amerikanische Germanistik hat hier noch ein weites Feld vor sich.

Das Land, das – für einen Hanseaten nicht alltäglich – von früh an ein Bezugspunkt Manns wird, ist Frankreich, und in französischer Sprache las er schon als Jugendlicher Novellen von Maupassant und Flauberts »Education sentimentale«. Brachte er es in der Affinität auch nicht so weit wie sein Bruder Heinrich, dem er manches ablernte, so war ihm Frankreich doch zu jeder Zeit das literarische Land par excellence. In der ersten Phase, bis hin zu seinem Parisbesuch im Januar 1926, vollzieht sich die Begegnung Frankreichs mit seinem Werk in Übersetzung und Kritik langsam, hat aber durch die politische Auseinandersetzung mit Romain Rolland (L 316) und Manns Äußerungen in der Nachkriegszeit eine gereizte Färbung. In Intellektuellenkreisen wurde diese Phase nicht vergessen, wie man aus einem 1939 erschienenen Buch von Edmond Vermeil ablesen kann (L 317). Dort wird Mann zum Zauberlehrling, der die Geister, die er gerufen hat, nicht mehr bändigen kann. Der Besuch selbst begründete in Frankreich das Bewußtsein, in Mann einen Deutschen vor sich zu sehen, der auf eine europäische Verständigung hinarbeitet, wie er zugleich Mann als Erfahrung exemplarisch bestätigte, auf dem richtigen Weg zu sein. Jetzt erst machte man sich an die Übersetzung der Romane, deren Glanzleistung die Übersetzung des »Zauberberg« (1931) durch Maurice Betz ist; »Le Montagne Magique« spielt seitdem eine Schlüsselrolle für die französische Rezeption. Eine Geburtstagsdresse 1935 in der ›Nouvelle Revue Française‹, an der sich fünfundzwanzig Schriftsteller unterschiedlichster Positionen beteiligten, zeigt die stete Verbreiterung seines Renommees an. Geneviève Bianqui und später Louise Servicen tragen die Hauptlast der Übersetzungstätigkeit (L 318). Manns Parisbesuch im Mai 1950, bei dem er die französische Übersetzung des »Doktor Faustus« vorstellte, hatte ihren Höhepunkt in dem Vortrag in der Sorbonne. Als Lapsus Manns geht die Anekdote um, daß er bei der Begrüßung von dem berühmten Professor

Merveille (statt Vermeil) und Romain Rolland (statt Jules Romains) gesprochen habe. Wie sehr Mann Teil des geistigen Lebens ist, kann man aus dem Ausstellungskatalog der französischen Goethe-Institute, ›Thomas Mann et la France‹ erfahren (L 319). Im selben Jahr hat Frédérick Tristan einen vorzüglichen Mann-Band in der Reihe Cahier de l'Herne zusammengestellt (L 320). Tristan ist als Schriftsteller seit 1959 in Frankreich ein Begriff; in seinem fiktionalen Werk hat er u. a. in »Les Egarés« die Jahre 1930–1938 als Mittelpunkt gewählt und 1982 die Hermes-Gestalt diskutiert (»L'Oeil d'Hermes«).

Weniger gesichert sind unsere Kenntnisse über Großbritannien, obwohl die PEN-Reise 1924, der Besuch 1949, der als Promotion für die am 28. April erschienene Übersetzung des »Doctor Faustus« gedacht war, und die Verleihung der Ehrendoktorwürde in Cambridge 1950 ähnliche Voraussetzungen geboten hätten. Es scheint, als spielte Kafka die Rolle, die Mann in Frankreich einnimmt (L 321). Daran sind die Übersetzungen von Helen Lowe-Porter nicht unschuldig, denn ihr viktorianisches Englisch wirkt nicht sehr anziehend (L 322). Eine gewisse Skepsis wird man der gutwilligen Arbeit von Steven Roy Cerf entgegenbringen müssen, der die Besuche nachzeichnet (den Englandbesuch 1939 deutlich macht), Ungedrucktes heranzieht und neben Lord Byron, Carlyle, Dickens und Meredith auf die Bedeutung von Thackerays »Vanity Fair« für den »Zauberberg«, Sternes »Tristram Shandy« für die Josephromane und Shakespeares für den »Doktor Faustus« hinweist (L 323). Aus Frederic Warburgs Autobiographie, die er Orwell und Mann widmet, erfahren wir einige konkrete Daten: »Buddenbrooks« (1924) und »The Magic Mountain« (1927) verkauften sich immerhin zu ein paar hundert Exemplaren das Jahr. Warburg, der 1936 den Verlag von Martin Secker übernahm, versichert von der Spätzeit: »But it was not till the publication of ›Dr. Faustus‹ in 1949 that Mann's sales took a strong upward turn. [. . .] With the appearance of ›Felix Krull‹ in 1955 we had for the first time a really substancial sale right from the start«. Zu den besonderen Bewunderern Manns zählt er J. B. Priestley. Bei dem auffallenden Interesse an Manns Erotik in den letzten Jahren sollte man den – einzigartigen – Bericht nicht übersehen, daß Mann während eines Tischgesprächs über Schönberg seine rechte Hand am Knie der Verlegersfrau orientierte (L 323 a).

So wie Skandinavien mit dänischen und norwegischen Romanen zum Hintergrund der »Buddenbrooks« beitrug, so war auch früh schon ein Interesse in diesen Ländern an dem Original und der Übersetzung vorhanden. In Schweden liegen sämtliche Romane in Übersetzung vor, die meisten Erzählungen und zahlreiche Essays. In ihrer Skizze »Thomas Mann in Schweden« hat Gunilla Bergsten ein vielfältiges Bild der Beziehungen umrissen (L 131 Vorträge, S. 424 ff.). Mit genauen Recherchen hat Gert Heine Manns Aufenthalte in Dänemark (September 1899, Dezember 1924, Dezember 1929, Mai 1949) nachgezeichnet (L 324). Mehr solcher Studien, die den Standortvorteil nützen, wären wünschenswert. Andere Aspekte greift Steffen Steffensen in »Thomas Mann in Dänemark« auf (L 130 Wickler, S. 223 ff.). In Finnland wurde 1982 die letzte Übersetzungslücke bei den Romanen, bei der »Königlichen Hoheit«, durch Sinikka Nevanlinna geschlossen.

Norbert Honsza hat in einer kleinen Studie die polnischen Hintergründe im »Tod in Venedig« und dem Kapitel »Die große Gereiztheit« des »Zauberberg« herausgearbeitet und Manns Besuch in Warschau im März 1927 skizziert (L 325). Seit den sechziger Jahren zeichnet sich eine stete Verbreiterung und Vertiefung des Interesses an Mann ab (L 326). Es scheint nicht nur am Forschungsstand zu liegen, daß sich von der Rezeption in Bulgarien (L 327) oder Jugoslawien (L 328) nur ein weit schwächeres Bild ergibt als von Manns Beziehung zu Ungarn. Hierzu gibt es eine vorbildliche, umfangreiche Dokumentation von Antal Mádl und Judit Györi (L 329). Sie macht deutlich, daß Mann über die Ungarnbesuche hinaus (1913, 1922, 1923, 1935, 1936, 1937) in vielen Formen Beziehungen dorthin unterhielt und – wohl am deutlichsten durch Lukács und Kerényi – eine konstitutive Gestalt des geistigen Lebens wurde. Bilder von Tolstoi und Turgenjew standen auf dem Schreibtisch des jungen Mann, und seinen Tonio Kröger läßt er von der »heiligen russischen Literatur« sprechen – die Gefühlsintensität, die aus diesen Worten spricht, wird durch alle Volksschichten von den Russen und anscheinend auch der gesamten Sowjetunion erwidert (L 330). In der Kritik steht dabei die Überwindung bürgerlicher Dekadenz und die politische Haltung Manns im Vordergrund. Mehrere Gesamtausgaben liegen vor, wobei die »Buddenbrooks« 1910 die erste eröffneten. Über den Stand an Übersetzungen und Untersuchungen informiert eine neuere, zweisprachige, jedoch nicht ganz zuverlässige Bibliographie (L 331).

Im klassischen Dreischritt von Länderstudien hat Ilsedore B. Jonas Manns Verhältnis zu Italien dargestellt: als persönliche Begegnung mit Land, Leuten und Werken, als Spiegelung dieser Erfahrungen im Werk und als Aufnahme durch Übersetzungen,

Kritik und »confrères«. Eine Neuauflage aufgrund er erweiterten Wissensfelder wäre wünschenswert (L 332). Wenig wissen wir von Manns Ausnahme in der hispanischen Welt (L 333), einzig die Häufigkeit der Übersetzung der »Königlichen Hoheit« als »Alteza Real« läßt ein deutliches Sonderinteresse ausmachen. Die Ansätze der Mann-Rezeption in der arabischen Welt nach dem Zweiten Weltkrieg, besonders durch ad-Dasūqīs herausragende »Buddenbrooks«-Übersetzung (1961) repräsentiert, reichen von der Literaturkritik bis zur produktiven Aufnahme durch Autoren (L 333a).

Zu den wenig beachteten Rezeptionsphänomenen gehört die außerordentliche Rolle, die Manns Werke in Japan spielen. Sie steht aus drei Gründen im Schatten: zunächst einmal hat Mann die Inseln nic besucht (1949 scheiterte ein Plan) und damit entfiel der bei zeitgenössischen Autoren wichtige Impuls biographisch-geschichtlichen Interesses. Wahrscheinlich hat auch die europa-zentrische Sehweise, die ja erst nach dem Zweiten Weltkrieg völlig obsolet geworden ist, den Blick für die Eigenentwicklung des Interesses in fernen Ländern verstellt. Doch am schwierigsten zu überwinden ist wohl die Sprachbarriere, durch die nur selten die Ergebnisse dieses Interesses wahrgenommen und berücksichtigt werden. – In das Programm der bewußten Zuwendung Japans zu Europa seit 1868, der Meiji-Zeit, gehört eine Rezeptionsphase bis zum Ende der zwanziger Jahre. Sie ist vorwiegend akademisch geprägt, Fachgermanisten stellen Manns Werk in Fachzeitschriften vor. In ›Teikoku-Bungaku‹ (›Literatur des Kaiserreichs‹) erscheinen Besprechungen des Novellenbandes »Tristan« (1904), der »Königlichen Hoheit« (1910 u. 1911) und des »Tod in Venedig« (1913), 1910/11 auch schon Übersetzungen des »Kleiderschrank« und der »Enttäuschung«. Die gespannt-verwundbare Innerlichkeit des Frühwerks mußte einem Land entgegenkommen, in dem Soseki Natsume mit dem repräsentativen Roman »Kokoro« (1912/13) eine traumatische Schulderfahrung als Verzicht und Weg in den Selbstmord beschrieb. Die Bevorzugung der Kleinprosa setzte sich auch in der zweiten Hälfte der zwanziger Jahre fort, erreichte aber mit Einzelpublikationen weitere Leserkreise. In dem Jahrzehnt nach der Nobelpreisverleihung bis hin zum gemeinsamen Krieg im Jahr 1941 (also sogar das japanisch-deutsche Kulturabkommen von 1938 überdauernd) wurden die Grundlagen für eine breite Rezeption gelegt: auf sieben Bände bringt es eine Reihe, in der endlich die großen Romane vertreten sind; als Antwort auf die Goethe-Studie »An die japanische Jugend« (1932) ist 1934 das Dezemberheft von [›Romantisch und Klassisch‹] ihm gewidmet und 1936 wird »Goethe und Tolstoi« übersetzt. 1935 schließt Koichi Sato eine Dissertation über ihn ab und 1939 nimmt er in die Übersetzung mehrerer Essays auch brisante Texte wie »Achtung, Europa!« auf. Die Verbreiterung des Werkbilds setzte sich nach der Unterbrechung durch die Kriegsjahre verstärkt fort. Neben Autobiographisches trat die Beachtung des kämpferischen Humanismusbegriffs. 1948 konnte Sato einen Band in Tokyo veröffentlichen, der achtzehn seiner Studien versammelte. Auch in den folgenden Jahren, als die Aneignung demokratischer Denkformen im Vordergrund stand, hat Sato mehrfach in die Diskussion eingegriffen, 1949 mit der ersten Monographie. Auffälliges Merkmal der Beschäftigung mit Mann ist auf der einen Seite der hohe Anteil bekannter japanischer Schriftsteller, die sich mit seinem Werk auseinandersetzen, auf der anderen Seite die kontroverse Perspektivität, unpolitisch bis konservativ bei Oyama und Takahashi, liberal bis marxistisch bei Sato oder Yoichi Wada; methodisch sind bis zum Zweiten Weltkrieg die Schulen der alten Kaiserstadt Kyoto und des szientifischeren Tokyo vorherrschend. Schriftsteller orientierten sich an Manns Darstellungsmitteln, darunter Naoya Shiga, Yukio Mishima, Morio Kita und Kunio Tsuji. Neben dem »Tonio Kröger« und dem »Zauberberg« wirkten jetzt auch die »Buddenbrooks«. Die erste vollständige Übersetzung der »Betrachtungen eines Unpolitischen« liegt seit 1950/51 in Japanisch vor. Wenige Jahre nach einer neuen Publikation Manns war in den folgenden Jahren der entsprechende Text auch übersetzt. Im Mai 1960 widmete ihm ›Doitsu Bungaku‹ eine Nummer, 1966 veröffentlichte ein japanisch-deutscher Freundeskreis in Kyoto ein Mann-Heft mit Zeittafel und Bibliographie. In den siebziger Jahren wurde eine Gesamtausgabe in zwölf Bänden im Verlag Shinchosha fertiggestellt, an der herausragende Schriftsteller und Wissenschaftler als Übersetzer mitarbeiteten. Eingeschlossen in die Ausgabe sind auch Briefwechsel, darunter der mit Hesse. Ein dreizehnter Band ergänzt durch Fremdäußerungen und eine Übersetzung der ›Chronik‹ dieses umfassende Bild. Die bemerkenswerteste Monographie ist die »Zauberberg«-Dissertation von Ryoten Katayama, auch wenn die 276 Seiten Umfang formal in einem Universitätsorgan publiziert worden sind. Durch die Betonung des Ethischen in der Ironie des Frühwerks, besonders im »Tonio Kröger«, wird eine Entwicklung der Kontinuität bis hin zur Idee der Humanität im »Zauberberg« verfolgt. Wünschte man sich von japanischer Seite neben Detailstudien und Übersetzungen auch zusammenfassende Arbeiten in deutscher Sprache, so müßte im deutschen Sprachraum ein kontinuierliches Publikationsforum dafür bereitgestellt werden. Nur durch eine engere Anbindung wird man der Rolle Manns als populärstem Schriftsteller der europäischen Literatur des zwanzigsten Jahrhunderts in Japan gerecht.

Literatur

L 305 *Klaus Schröter* (Hrsg.), Thomas Mann im Urteil seiner Zeit. Dokumente 1891–1955, Hamburg 1969

L 306 *Wolfgang Mertz* (Red.), Thomas Mann. Wirkung und Gegenwart, Frankfurt/M. 1975

L 307 *Gerhard Zwerenz*, Wir Zwerge hinter den Riesen. Über Thomas Mann und uns. In: Hans Christoph Buch (Hrsg.), Literaturmagazin 4. Die deutsche Literatur nach dem Tod der Literatur. Bilanz der Politisierung, Reinbek b. Hamburg 1975, S. 24 ff.; hier S. 29

L 308 *Georg Wenzel*, Zu einigen Problemen der Thomas Mann-Rezeption in der Deutschen Demokratischen Republik. In: Arbeiten zur Deutschen Philosophie [. . .] Debrecen 6 (1972), S. 87 ff.; *Peter Pütz*, Thomas Manns Wirkung auf die deutsche Literatur der Gegenwart. In: L 43, S. 169 ff. u. L 131, Vorträge, S. 453 ff.; *Manfred Jäger*, Thomas Manns Werk in der DDR. In: L 43, S. 180 ff.; *Joseph Pischel*, Bezüge zu Thomas Mann in der aktuellen theoretischen Selbstverständigung der DDR-Schriftsteller. In: L 162 Jena (Mann-Kongreß 1975), S. 380 ff.

L 309 *Henri Poschmann*, Ein Roman von Louis Fürnberg. In: Neue Deutsche Literatur 11 (1963), H. 5, S. 148 ff.

L 310 *Karl Hoche*, Tagebuch (nach Thomas Mann). In: K. H., Ein Strauß Satiren, München 1983, S. 9 f.

L 311 *Erich Fried*, Fast alles Mögliche. Wahre Geschichten und gültige Lügen. Berlin 1975, S. 45 ff.

L 312 *Alfred Andersch*, Ephraim, Zürich 1976, S. 68 f.

L 313 *Jürgen Fuchs*, »Du sollst sterben!«. In: Der Spiegel, Nr. 43 vom 17. 10. 1977, S. 67 ff.; hier S. 70

L 314 *Horst Janssen*, Handzeichnungen und Radierungen. Zu den Zyklen Hokusai's Spaziergang – Die Kopie – Hanno's Tod – Die Landschaft – Carnevale di Venezia (Ausstellung des Kupferstichkabinetts der Hamburger Kunsthalle u. der Kunsthalle Bielefeld), 1973, S. 11 ff. u. Nr. 1–23

L 315 *Marika E. Sumichrest*, Thomas Mann and Czecheslovakia, Diss. Ohio State University, 1971; *Ivan Cvrkal*, Thomas Mann und die slowakische Literatur. In: L 325, S. 409 ff.

L 316 *René Cheval*, Romain Rolland, l'Allemagne et la guerre, Paris 1963; *Melvin Kornfeld*, French views of German literature 1919–1930, Bern, Frankfurt/M, Las Vegas 1977

L 317 *Edmond Vermeil,* Doctrinaires de la Révolution allemande (1918–1938), Paris 1939; hier S. 80

L 318 *Meinhard Pezzei,* La France dans l'oeuvre littéraire de Thomas Mann, Diss. Innsbruck 1949; *Martin Schlappner,* Thomas Mann und die französische Literatur. Das Problem der Dekadenz, Saarlouis 1950; *Hartmut Bugiel,* Thomas Mann in Frankreich. Probleme der Übersetzung (»Tod in Venedig«), Diss. Köln 1968

L 319 [*Karl-Heinz Drochner*], Thomas Mann et la France, Paris 1975; *Louis Leibrich,* Thomas Mann in Frankreich, Rezeption, persönliche Beziehungen, Wirkungsgeschichte. In: L 13 Vorträge, S. 387 ff.

L 320 *Frédérick Tristan* (Hrsg.), Thomas Mann (Cahier de l'Herne, 23) Paris 1973

L 321 *Peter Florian Neimeyer,* The Modern German Novel in England. With Special Emphasis on the Work of Franz Kafka and Thomas Mann, Diss. Berkeley 1963

L 322 *John Chester Guess,* »Thomas Manns englische ›Lotte in Weimar‹, [. . .] Diss. masch. München 1977

L 323 *Steven Roy Cerf,* Thomas Mann, England, and the English Literature: the Role of Britain and English Literature in the writings of Thomas Mann, Diss. New Haven 1975; *Anthony W. Riley,* Notes on Thomas Mann and English and American Literature. In: CL 17 (1965), H. 1, S. 57 ff.; *Anne C. David,* The Reception of German Literature in the ›Times Literary Supplement‹ 1945–1960, Diss. New York University 1978

L 323a *Frederic Warburg,* All authors are equal. The Publishing Life of Frederic Warburg 1936–1971, London 1973

L 324 *Gert Heine,* Thomas Mann in Dänemark (Senat der Hansestadt Lübeck, Amt für Kultur, 8) Lübeck 1975

L 325 *Norbert Honsza,* Thomas Mann und Polen. In: WZ Jena 25 (1976), H. 3 (Thomas Mann), S. 403 ff.

L 326 *Hubert Orlowski,* Heinrich und Thomas Mann in der literarischen Öffentlichkeit Polens. In: Mitteilungsblatt des Arbeitskreises Heinrich Mann, Nr. 16 (Lübeck 1882), S. 3 ff.; hier S. 6 f.

L 327 *Vesselin Vapordshiev,* Thomas-Mann-Rezeption in Bulgarien. In: L 325, S. 413 ff.

L 328 *Tomislav Bekić,* Thomas Mann in Jugoslawien. In: L 325, S. 385 ff.

L 329 *Antal Mádl* u. *Judit Györi* (Hrsg.), Thomas Mann und Ungarn. Essays, Dokumente, Bibliographie, Köln u. Wien 1977

L 330 *Georgi Gulia,* Das Schaffen Thomas Manns in der Sowjetunion. In: L 131, Vorträge, S. 447 ff.; *Ingrid Gloede,* Die Rezeption Thomas Manns in der UdSSR 1950–1972. In: Irene Nowikowa unter Mitarbeit von Beatrice Haas (Hrsg.), Rezeption westeuropäischer Autoren in der Sowjetunion. Auswahlkriterien und Kritik. Teil I (Hamburger Beiträge für Russischlehrer, 12), Hamburg 1976, S. 124 ff.

L 331 W. A. Skorodenko (Red.), unter Mitarbeit von A. A. Volgina, N. I. Lopatina u. M. Rast, Thomas Mann. Bibliographie (zweisprachig), Moskau 1979

L 332 Ilsedore B. Jonas, Thomas Mann und Italien (Beiträge zur neueren Literaturgeschichte, Dritte Folge 10), Heidelberg 1969; eine revidierte Übersetzung von Bethy Crouse ›Thomas Mann and Italy‹, Alabahma 1979

L 333 Dieter Saalmann, Ulises Petit de Murats Roman ›El balcón hacia la muerte‹ im Schatten von Thomas Manns ›Zauberberg‹. In: Iberoromania N. F. 5 (1976) [1980], S. 1 ff.

L 333a Abdo Abboud, Deutsche Romane im arabischen Orient [. . .], Frankfurt/M. u. a. 1984, S. 51 ff./221 ff.

L 334 Tsunekazu Murata, [Verzeichnis der Literatur über Thomas Mann und die Übersetzungen seiner Werke in Japan]. In: [Forschungsberichte der Philosophischen Fakultät der Gakushuin-Universität], Nr. 7 (1961), S. 169–193; Nr. 8 (1962), S. 343–369; Nr. 9 (1963), S. 121–158; Jiro Yoshida u. Ibuki Shitahodo, [Japanische Thomas-Mann-Bibliographie, 1928–1975]. In: Doitsu Bungaku, Nr. 54 (Frühjahr 1975; Teil I) u. Nr. 55 (Herbst 1975; Teil II); Hiroshi Kiba, Osaka habe ich für die Übersetzung dieser kommentierten Bibliographie zu danken; Yoshinori Kawahigashi, [Das Literaturverzeichnis der Thomas-Mann-Forschung in Japan, 1955–1974]. In: Dokufutsu Bungaku. Osaka Furitsu Daigaku, Nr. 8 (1974); Tsunekazu Murata, Thomas Mann in Japan. In: L 131 Vorträge, S. 434–446; Suekichi Ohata, [»Der Gang in der Nacht« und »Der Zauberberg«. Naoya Shiga und Thomas Mann]. In: Doitsu Bungaku, Nr. 2 (1939), S. 105–115; Kuniyo Takayasu, [»Der Zauberberg«]. In: Wakaki Hi no tameni, Shichijo Shoten 1944; Teiichi Oyama, [Über den Lebenslauf des Schriftstellers. Notizen zu Thomas Mann], Kobunsha 1946; außer dem Titelessay sechs weitere Beiträge Oyamas; Koichi Sato, [Über Thomas Mann], Tokyo: Kodansha 1948; Koichi Sato, [Thomas Mann], Sekaihyoronsha 1949; [Gesprächsrunde zu Thomas Mann mit Takahashi, Hirata, Honda, Nakata, Sasaki u. Harada], In: Kindai Bungaku, Nr. 4/1 u. 4/2 (1949); Yoshitaka Takahashi, Tomasu Man. In: Y. T., Gendai Doitsu Bungaku, Kaname Shobe 1955; Takao Yoshinori, [Die Aufhebung des Bürgertums bei Thomas Mann]. In: Jinbun Kenkyu, (Osaka Shiritsu Daigaku) Nr. 7–11 (1956); Hideo Akiyama, [Der Fall Thomas Mann]. In: H. A., [Literarisches Nietzsche-Bild], Keiso Shobo 1969; Keihei Waki, [Der Fall Thomas Mann. Die Auseinandersetzung mit dem ›Politischen‹]. In: [Intellektueller und Politik], Iwanami Shinsho 848, 1973; Kunio Tsuji und Morio Kita, [Gespräche über Thomas Mann. In: K. T., [Auf einem grauen Stein sitzend. Gesprächesammlung], Chuokoronsha 1974; Jiro Kawamura, [Mythos und Roman]. In: Bungei, Nr. 5 (1974); Subaru, Nr. 20 Sonderheft (1975): [Thomas Mann. Sein großes Erbe]. Darin ein Aufsatz von Toshio Morikawa zum [Gehalt an Moralität] u. Nagaharu Sanko, [Von Wagner geführt]; *Ryoten Katayama*, [Thomas Manns Roman ›Der Zauberberg‹. Entstehung und Struktur eines »Zeit«-Romans]. In: Kiyo. Osaka Daigaku, Nr. 18 (Beiheft, 1975)

Abboud, Abdo 151
Adenauer, Konrad 88
Adorno, Theodor Wiesengrund –
  99 f., 104 f., 109, 110
Ahn, Sam-Huan 94, 104
Aischylos 71
Akiyama, Hideo 151
Aland, Kurt 110
Allemann, Beda 115
Alt, Peter-André 115
Altenberg, Peter 56
Amann, Paul 27, 33
Andersch, Alfred 116, 117, 142,
  149
Andersen, Hans Christian 121
Angell, Joseph Warner 31
Anton, Herbert 43 f., 49, 105
Anz, Thomas 127
Apter, T. E. 104
Arendt, Hannah 142
Arens, Hans 92
Assmann, Dietrich 104
Auerbach, Erich 44, 102
Augustinus 41

Bachmann, Ingeborg 123
Bachofen, Johann Jakob 82
Baethcke, Ludwig Hermann 121
Bahr, Hermann 50, 52, 61, 122
Baker, Donna R. 104
Balhorn, Johann 101, 105
Ballmann, Herbert 139
Balonier, Hendrik 75, 79
Bang, Herman 54
Banuls, André 13, 80, 125, 130,
  131
Barlach, Ernst 77
Barnouw, Dagmar 123
Bartels, Adolf 62
Barth, Emil 109
Bartsch, Angelika 115
Basler, Otto 25, 26, 33
Bauer, Marga 102
Baumgart, Reinhard 111, 115

Becher, Johannes R. 9, 134, 136
Beck, Helmut 92
Beddow, Michael 79
Beer-Hofmann, Richard 81
Beethoven, Ludwig van 95
Beißner, Friedrich 19
Bekić, Tomislav 150
Bellmann, Werner 21, 32
Beneš, Eduard 143
Benjamin, Walter 99, 104
Benz, R. 102
Berendsohn, Walter A. 4, 36, 42,
  49, 133, 136
Berg, Alban 100
Berger, Willy R. 67, 83, 92
Bergson, Henri 74
Bergsten, Gunilla 11, 97, 104, 146
Bering, Dietz 68 f., 77
Bernhard, Thomas 143
Bertram, Ernst 20, 27 f., 33, 72,
  73, 75, 131 f.
Bertschinger, Thomas 128
Betz, Maurice 144
Betz, Werner 115, 123
Beyen, J. W. 9
Bianqui, Geneviève 144
Bienek, Horst 143
Bilse, Fritz Oswald (Pseud.
  Kyrburg, Fritz von der) 17, 51,
  59, 67
Bitterli, Urs 118
Blake, William 101, 106
Bleicher, Thomas 140
Bloch, Ernst 9
Blume, Bernhard 8, 120, 123
Blumenberg, Hans 94
Boccaccio, Giovanni 63
Bock, Klaus 92
Bodmer, Hans 30, 34
Bodmer, Johann Jakob 11, 35
Böhme, Hartmut 93
Böll, Heinrich 104, 113
Böök, Frederik 133, 136
Borchardt, Rudolf 140

Borchers, Klaus 83, 92
Born, Jürgen 135
Börne, Ludwig 121
Böschenstein, Bernhard 103
Bourget, Paul 42
Boy-Ed, Ida 29, 34
Brandes, Georg 121, 124
Brandt, Helmut 93, 124
Braun, Harald 137
Braun, Julius 82
Braun, Otto 89
Brecht, Bert VI, 20, 48, 77, 88, 99,
    118, 133
Brennan, Joseph Gerard 75, 78
Brentano, Clemens 22, 121
Brescius, Hans von 80
Britten, Benjamin 13
Broch, Hermann 26, 79, 113
Brod, Max 37, 133
Brode, Hanspeter 105
Bromfield, Louis 137
Bronnen, Arnolt 77, 134
Brüll, Oswald 135
Buch, Hans Christoph 149
Buchholz, Horst 138
Büchner, Georg 48
Bugiel, Hartmut 150
Bulhof, Francis 76, 80
Bülow, Bernhard von 61
Burger, Hermann 142
Bürgin, Hans 12, 16, 25, 30, 36,
    37, 38, 39, 40
Burke, Kenneth 135
Byron, George Gordon Noel,
    Lord 145

Caddis, David Charles 127
Camus, Albert 63
Carbe, Monika 86, 93
Don Carlos 56, 76
Carlsson, Anni 33
Carlyle, Thomas 145
Carstensen, Jens 67
Cassirer, Ernst 123
Cerf, Steven Roy 124, 145, 150
Chaplin, Charly 96
Cheval, René 149

Citroen, Paul 9
Cohn, Dorrit 68
Colin, Saul 101
Collett, Helga 85, 93
Corino, Karl 132, 135
Coster, Charles de 110
Crouse, Bethy 151
Curtius, Mechthild 128
Cvrkal, Ivan 149

Dacqué, Edgar 82
Dahlhaus, Carl 105
Dante Alighieri 101, 105
Dasugis, Mahmud I. ad – 147
David, Anne C. 150
David, Claude 80
Dedner, Burghard 64, 67
Defoe, Daniel 63
Dehmel, Richard 2, 130
Delannay, Robert 126
Derleth, Ludwig 57
Dettmering, Peter 125
Dickens, Charles 122, 145
Dieckmann, Friedrich 78
Diedenhofen, Karl 124
Dierks, Manfred 40, 83, 92
Diersen, Inge 46, 49
Dietzel, Ulrich 33, 65, 134
Dittmann, Ulrich 21, 32, 56, 113,
    115
Döblin, Alfred 79, 122, 133, 136,
    140
Doderer, Heimito von 134, 136
Doflein, Erich 104
Dörr, Hansjörg 105
Dostojewski, Fjodor 54, 103
Drochner, Karl-Heinz 150
Dürer, Albrecht 99, 100, 104
Durrani, Osman 106
Dürrenmatt, Friedrich 127

Ebel, Uwe 125
Ebers, Hermann 81
Echnaton, ägypt. König 82, 83
Eckermann, Johann Peter 98,
    120, 142

Eggert, Rosemarie 134
Ehrenberg, Carl 57
Ehrenberg, Paul 55, 56, 101
Eichendorff, Joseph von 17, 125
Eichmann, Adolf 142
Eichner, Hans 8, 121, 124
Eilers, Egon 66
Einstein, Albert 89
Einstein, Alfred 9
Eisler, Hanns 100
Ekfelt, Nils Erik 128
Elema, Hans J. 104
Eloesser, Arthur 3
Elster, Hanns Martin 18, 31
Engel, Eduard 50
Erasmus von Rotterdam 23, 76
Ewers, Ludwig 130, 134

Faber, Marion 128
Faesi, Robert 4, 28, 33
Faulkner, William 144
Féher, F. 135
Fekéte, Eva 135
Felker, Mark V. 116
Feltrinelli, Antonio 6
Feuchtwanger, Lion 91, 129
Feuchtwanger, Marta 129, 134
Fiedler, Kuno 26, 33
Finck, Jean 125
Finke, Ulrich 104
Fischer, Brigitte Bermann- 34, 37
Fischer, Gottfried Bermann- 5,
    28, 34, 37, 84
Fischer, Marianne Eich- 38, 40
Fischer, Samuel (Verlag) 3, 10, 28,
    37, 39, 54, 113, 131
Flämig, Walter 115
Flaubert, Gustave 122, 144
Flinker, Martin 6, 116, 118
Fontane, Theodor 1, 17, 76, 122,
    124, 134
Förster, Wolf-Dietrich 105
Fougère, Jean 8
Fourier, Georges 75, 78
Fradkin, Ilja 78
Frank, Bruno 17, 20, 24, 131, 137
Frank, Manfred 100, 105

Freese, Wolfgang 93 f.
Freidank 101
Frenssen, Gustav 55
Freud, Sigmund 83, 87, 123 f.,
    125
Frey, Erich 94
Freytag, Gustav 1, 60
Frick, Wilhelm 117
Fried, Erich 142, 149
Friedrich II., König von Preußen
    3, 22, 32, 47, 63, 70
Frisch, Max 140 f.
Frisé, Adolf 135
Fritz, Horst 79
Frizen, Werner 76, 79, 92, 119
Fröbe, Gerd 138
Frommer, Harald 79
Frühwald, Wolfgang 66
Fuchs, Jürgen 143, 149
Fürnberg, Louis 141, 149
Furst, Lilian R. 135

Gaier, Konrad 106
Galsworthy, John 72
Garbo, Greta 129
Garcia, Paul Anthony 61
Gauger, Hans-Martin 76, 80
Gehrts, Barbara 127
Geissendörfer, Hans 138, 139
Geiser, Christoph 64
Geißler, Rolf 64
Gelber, Mark H. 117, 118
George, Stefan 20, 27, 57, 91, 99,
    131 f., 135, 140
Gersdorff, Dagmar von 104, 121
Gide, André 101, 110, 113, 132,
    135
Gloede, Ingrid 150
Gockel, Heinz 105
Goes, Albrecht 9
Goethe, Johann Wolfgang von 5,
    15, 22, 28, 32, 35, 42, 43, 45,
    46, 58, 72, 73, 75, 76, 77, 79 f.,
    80, 81, 83 ff., 88, 93, 98, 101,
    103, 112, 114, 118, 120 f., 123,
    124, 131, 142, 147 f.
Goheen, Robert F. 33

Goncourt, Edmond u. Jules 54
Goldberg, Oskar 82
Goldmann, Lucien 44
Gontscharow, Iwan A. 54
Gottfried von Straßburg 102
Grass, Günter 104, 113
Grau, Helmut 64
Grautoff, Otto 22, 29, 34, 55, 120
Gregor-Dellin, Martin 18, 31
Gregorovius, Ferdinand Adolf
    102
Greve, Ludwig 139
Grillparzer, Franz 85
Grimm, Jacob und Wilhelm 121
Grimmelshausen, Hans Jakob
    Christoffel von 99
Gronicka, André von 13, 43, 49
Grosser, J. F. G. 118
Grüters, Walter 125
Guess, John Chester 150
Gulia, Georgi 150
Gundolf, Friedrich 75
Günther, Egon 138
Györi, Judit 14, 146, 150

Haag, Elisabeth, geb. Mann 65
Hahn, Karl-Heinz 25
Haiduk, Manfred 67
Hallgarten, George W. F. 69, 77
Hamburger, Käte 4, 8, 82 f., 92,
    96, 121, 124
Hamilton, Nigel 134
Hampton, Christopher 91, 94
Hamsun, Knut 26, 73, 122, 130 f.,
    134
Han, Ki-Sang 67
Hannum, H. 32
Hansen, Volkmar 30, 34, 39, 103,
    114, 124
Harada, Yoshito 151
Hartmann von Aue 51, 102, 106
Hartwig, Alfred 93
Harweg, Roland 66
Hatfield, Henry 8, 12, 43, 49
Haug, Hellmut 64
Hauptmann, Gerhart 18, 46, 59, 68,
    74, 109, 121, 131, 135, 140, 143

Hausmann, Manfred 117, 141
Havenstein, Martin 67
Hecker, Heiko 134
Heftrich, Eckard 11, 14, 15, 75,
    79, 80, 92, 101, 106
Hegel, Georg Wilhelm Friedrich
    122
Heidegger, Martin 111
Heim, Karl 127
Heimann, Bodo 105
Heine, Gert 25, 30, 34, 146, 150
Heine, Heinrich 18, 20, 54, 63,
    80, 98, 114, 121 f., 124
Heinse, Wilhelm 99
Heisenberg, Werner 127
Heißenbüttel, Helmut 88
Helbling, Carl 51, 63
Helbling, Hanno 18, 31
Held, Martin 139
Heller, A. 135
Heller, Erich 12, 41, 44, 48, 115
Heller, Peter 68
Hellmann, Winfried 71, 78
Hemingway, Ernest 143
Henze, Walter 46
Hermand, Jost 65
Hermlin, Stefan 134
Hermsdorf, Klaus 12, 17, 31, 108,
    110
Herschenröder, Jan 128
Hertz, Wilhelm von 51
Herz, Ida 35
Herzfeld, Claude 80
Herzog, Wilhelm 134
Hesse, Hermann 2, 9, 10, 28, 33,
    74, 85, 89, 101, 123, 131, 135,
    140, 148
Heuser, Klaus 109
Heuss, Theodor 9
Heydenreich, Titus 109, 110
Heyse, Paul 113, 130, 134
Hilscher, Eberhard 43, 49, 135
Himmler, Heinrich 89
Hirata, Jisaburo 151
Hitler, Adolf 4, 23, 40, 113, 142
Hoche, Karl 149
Hoelz, Max 89

Hoffmann, E. T. A. 53, 79, 104, 121
Hoffmann, Frederick J. 135
Hoffmeister, Reinhart 134
Hoffmeister, Werner-Georg 115
Hofmann, Alois 125
Hofmann, Ludwig von 35
Hofmannsthal, Hugo von 51, 61, 131
Hohmeyer, Jürgen 92
Hölderlin, Friedrich 19
Holesovsky, Hanne Weill 93
Holitscher, Arthur 56
Holschuh, Albrecht 39
Homer 62
Honda, Shugo 151
Honsza, Norbert 146, 150
Hörisch, Jochen 79
Hübinger, Paul Egon 13, 89, 94
Hübscher, Arthur 118, 123
Huch, Ricarda 113

Ibsen, Henrik 101, 106, 122
Ice, Drusilla 128

Jacobsen, Jens Peter 54
Jäger, Manfred 149
James, Henry 113
Jannsen, Horst 143, 149
Jauss, Hans Robert 78
Jean Paul 79, 113
Jendreieck, Helmut 47, 49
Jens, Inge 23, 27, 33
Jens, Walter 80
Jeremias, Alfred 82
Jessen, Friedrich 73
Jesus von Nazareth 81
Johst, Hanns 89
Jonas, Ilsedore B. 12, 136, 146 f., 151
Jonas, Klaus W. 10, 12, 13, 36, 38, 39, 40, 123, 135
Joost, Nicholas 80
Joyce, James 78, 113, 132, 135
Jung, Carl Gustav 83
Jung, Ute 104 f.
Jünger, Ernst 129, 134

Kafka, Franz VI, 20, 37, 77, 126, 128, 133, 135, 143, 145, 150
Kahler, Erich von 26, 33
Kakabadse, Nodar 64
Kant, Immanuel 122
Kantorowicz, Alfred 33
Karádi, Éva 135
Karst, Roman 43, 49
Karthaus, Ulrich 78
Kash Jousuf 9
Katayama, Ryoten 148, 152
Kaufmann, Fritz 41, 48
Kaufmann, Hans 93
Kawahigashi, Yoshinori 151
Kawamura, Jiro 151
Keats, John 100
Keller, Ernst 72, 78
Keller, Gottfried 18, 35, 79, 122, 131
Kerényi, Karl 8, 27, 33, 82, 146
Kerr, Alfred 58
Kesting, Hanjo 13
Kestner, Charlotte, geb. Buff 84
Keyserling, Eduard 75
Kiba, Hiroshi 151
Kielland, Alexander 54
Kierkegaard, Søren 101, 105
Kipphardt, Heiner 127, 142
Kirchhoff, Ursula 65
Kita, Morio 148, 151
Klare, Margaret 106
Klein, Fritz 78
Kleist, Ewald von 35
Kleist, Heinrich von 109, 112, 121, 128, 135
Klinger, Kurt 7
Klopstock, Friedrich Gottlieb 35
Kluge, Gerhard 64
Klussmann, Paul Gerhard 116
Kohtz, Harald 126
Kolb, Annette 101
Kommer, Björn R. 128
Koeppen, Wolfgang 63, 68, 142
Koopmann, Helmut 12, 45 f., 49, 75, 78, 79, 80, 93, 104, 123
Körner, Christian Gottfried 112
Kornfeld, Melvin 149

Korrodi, Eduard 4, 29
Kost, Rudi 140
Köster, Adolf 69
Kraus, Karl 58
Kreisky, Bruno 8 f.
Kristiansen, Børge 76, 79
Krotkoff, Hertha 80
Kucher, Gabriele 136
Kuezynski, Jürgen 65
Kuhlmann, Ursula 127
Kurzke, Hermann 21, 32, 38, 39, 40, 71 f., 75, 78, 79

Lämmert, Eberhard 65, 66
Lamprecht, Gerhard 137
Landmann, Edith 135
Landmann, Julius 135
Landmann, Michael 135
Lange, Gerhard 85, 93
Lange, Victor 91
Lauschen, Leo 64
Lehnert, Herbert 12, 13, 39, 40, 42 f., 44, 49, 53, 65, 66, 70, 80, 92, 118, 119 f., 129 f., 134
Leibrich, Louis 4, 14, 45, 49, 150
Lesser, Jonas 8, 46, 82, 92
Lessing, Gotthold Ephraim 18, 87
Lessing, Theodor 60
Leuwerik, Ruth 139
Levetzow, Ulrike von 62
Lewis, Sinclair 144
Lie, Jonas 54
Liebermann, Max 3
Liliencron, Detlev von 60
Lindt, L. W. 33
Link, Manfred 116
Löbe, Paul 89
Loewy, Ernst 13, 30, 34
Löhr, Joseph 61
Löhr, Julia, geb. Mann 55, 61, 65
Loose, Gerhard 79, 80
Lopatina, N. I. 151
Löwenstein, Karl 26 f., 33
Löwenstein, Kurt 27, 118
Lowe-Porter, Helen Tracy 28, 33, 36, 145
Lublinski, Samuel 1, 134

Lucretius Carus, Titus 63
Ludewig-Thant, Dorothea 67
Lukács, Georg 2, 8, 9, 44, 74, 87, 100, 132, 135, 141, 146
Luther, Martin 9, 23, 43, 60, 98 f., 109 f.

Madl, Ántal 14, 88, 94, 146, 150
Magnes, Jehuda Leon 89
Mahler, Gustav 62
Maier, Hans Albert 131, 135
Mailer, Norman 144
Mainka, Jürgen 105
Mandel, Siegfried 94
Mann, Carla 51, 59, 101
Mann, Elisabeth Borgese- 73
Mann, Erika Auden- 9, 12, 22, 24 f., 32, 35, 36, 86, 95, 107 f., 130, 139
Mann, Frido 101
Mann, Golo 133, 135, 139
Mann, Heinrich 2, 10, 13, 27, 33, 42, 50, 51, 53, 55, 61, 70, 71, 77, 91, 110, 121, 130, 134, 139, 144
Mann, Julia, geb. da Silva-Bruhns 59, 61, 101
Mann, Katia, geb. Pringsheim 13, 24, 27, 37, 57, 61, 133, 136, 139
Mann, Klaus 126, 130, 133, 139
Mann, Michael 21, 22, 32, 34, 78, 100, 106, 136, 140
Mann, Victor 64, 101, 137
Mannesmann, Sigrid 92
Manolescu, Georges 107, 113
Manzoni, Alessandro 63
Marcuse, Herbert 66
Marcus-Tar, Judith 135
Marinetti, Filippo Tommaso 126
Márkus, G. 135
Marlowe, Christopher 98
Marson, E. L. 68
Martens, Armin 56
Martens, Kurt 55
Martini, Fritz 10
Masaryk, Thomas G. 143
Mason, Endo C. 135

Mater, Erich 96, 103
Matter, Harry 13, 17, 31, 38, 40, 54
Matthias, Klaus 128
Maupassant, Guy de 144
Mayer, Hans 8, 9, 48, 49, 71, 83, 100, 135, 136
Mayer, Hans-Otto 12, 25, 36, 38, 39, 40
Mazzucchetti, Lavinia 4
McIntyre, Allan J. 94
Meisel, Hans (James) 114
Melville, Herman 94, 113
Mendelssohn, Peter de 13, 14, 16, 18, 22 f., 29, 31, 32, 34, 40, 51, 55, 64
Meredith, George 145
Mereschkowski, Dimitri Sergejewitsch 82, 122
Mertz, Wolfgang 149
Meyer, Agnes E. 36, 95, 130
Meyer, Conrad Ferdinand 47, 76, 122
Meyer, Eugene 36
Meyer, Herman 115
Meyer, Kurt 134
Meyrink, Gustav 143
Miccichè, Lino 140
Michael, Wolfgang F. 135
Michelangelo Buonarroti 37, 103
Michels, Volker 33
Michielsen, Gertrude 124
Middell, Eike 43, 49
Mieth, Dietmar 82 f., 92
Mishima, Yukio 148
Moeller van den Bruck 103
Molo, Walter von 117
Mommsen, Katharina 124
Monod, Jacques 127
Morikawa, Toshio 151 f.
Mozart, Wolfgang Amadeus 9, 61
Müller, Fred 65
Müller, Hermann 89
Müller, Joachim 78, 135
Müller, Martin 104
Müller-Salget, Klaus 94
Murata, Tsunekazu 151

Muret, Maurice 1
Musil, Robert 48, 113, 115, 132 f., 135

Nadler, Josef 98
Nakata, Kaji 151
Natsume, Soseki 147
Neider, Charles 6, 135
Neimeyer, Peter Florian 150
Nerlich, Michael 108, 110
Neumann, Alfred 29 f., 34
Neumann, Erich 10, 39
Neumann, Robert 141
Neumeister, Erdmann 64
Nevanlinna, Sinikka 146
Newton, Caroline 28, 33
Nicholls, Roger A. 123
Nietzsche, Friedrich 18, 44, 45, 57, 61, 62, 75, 83, 87, 99, 100, 102 f., 111, 112, 118 ff., 123, 126, 128, 131
Niven, Colin 66
Noble, Cecil Arthur M. 115
Novalis (eig. Friedrich Leopold Freiherr von Hardenberg) 102, 121

Oellers, Norbert 32
Ohata, Suekichi 151
Ohl, Hubert 123, 124
O'Neill, Eugene 143
Oprecht, Emil 26
Oprecht, Emmie 26
Orłowski, Hubert 150
Orwell, George 145
Osterhuber, Hildegard 39
Otto, Susanne 54, 64 f.
Oyama, Teiichi 148, 151

Pache, Walter 101, 106
Palencia-Roth, Michael 104
Panizza, Oskar 101, 106
Pätzold, Kurt 94
Peabody, Susan Elisabeth 128
Peacock, Ronald 75, 79, 116
Pehle, Margot 139
Petersen, Jürgen 64

Petit de Murat, Ulises 151
Petitpierre, Max 9
Pezzei, Meinhard 150
Philipp II., König von Spanien
    56, 76
Pischel, Joseph 149
Pius XII. 6
Platen, August von 59, 88, 122,
    131
Platon 62
Plessen, Elisabeth 136
Pongs, Hermann 90
Pörnbacher, Karl 21, 32, 94
Popper, Leo 132, 135
Poschmann, Henri 149
Potempa, Georg 115
Praz, Mario 127
Preetorius, Emil 25, 33
Priestley, John Boynton 145
Pringsheim, Alfred 61
Pringsheim, Hedwig, geb. Dohm
    57, 108
Pringsheim, Klaus 66
Pritzlaff, Christiane 116
Proust, Marcel 74, 78
Puccini, Giacomo 126
Pullmann, Jack 137
Puschmann, Rosemarie 100, 105
Pütz, Peter 119, 122, 123, 149

Raddatz, Fritz J. 129
Radnóti, S. 135
Rasch, Wolfdietrich 65, 124
Rast, M. 151
Rauschning, Hermann 96
Reagan, Ronald 144
Reed, Terence J. 14, 21, 31, 44,
    49, 63, 67
Rehder, Helmut 116
Rehm, Walther 104
Reich, Willi 100
Reichart, Walter A. 39
Reisiger, Hans 24, 25, 26, 33, 101
Reiss, Gunter 113, 115
Reuter, Fritz 54, 121
Reuter, Gabriele 54
Reuter, Hans-Heinrich 25

Richter, Peter 78
Rieckmann, Jens 78
Riemer, Friedrich Wilhelm 123
Riley, Anthony W. 136, 150
Rilke, Rainer Maria 1, 125, 128,
    131, 135, 140
Ritter-Santini, Lea 101, 105, 130
Robinson, Walter Langridge 116
Roger, Jean 80
Rohde, Erwin 62
Rolland, Romain 70, 110, 144,
    145, 149
Romains, Jules 145
Roosevelt, Franklin D. 5, 6, 24
Rosteutscher, J. H. W. 87, 94
Rothenberg, Klaus-Jürgen 65
Rousseau, Jean Jacques 73
Rümmele, Doris 114, 116
Rychner, Max 4, 25, 26, 33, 116,
    117

Saalmann, Dieter 151
Sagave, Pierre-Paul 8, 78
Sammons, Christa 39
Sandberg, Hans-Joachim 12, 105,
    124
Sandt, Lotti 75, 79
Sanko, Nagaharu 152
Saraceni, Carlo 115
Sartre, Jean Paul 71
Sasaki, Motoichi 151
Sato, Koichi 148, 151
Sattler, Dietrich E. 19
Sauereßig, Heinz 36, 39, 78, 115
Sauerland, Karol 105
Sautermeister, Gert 94
Savonarola, Girolamo 58
Schaeder, Hans Heinrich 82
Schäfer, Wilhelm 69
Scharfschwerdt, Jürgen 12, 75, 79
Schaukal, Richard 52
Scheible, Johannes 98
Scherrer, Paul 10 f., 12, 19, 31, 65,
    66
Scheyer, Ernst 64
Schickele, René 91, 118
Schiffer, Eva 20, 31, 33

Schiller, Friedrich von 9, 28, 48,
56 f., 57 f., 66, 84, 103, 109,
112, 120 f., 124
Schinkenberger, Ruth 92
Schirnding, Albert von 18, 31
Schlappner, Martin 150
Schlee, Agnes 100, 105
Schlegel, Friedrich 121
Schmidlin, Yvonne 25, 30, 32, 34,
113, 115
Schmidt, Arno 19
Schmidt, Christian 125
Schneider, Christine 127
Schneider, Rolf 130, 134, 142 f.
Schnitzler, Arthur 76, 80, 128,
131, 135
Schoeps, Hans-Joachim 104
Schöll, Norbert 134
Schönberg, Arnold 99 f., 105, 145
Schoolfield, George C. 136
Schopenhauer, Arthur 18, 41 f.,
44, 75, 79, 83, 87, 109, 118,
119 f., 123
Schörken, Rolf 92
Schramm, Tim 83, 93
Schröter, Klaus 13, 40, 42, 49, 71,
78, 83, 93, 116, 118, 141, 149
Schuh, Willi 32
Schulze, Joachim 93, 106
Schumann, Robert 125
Schumann, Willy 124
Schwarz, Dieter 33
Schwarz, Egon 93
Schweizer, Ronald 124
Secker, Martin 145
Segebrecht, Wulf 66
Seidlin, Oskar 63, 67, 80, 83,
92 f., 105
Seiler, Bernd W. 67
Seitz, Franz 138 f.
Seitz, Gabriele 139, 140
Servicen, Louise 32, 144
Shakespeare, William 98, 101, 145
Shaw, Bernhard 9
Shawcross, Hartley William 85
Shiga, Naoya 148, 151
Shitahodo, Ibuki 151

Siefken, Hinrich 15, 67, 85, 91,
94, 121, 123
Sinclair, Upton 133, 136
Singer, Samuel 101, 102
Sinkel, Bernhard 138
Skorodenko, W. A. 151
Skulsky, Harold 94
Slerogh, Max 89
Sloterdijk, Peter 74 f., 78
Smith, Mary 58
Soeteman, Cornelis 40
Sommerhage, Claus 128
Sonner, Franz Maria 68
Sontheimer, Kurt 116, 118
Sorani, Aldo 122
Speiers, R. C. 94
Spelsberg, Helmut 66
Spengler, Oswald 75, 77, 83, 93
Spiegelberg, Wilhelm 82
Stackmann, Karl 106
Steffensen, Steffen 146
Steinbeck, John 144
Steinecke, Hartmut 32, 114
Stenzel, Jürgen 115
Stern, J. P. 104
Sterne, Lawrence 83, 93, 145
Stifter, Adalbert 72, 122
Stockum, Theodore C. van 66
Storm, Theodor 52, 57, 121, 124,
132
Strawinsky, Igor 100
Strömberg, Kjell 136
Struebel, Gustav 128
Stuckenschmidt, Dierk 79
Stuckenschmidt, Hans H. 105
Sucharowski, Wolfgang 115
Sumichrest, Marika E. 149
Szemere, Samuel 114
Szondi, Peter 9, 93

Tabori, George 129, 134
Takahashi, Giko 151
Takahashi, Yoshitaka 148, 151
Takayasu, Kuniyo 151
Täufel, Reichard 66
Taylor, Saundra 39

Thackeray, William Makepeace 145
Thayer, Scofield 80
Thieberger, Richard 8, 78
Thiele, Rolf 138
Thieß, Frank 117
Thirlwall, John C. 28, 33
Thoemmes, Ulrich 128
Thomalla, Ariane 127
Thukydides 63
Tieck, Ludwig 121
Tiller, Nadja 138
Tillich, Paul 98
Tillinger, Eugene 117
Tolstoi, Alexei Konstantinowitsch Graf 54, 73, 146
Tribus, Helmut Meinrad 65
Tristan, Frédérick 145, 150
Tschechow, Anton Pawlowitsch 9, 54, 109, 122
Tsuji, Kunio 148, 151
Tubach, Frederick C. und Sally 140
Turgenjew, Iwan Sergejewitsch 52, 54, 64, 146
Tyroff, Siegmar 114, 116

Uhlig, Ludwig 127
Ulrich, Margot 39, 109, 110
Ungar, Hermann 31

Vaget, Hans Rudolf 21, 32, 64, 65, 101, 104, 106, 123, 130, 134
Vapordshiev, Vesselin 150
Venohr, Lilli 125
Vermeil, Edmond 144, 145, 150
Vielhauer, Inge 126, 128
Vietta, Silvio 139
Visconti, Luchino 13, 138 f., 140
Vogt, Jochen 65
Volgina, A. A. 151
Völker, Ludwig 79
Voltaire 112
Voß, Johann Heinrich 73
Voss, Lieselotte 97, 103 f.
Voßler, Karl 101

Wada, Yoichi 148
Wagner, Richard 17, 18, 22, 58, 81, 111, 118 f., 123, 125
Waki, Keihei 151
Waldman, Glenys A. 33
Waldmüller, Hans 94, 134
Walser, Alissa 94
Walser, Martin 94, 115, 142
Walter, Bruno 26, 33, 100
Walter, Hans-Albert 118
Warburg, Frederic 145, 150
Wassermann, Jakob 28, 77
Weber, Max 98
Wedekind, Frank 17, 59, 66, 74, 130
Wegener, Herbert 27, 33
Wehner, James V. 94
Weidenmann, Alfred 137
Weigall, Arthur 82
Weigand, Herman J. 4, 67, 75, 78, 104, 106, 130
Weiss, Walter 86, 93
Weißenfels, Gerda 65
Wenzel, Georg 10, 13, 25, 32, 66, 136, 149
Werfel, Alma Mahler- 26, 33, 100
Werfel, Edda 49
Werfel, Franz 26, 33, 140
Werner, Renate 130
Westhoff, Heidi 139
Weydt, Günther 124
White, James F. 14, 19 f., 31, 114
Whitman, Walt 122, 143
Wich, Joachim 64, 65, 66
Wickert-Micknat, Gisela 83, 93
Wiecker, Rolf 79, 146
Wiegand, Helmut 104
Wieland, Christoph Martin 35
Wiese, Benno von 108, 110
Wiesner, Herbert 33, 40
Wilhelm II., deutscher Kaiser 61, 11?
Wilhelm, Friedrich 93
Wilhelm, Gertraude 106
Wilhelm, Rolf 138
Wilhelmine, Königin der Niederlande 9
Willemer, Marianne von 84

Willey, Thomas E. 66
Winkler, Eugen Gottlob 90
Winston, Clara 32, 33
Winston, Richard 32, 33, 51, 64
Wirth, Franz Peter 137
Wirth, Günther 118
Wirtz, Erika A. 115
Witkop, Philipp 123
Wolf, Alois 106
Wolf, Ernest M. 66, 115
Wolf, Hugo 100
Wolff, Kurt 84
Wolff, Rudolf 103, 104
Wolff, Uwe 11, 100, 105, 142
Wolfram von Eschenbach 102
Wollschläger, Hans 143
Wuckel, Dieter 93
Wysling, Hans 11, 12, 13, 14, 15,
    19, 22, 25, 27, 31, 32,33, 34, 38,
    40, 46 f., 49, 63, 66, 67, 77, 78,
    94, 106, 107 ff., 113, 115, 123

Xerxes I., pers. König 71

Yanagiya, Tamotsu 93
Yoshida, Jiro 151
Yoshinori, Takao 151
Young, Frank W. 65

Zeller, Bernhard 19, 31, 39
Zeller, Hans
Zeller, Michael 45, 126, 128
Zimmer, Heinrich 86
Zimmermann, Jürg 67
Zmegac, Victor 127
Zola 71, 122
Zuckmayer, Carl 8, 9
Zweig, Arnold 9, 10
Zweig, Stefan 23, 122
Zwerenz, Gerhard 141, 149

SAMMLUNG METZLER

M   1   Raabe *Einführung in die Bücherkunde*
M   4   Grimm *Bertolt Brecht*
M   5   Moser *Annalen der deutschen Sprache*
M   6   Schlawe *Literarische Zeitschriften 1885–1910*
M   7   Weber/Hoffmann *Nibelungenlied*
M   8   Meyer *Eduard Mörike*
M   9   Rosenfeld *Legende*
M 10   Singer *Der galante Roman*
M 12   Nagel *Meistersang*
·M 13   Bangen *Die schriftliche Form germanist. Arbeiten*
M· 14   Eis *Mittelalterliche Fachliteratur*
M 15   Weber/Hoffmann *Gottfried von Straßburg*
M 16   Lüthi *Märchen*
M 17   Wapnewski *Hartmann von Aue*
M 18   Meetz *Friedrich Hebbel*
M 19   Schröder *Spielmannsepik*
M 20   Ryan *Friedrich Hölderlin*
M 22   Danzel *Zur Literatur und Philosophie der Goethezeit*
M 24   Schlawe *Literarische Zeitschriften 1910–1933*
M 25   Anger *Literarisches Rokoko*
M 26   Wodtke *Gottfried Benn*
M 27   von Wiese *Novelle*
M 28   Frenzel *Stoff-, Motiv- und Symbolforschung*
M 29   Rotermund *Christian Hofmann von Hofmannswaldau*
M 30   Galley *Heinrich Heine*
M 31   Müller *Franz Grillparzer*
M 32   Wisniewski *Kudrun*
M 33   Soeteman *Deutsche geistliche Dichtung des 11. u. 12. Jh.s*
M 34   Taylor *Melodien des Mittelalters I: Darstellung*
M 35   Taylor *Melodien des Mittelalters II: Materialien*
M 36   Bumke *Wolfram von Eschenbach*
M 37   Engel *Handlung, Gespräch u. Erzählung. Faksimiledruck*
M 38   Brogsitter *Artusepik*
M 40   Halbach *Walther von der Vogelweide*
M 41   Hermand *Literaturwissenschaft und Kunstwissenschaft*
M 43   Glinz *Deutsche Syntax*
M 44   Nagel *Hrotsvit von Gandersheim*
M 45   Lipsius *Von der Bestendigkeit. Faksimiledruck*
M 46   Hecht *Christian Reuter*
M 47   Steinmetz *Die Komödie der Aufklärung*
M 48   Stutz *Gotische Literaturdenkmäler*
M 49   Salzmann *Kurze Abhandlungen. Faksimiledruck*
M 50   Koopmann *Friedrich Schiller I: 1759–1794*
M 51   Koopmann *Friedrich Schiller II: 1794–1805*
M 52   Suppan *Volkslied*
M 53   Hain *Rätsel*
M 54   Huet *Traité de l'origine des romans. Faksimiledruck*

M 55 Röhrich *Sage*
M 56 Catholy *Fastnachtspiel*
M 57 Siegrist *Albrecht von Haller*
M 58 Durzak *Hermann Broch*
M 59 Behrmann *Einführung in die Analyse von Prosatexten*
M 60 Fehr *Jeremias Gotthelf*
M 61 Geiger *Reise eines Erdbewohners i. d. Mars. Faksimiledruck*
M 62 Pütz *Friedrich Nietzsche*
M 63 Böschenstein-Schäfer *Idylle*
M 64 Hoffmann *Altdeutsche Metrik*
M 65 Guthke *Gotthold Ephraim Lessing*
M 66 Leibfried *Fabel*
M 67 von See *Germanische Verskunst*
M 68 Kimpel *Der Roman der Aufklärung (1670–1774)*
M 69 Moritz *Andreas Hartknopf. Faksimiledruck*
M 70 Schlegel *Gespräch über die Poesie. Faksimiledruck*
M 71 Helmers *Wilhelm Raabe*
M 72 Düwel *Einführung in die Runenkunde*
M 73 Raabe *Einführung in die Quellenkunde*
M 74 Raabe *Quellenrepertorium*
M 75 Hoefert *Das Drama des Naturalismus*
M 76 Mannack *Andreas Gryphius*
M 77 Straßner *Schwank*
M 78 Schier *Saga*
M 79 Weber-Kellermann *Deutsche Volkskunde*
M 80 Kully *Johann Peter Hebel*
M 81 Jost *Literarischer Jugendstil*
M 82 Reichmann *Germanistische Lexikologie*
M 83 Haas *Essay*
M 84 Boeschenstein *Gottfried Keller*
M 85 Boerner *Tagebuch*
M 86 Sjölin *Einführung in das Friesische*
M 87 Sandkühler *Schelling*
M 88 Opitz *Jugendschriften. Faksimiledruck*
M 89 Behrmann *Einführung in die Analyse von Verstexten*
M 90 Winkler *Stefan George*
M 91 Schweikert *Jean Paul*
M 92 Hein *Ferdinand Raimund*
M 93 Barth *Literarisches Weimar. 16.–20. Jh.*
M 94 Könneker *Hans Sachs*
M 95 Sommer *Christoph Martin Wieland*
M 96 van Ingen *Philipp von Zesen*
M 97 Asmuth *Daniel Casper von Lohenstein*
M 98 Schulte-Sasse *Literarische Wertung*
M 99 Weydt *H. J. Chr. von Grimmelshausen*
M 100 Denecke *Jacob Grimm und sein Bruder Wilhelm*
M 101 Grothe *Anekdote*
M 102 Fehr *Conrad Ferdinand Meyer*
M 103 Sowinski *Lehrhafte Dichtung des Mittelalters*
M 104 Heike *Phonologie*
M 105 Prangel *Alfred Döblin*
M 106 Uecker *Germanische Heldensage*
M 107 Hoefert *Gerhart Hauptmann*
M 108 Werner *Phonemik des Deutschen*

M 109 Otto *Sprachgesellschaften des 17. Jh.*
M 110 Winkler *George-Kreis*
M 111 Orendel *Der Graue Rock (Faksimileausgabe)*
M 112 Schlawe *Neudeutsche Metrik*
M 113 Bender *Bodmer/Breitinger*
M 114 Jolles *Theodor Fontane*
M 115 Foltin *Franz Werfel*
M 116 Guthke *Das deutsche bürgerliche Trauerspiel*
M 117 Nägele *J. P. Jacobsen*
M 118 Schiller *Anthologie auf das Jahr 1782 (Faksimileausgabe)*
M 119 Hoffmeister *Petrarkistische Lyrik*
M 120 Soudek *Meister Eckhart*
M 121 Hocks/Schmidt *Lit. u. polit. Zeitschriften 1789–1805*
M 122 Vinçon *Theodor Storm*
M 123 Buntz *Die deutsche Alexanderdichtung des Mittelalters*
M 124 Saas *Georg Trakl*
M 126 Klopstock *Oden und Elegien (Faksimileausgabe)*
M 127 Biesterfeld *Die literarische Utopie*
M 128 Meid *Barockroman*
M 129 King *Literarische Zeitschriften 1945–1970*
M 130 Petzoldt *Bänkelsang*
M 131 Fischer *Karl Kraus*
M 132 Stein *Epochenproblem »Vormärz« (1815–1848)*
M 133 Koch *Das deutsche Singspiel*
M 134 Christiansen *Fritz Reuter*
M 135 Kartschoke *Altdeutsche Bibeldichtung*
M 136 Koester *Hermann Hesse*
M 138 Dietz *Franz Kafka*
M 140 Groseclose/Murdoch *Ahd. poet. be Denkmäler*
M 141 Franzen *Martin Heidegger*
M 142 Ketelsen *Völkisch-nationale und NS-Literatur*
M 143 Jörgensen *Johann Georg Hamann*
M 144 Schutte *Lyrik des deutschen Naturalismus (1885–1893)*
M 145 Hein *Dorfgeschichte*
M 146 Daus *Zola und der französische Naturalismus*
M 147 Daus *Das Theater des Absurden*
M 148 Grimm u. a. *Einführung in die frz. Lit.wissenschaft*
M 149 Ludwig *Arbeiterliteratur in Deutschland*
M 150 Stephan *Literarischer Jakobinismus in Deutschland*
M 151 Haymes *Das mündliche Epos*
M 152 Widhammer *Literaturtheorie des Realismus*
M 153 Schneider *A. v. Droste-Hülshoff*
M 154 Röhrich-Mieder *Sprichwort*
M 155 Tismar *Kunstmärchen*
M 156 Steiner *Georg Forster*
M 157 Aust *Literatur des Realismus*
M 158 Fähnders *Proletarisch-revolutionäre Literatur*
M 159 Knapp *Georg Büchner*
M 160 Wiegmann *Geschichte der Poetik*
M 161 Brockmeier *François Villon*
M 162 Wetzel *Romanische Novelle*
M 163 Pape *Wilhelm Busch*
M 164 Siegel *Die Reportage*
M 165 Dinse/Liptzin *Jiddische Literatur*

M 166   Köpf *Märendichtung*
M 167   Ebert *Historische Syntax d. Deutschen*
M 168   Bernstein *Literatur d. deutschen Frühhumanismus*
M 169   Leibfried/Werle *Texte z. Theorie d. Fabel*
M 170   Hoffmeister *Deutsche u. europ. Romantik*
M 171   Peter *Friedrich Schlegel*
M 172   Würffel *Das deutsche Hörspiel*
M 173   Petersen *Max Frisch*
M 174   Wilke *Zeitschriften des 18. Jahrhunderts I: Grundlegung*
M 175   Wilke *Zeitschriften des 18. Jahrhunderts II: Repertorium*
M 176   Hausmann *François Rabelais*
M 177   Schlütter *Das Sonett*
M 178   Paul *August Strindberg*
M 179   Neuhaus *Günter Grass*
M 180   Barnouw *Elias Canetti*
M 181   Kröll *Gruppe 47*
M 182   Helferich *G. W. Fr. Hegel*
M 183   Schwenger *Literaturproduktion*
M 184   Naumann *Literaturtheorie u. Geschichtsphilosophie, Teil I*
M 185   Paulin *Ludwig Tieck*
M 186   Naumann *Adalbert Stifter*
M 187   Ollig *Der Neukantianismus*
M 188   Asmuth *Dramenanalyse*
M 189   Haupt *Heinrich Mann*
M 190   Zima *Textsoziologie*
M 191   Nusser *Der Kriminalroman*
M 192   Weißert *Ballade*
M 193   Wolf *Martin Luther*
M 194   Reese *Literarische Rezeption.*
M 195   Schrimpf *Karl Philipp Moritz*
M 196   Knapp *Friedrich Dürrenmatt*
M 197   Schulz *Heiner Müller*
M 198   Pilz *Phraseologie*
M 199   Siegel *Sowjetische Literaturtheorie*
M 201   Kaempfer *Ernst Jünger*
M 202   Bayertz *Wissenschaftstheorie u. Paradigma-Begriff*
M 203   Korte *Georg Heym*
M 204   Weissberg *Edgar Allan Poe*
M 205   Wisniewski *Dietrichepik*
M 206   Apel *Literarische Übersetzung*
M 207   Wehdeking *Alfred Andersch*
M 208   Fricke, *Aphorismus*
M 209   Alexander, *Das deutsche Barockdrama*
M 210   Krull, *Prosa des Expressionismus*
M 211   Hansen, *Thomas Mann*
M 212   Grimm, *Molière*
M 213   Kashinger-Riley, *Clemens Brentano*
M 214   Selbmann, *Der deutsche Bildungsroman*

Printed in the United States
By Bookmasters